Ute Frevert

Verfassungsgefühle

Die Deutschen
und ihre Staatsgrundgesetze

WALLSTEIN VERLAG

Bibliografische Information der Deutschen Nationalbibliothek
Die Deutsche Nationalbibliothek verzeichnet diese Publikation in der
Deutschen Nationalbibliografie; detaillierte bibliografische Daten sind
im Internet über http://dnb.d-nb.de abrufbar.

© Wallstein Verlag, Göttingen 2024
www.wallstein-verlag.de
Vom Verlag gesetzt aus der Stempel Garamond
Umschlaggestaltung: Wallstein Verlag
Lithografie: SchwabScantechnik, Göttingen
Druck und Verarbeitung: booksolutions Vertriebs GmbH, Göttingen
978-3-8353-5768-6

Inhalt

I. Liebeserklärungen an die Verfassung – im Ernst?
– 9 –

II. Die Liebe zur Verfassung im Zeitalter der Konstitutionen
– 23 –

III. Verfassungsfragen als Machtfragen 1850–1918
– 57 –

IV. Verfassungskämpfe und Verfassungsfeste 1919–1932
– 89 –

V. Gesamtdeutsch oder gedoppelt? Mit oder ohne Volk?
Verfassungskonkurrenzen 1946/49
– 129 –

VI. Gleichgültigkeit, Trotz, Anhänglichkeit:
Deutsch-deutsche Verfassungsstimmungen 1949–1989
– 161 –

VII. Verfassungsgefühle in der wiedervereinigten Nation
– 207 –

VIII. Verfassungspatriotismus: Das höchste der Gefühle
– 229 –

Anhang: Vorsätze und Präambeln deutscher Staatsgrundgesetze

– 237 –

Dank

– 243 –

Abbildungsverzeichnis

– 247 –

Für Benjamin

I. Liebeserklärungen an die Verfassung – im Ernst?

2024 feierte man in Deutschland den 75. Geburtstag des Grundgesetzes; mit seiner Verkündung am 23. Mai 1949 begann die Geschichte der Bundesrepublik. Seine Präambel, obwohl schlicht formuliert, atmete feierliches Pathos:

> Im Bewußtsein seiner Verantwortung vor Gott und den Menschen, von dem Willen beseelt, seine nationale und staatliche Einheit zu wahren und als gleichberechtigtes Glied in einem vereinten Europa dem Frieden der Welt zu dienen, hat das Deutsche Volk in den Ländern Baden, Bayern, Bremen, Hamburg, Hessen, Niedersachsen, Nordrhein-Westfalen, Rheinland-Pfalz, Schleswig-Holstein, Württemberg-Baden und Württemberg-Hohenzollern, um dem staatlichen Leben für eine Übergangszeit eine neue Ordnung zu geben, kraft seiner verfassungsgebenden Gewalt dieses Grundgesetz der Bundesrepublik Deutschland beschlossen. Es hat auch für jene Deutschen gehandelt, denen mitzuwirken versagt war. Das gesamte Deutsche Volk bleibt aufgefordert, in freier Selbstbestimmung die Einheit und Freiheit Deutschlands zu vollenden.

Wenige Monate später, am 7. Oktober 1949, erhielten auch die Deutschen in der sowjetisch besetzten Zone einen eigenen Staat und eine eigene Verfassung. Deren Präambel kam mit weniger Worten aus und las sich nüchterner (und gottloser):

> Von dem Willen erfüllt, die Freiheit und die Rechte des Menschen zu verbürgen, das Gemeinschafts- und Wirtschaftsleben in sozialer Gerechtigkeit zu gestalten, dem ge-

sellschaftlichen Fortschritt zu dienen, die Freundschaft mit allen Völkern zu fördern und den Frieden zu sichern, hat sich das deutsche Volk diese Verfassung gegeben.

Der Anspruch aber war ein ähnlicher: Auch die DDR-Verfassung verstand sich als ein Dokument der Friedens- und Freiheitswahrung, schützte die Rechte ihrer Bürger und legte fest, dass »Deutschland« eine »unteilbare demokratische Republik« föderalen Zuschnitts sei. Zugleich sprach sie, ebenso wie das Grundgesetz, das »deutsche Volk in seiner Gesamtheit« an.

Anspruch und Wirklichkeit fielen jedoch schon 1949 weit auseinander, und die doppelte Staatsgründung markierte den Anfang einer vierzigjährigen Trennungsgeschichte. An ihrem Ende standen die Friedliche Revolution 1989 in der DDR und die Wiedervereinigung ein Jahr später. Am 3. Oktober 1990 trat die DDR durch ein Votum der Volkskammer dem Geltungsbereich des Grundgesetzes bei. Die neue Präambel trug dem Rechnung und befand, die Deutschen in Ost und West hätten nunmehr »in freier Selbstbestimmung die Einheit und Freiheit Deutschlands vollendet. Damit gilt dieses Grundgesetz für das gesamte Deutsche Volk.«

Dieses Volk zollt ihm offensichtlich große Anerkennung. Nach ihrer Einstellung zum Grundgesetz befragt, bekundeten 2023 83 Prozent der Bürgerinnen und Bürger großes oder ziemlich großes Vertrauen.[1] Manche richteten »Liebeserklärungen« an die Verfassung, andere schrieben Gedichte oder malten Poster zu ihren Ehren. 2018 zeigten junge Leute auf einem Chemnitzer Konzert gegen Rechtsextremismus ein Transparent mit der Aufschrift »Grundgesetz ist geil«. Das inspirierte einen Journalisten und einen Grafiker zu einem peppigen Grundgesetz-Magazin, das sich blendend verkaufte. Auch die Geburtstage der Verfassung werden in großem Stil und mit entsprechendem

---

1 Institut für Demoskopie Allensbach, 75 Jahre Grundgesetz. Der Rückhalt des Grundgesetzes bei Bürgern und Bürgerinnen (31.8.2023), Schaubild 1.

Medienecho begangen. Zum 70. Jahrestag empfing der Bundespräsident 200 Bürgerinnen und Bürger zu einer Kaffeetafel im Garten seines Berliner Amtssitzes; in Bonn diskutierte er mit Studierenden sowie mit Schülerinnen und Schülern darüber, was das Grundgesetz mit ihrem Leben zu tun habe. In seiner Kinder- und Jugendsendung *neuneinhalb* ging der Westdeutsche Rundfunk auf Spurensuche und befragte seine Hörerinnen und Hörer, was ihnen im Grundgesetz noch fehle. 2024 gab es erneut ein eindrucksvolles politisches Festprogramm: Während die Stadt Bonn ein inklusives Fest der Demokratie veranstaltete, feierte man in Berlin drei Tage lang das Doppeljubiläum 75 Jahre Grundgesetz und 35 Jahre Friedliche Revolution. Alle waren eingeladen, und viele, viele kamen.

Die Verfassung steht also, könnte man daraus schließen, in der Bürgerschaft wie bei Amtsträgern in hohem Ansehen. Sie genießt Respekt und Vertrauen, ruft zuweilen sogar Liebe hervor. Das Bundesverfassungsgericht als Hüter der Verfassung erfreut sich ebenfalls größter Wertschätzung. Bei der Frage, welchen politischen Institutionen man vertraut, erreicht es seit Jahren regelmäßig Höchstwerte und lässt Parlament und Regierung weit hinter sich.

Doch es gibt, teils laut, teils leise, auch Zweifel an dieser Erfolgsstory: Ist die Akzeptanz des Grundgesetzes belastbar und krisenresistent? Kann sie mit dem Verfassungspatriotismus mithalten, wie er in skandinavischen Ländern und den USA verbreitet ist? Wie fest stehen Bürgerinnen und Bürger hinter ihrer Verfassung, wenn sie von extremen politischen Gruppierungen verhöhnt und bedrängt wird? Solche Angriffe sind keine blasse Theorie. Auf ihrem Potsdamer Geheimtreffen im November 2023 diskutierten mehr oder weniger prominente Rechtsradikale verschiedene Mittel, die parlamentarische Demokratie zu schwächen. Wahlergebnisse sollten, wie es Anhänger Donald Trumps in den USA vorgemacht hatten, angezweifelt und öffentlich-rechtliche Medien bekämpft werden. Besonders wichtig schien es, das Verfassungsgericht zu diskreditieren – also jene politische Institution, die den Deutschen am liebsten ist.² In ihrem Bemühen, die demokratische Ordnung zu destabilisieren, arbeiten Rechtsextreme und russische Trolle Hand in Hand. Vor diesem Hintergrund gewinnt die Mahnung des Bundespräsidenten an Gewicht, die Verfassung verliere an dem Tag ihre Gültigkeit, »an dem sie uns gleichgültig wird«.³

Zwischen Gleichgültigkeit und Liebe liegt eine große Spannbreite; fügt man Misstrauen und blanke Verachtung hinzu, wie sie in Potsdam und anderswo bekundet wurden, dehnt sich diese noch weiter aus. Das Spektrum der Gefühle, die Verfassungen produzieren und auf sich ziehen, auszuleuchten und historisch einzuordnen, ist die Absicht dieses Buches. Sein Thema sind Verfassungsgefühle und wie sie funktionieren. Wer fühlt sich der Verfassung seines Landes nah und verbunden, wem ist sie egal, wer lehnt sie ab? Welche Interessen und Erfahrungen stehen jeweils dahinter?

Verfassungsgefühle sind mehr als luftige Erwartungen und spontane Meinungen. Sie äußern sich in einem Überschuss an positiven oder negativen Einstellungen, verbinden sich mit persönlichen Zu- und Abneigungen. Sie haben expressiv-symbolische und performative Seiten, die sich in Feiern, Gedenktagen und Festen manifestieren und teils individuell, teils kollektiv praktiziert werden. Sie sind Teil einer Verfassungskultur, die sich darin zeigt, wie stark die Verfassung öffentlich präsent ist und wie sich Bürgerinnen und Bürger, aber auch staatliche Institutionen und zivilgesellschaftliche Organisationen zu ihr positionieren.⁴ Verfassungskulturen unterscheiden sich nicht

---

2 https://correctiv.org/aktuelles/neue-rechte/2024/01/10/geheimplan-remigration-vertreibung-afd-rechtsextreme-november-treffen/
3 So Frank-Walter Steinmeier auf der Feier zum 75. Jahrestag des Verfassungskonvents auf Herrenchiemsee (FAZ v. 11.8.2023, S. 2).
4 Peter Häberle, Verfassungslehre als Kulturwissenschaft, 2. Aufl., Berlin 1998, S. 90, definiert Verfassungskultur als »Summe der subjektiven Einstellungen, Erfahrungen, Werthaltungen, der Erwartungen an die Demokratie sowie des (objektiven) Handelns der Bürger und Pluralgruppen, der

zuletzt dadurch, welchen Raum sie dem Ausdruck von Gefühlen, Empfindungen, Leidenschaften geben und in welcher visuellen und klanglichen, aber auch gestisch-mimisch-verbalen Sprache sich dieser Ausdruck vollzieht. Welche Bilder über die Verfassung und ihre Verkündung zirkulieren, wie Konflikte um ihre Interpretation und Geltung ausgetragen werden, welche Erzählungen darüber im Umlauf sind – all das markiert den Platz und den Stellenwert einer Verfassung in ihrer jeweiligen Kultur und Gesellschaft.

Gefühle spielen in dieser Arena eine zentrale Rolle. Schriftlich niedergelegte Verfassungen, die die Machtteilung zwischen vormaligen Untertanen und Fürsten beurkunden und allgemeine Bürgerrechte absichern, werden seit dem späten 18. Jahrhundert Objekte des Begehrens, des leidenschaftlichen Wünschens und Wollens. Diejenigen, die für sie kämpfen, verbinden damit den Aufbruch zu individueller Freiheit und politischer Partizipation. Für ihre Gegner sind Konstitutionen Ausgeburten des Umsturzes und Verrats. Nachdem sie sich im 19. Jahrhundert als fester Bestandteil moderner Staatlichkeit etablieren können, schwindet ihre beinahe magische Attraktion und weicht einer nüchternen Sicht. Dies ändert sich in den revolutionären Umbruchsituationen, die viele mittel- und osteuropäische Länder nach dem Ende des Ersten Weltkriegs erleben. Erneut richten sich große Hoffnungen und helle Zukunftserwartungen auf die neue Verfassungsordnung. Aber sie zieht auch, weit rechts ebenso wie weit links und besonders in Deutschland, Verachtung, Hass und Ressentiment auf sich. Nach dem Zweiten Weltkrieg kühlen die Gefühle deutlich ab, die die Menschen im geteilten Land ihren Verfassungen entgegenbringen. Weder das

---

Organe auch des Staates etc. im Verhältnis zur Verfassung als öffentlichen Prozeß«. Zur historischen Dimension s. Peter Brandt u.a. (Hg.), Symbolische Macht und inszenierte Staatlichkeit. »Verfassungskultur« als Element der Verfassungsgeschichte, Bonn 2005; Werner Daum u.a. (Hg.), Kommunikation und Konfliktaustragung. Verfassungskultur als Faktor politischer und gesellschaftlicher Machtverhältnisse, Berlin 2010.

Grundgesetz noch die Verfassung der DDR werden von den Bürgerinnen und Bürgern, für die sie Geltung beanspruchen, sonderlich wahrgenommen, geschweige denn mit starken positiven oder negativen Aspirationen belegt.

Ein Umschwung setzt erst, zumindest in der Bundesrepublik, mit den 1970er Jahren ein. Fortan versteht man das Grundgesetz nicht mehr bloß als Normen- und Organisationsplan des Staates, sondern verbindet es je länger, desto intensiver mit Wertorientierungen und Wertkonflikten der Gesellschaft.[5] Dies wiederum erhöht das emotionale Investment und die Gefühlstemperatur. Normen und Organisationsstatute kommen ohne Gefühle aus, Werte nicht. Wer etwas wertschätzt und ihm einen Wert beilegt, ist emotional beteiligt. Umgekehrt löst die Verletzung einer Norm allenfalls Befremden aus, während die Verletzung eines Wertes auf Empörung und Entrüstung stößt. Die Nobilitierung des Grundgesetzes als eines wertbasierten und wertgenerierenden Textes geht daher mit seiner Emotionalisierung einher.

Emotionalisierung heißt nicht nur, dass die Verfassung die Bevölkerung nicht kalt lässt. Gefühle zeigen Wirkung, indem sie Menschen dazu bewegen, das eine zu tun und das andere zu lassen.[6] Gerade Verfassungen, die auf »Verwirklichung« angelegt sind, brauchen emotionale Treiber.[7] Wer seine Verfassung achtet, vielleicht sogar liebt, verhält sich politisch und gesellschaftlich anders als jene, die das nicht tun, in Worten ebenso wie in Taten. Aus diesem Grund ist es alles andere als

---

5 Dieter Simon, Zäsuren im Rechtsdenken, in: Martin Broszat (Hg.), Zäsuren nach 1945, München 1990, S. 153–167, v.a. 165; Uwe Volkmann, Verfassungsrecht zwischen normativem Anspruch und politischer Wirklichkeit, in: Veröffentlichungen der Vereinigung der Deutschen Staatsrechtslehrer, Bd. 67, Berlin 2007, S. 57–89, v.a. 67; Dieter Grimm, Die Historiker und die Verfassung. Ein Beitrag zur Wirkungsgeschichte des Grundgesetzes, München 2022, S. 143 ff.
6 Ute Frevert, Mächtige Gefühle. Deutsche Geschichte seit 1900, Frankfurt 2020.
7 Grimm, Historiker, S. 23–37.

trivial, nach Verfassungsgefühlen Ausschau zu halten und ihre Valenz zu prüfen. Rechtshistoriker, Juristen und Politologen haben darauf bislang verzichtet, aber wichtige Werke über die Geschichte diverser Verfassungen und ihrer wechselnden Inhalte geschrieben, auf die hier dankbar zurückgegriffen wird. Im Zentrum dieses Buches stehen jedoch weder die konkreten Prozesse der Verfassunggebung noch die Analyse von Verfassungsbestimmungen oder die Frage nach deren jeweiliger Effizienz und Reichweite. Vielmehr geht es um die breitere gesellschaftliche Einbettung und Resonanz von Verfassungen und um die Gefühle, die sich darin artikulieren. Letztere sind keineswegs nur dekorative Beigabe oder volkstümliche Begleitmusik zu einem von Juristen und Politikern auf großer Bühne aufgeführten Stück. Sie geben der Aufführung erst Rahmung, Richtung und Breitenwirkung. Was der Publizist Dolf Sternberger bereits 1947 »lebende Verfassung« genannt hat, würde ohne Verfassungsgefühle jämmerlich dahinsiechen.[8]

Sternberger gilt als derjenige, der 1970 den Begriff »Verfassungspatriotismus« erfunden und in die öffentliche Diskussion eingeführt hat. Aber bereits in den 1950er Jahren machte der Rechts- und Politikwissenschaftler Karl Loewenstein auf die Existenz und Wirkmächtigkeit von Verfassungsgefühlen aufmerksam. 1960 hielt er, der 1933 als Jude aus dem Staatsdienst entlassen wurde und in die USA emigriert war, vor der Berliner Juristischen Gesellschaft einen Vortrag, in dem er das Verfassungsgefühl als »eine der sozialpsychologisch und soziologisch am schwersten zu erfassenden Erscheinungen« des politischen Lebens beschrieb. Geprägt hat er den Begriff mit Blick auf seine Exilheimat. Zwar betrachtete er die »Mythologisierung« der amerikanischen *constitution* mit einiger Skepsis, meinte aber doch, eine Verfassung müsse »für ihr Volk eine andere, eine höhere Geltung haben als die täglichen Produkte seiner Gesetz-

---

8 Dolf Sternberger, Begriff des Vaterlands, in: ders., »Ich wünschte ein Bürger zu sein«. Neun Versuche über den Staat, 2. Aufl., Frankfurt 1970, S. 28–50, hier 50. Der Text erschien erstmals 1947.

gebungsmühlen«. Eben diese höhere Geltung vermisste er in den europäischen Nachkriegsgesellschaften: »In unserer Zeit hat das Volk – und dies gilt von der breiten Masse ebenso wie von der Mehrheit der Intellektuellen – kein persönliches Verhältnis mehr zu seiner Verfassung.« Das fiel ihm auch und besonders in der Bundesrepublik auf, deren Bürger ihrem Staat und ihrer Verfassung mit einer aus seiner Sicht beängstigenden Gleichgültigkeit begegneten. Beängstigend fand Loewenstein sie deshalb, weil er sich schwer vorstellen konnte, wie aus dieser »Entfremdung« ein funktionierendes, stabiles und gut integriertes Gemeinwesen entstehen würde.[9]

Dass sich seine Befürchtungen nicht bewahrheiteten, heißt nicht, dass Ängste und Vorbehalte völlig verflogen sind. Über das rechte, bekömmliche Maß an positiven Verfassungsgefühlen wird auch heute wieder kontrovers debattiert, Steinmeiers Mahnung steht nicht allein. Aber wo liegt das rechte und bekömmliche Maß? In der Geschichte finden sich ganz unterschiedliche Temperaturanzeigen zwischen heiß und kalt, warm und lau. Die emotionale Ökonomie von Verfassungen und der Stellenwert, den sie für die Lebensführung und Wertvorstellungen der Menschen besaßen, sind historisch variabel. Je nachdem was auf dem Spiel steht und verfassungsrechtlich geregelt werden soll, färben sich die Erwartungen, Hoffnungen, Sehnsüchte und »Leidenschaften« der Nation anders ein.

Von »Leidenschaft« sprach man vor allem in der ersten Hälfte des 19. Jahrhunderts viel und gern. Wer im damaligen »Zeitalter der Constitutionen« vom »constitutionellen Geiste« ergriffen war – und das waren nicht wenige, Männer wie Frauen –, der oder die wussten, wofür sie kämpfen wollten: Freiheit und

9 Karl Loewenstein, Über Wesen, Technik und Grenzen der Verfassungsänderung, Berlin 1961, Zitate S. 57, 60f.; ders., Verfassungsrecht und Verfassungsrealität, in: Archiv öffentlichen Rechts 77 (1951/52), S. 387–435, v.a. 389, 399, 430; ders., Betrachtungen über politischen Symbolismus, in: Dimitri S. Constantopoulos u. Hans Wehberg (Hg.), Gegenwartsprobleme des internationalen Rechtes und der Rechtsphilosophie, Hamburg 1953, S. 559–577.

nationale Einheit hießen die Schlagworte, die in jeder liberalen oder demokratischen Rede, in jedem politischen Gespräch auftauchten. Damit verbanden sich »Enthusiasmus«, »tiefes Gefühl«, »heilige Empfindung« und »Liebe«. Verfassungen sollten die gewünschte Ordnung begründen und sichern. Dort, wo es sie bereits gab – in Bayern, Baden und Württemberg –, ging es darum, sie vor fürstlichen Übergriffen zu bewahren und freiheitlich zu verbessern. Als der König von Hannover 1837 das liberale Staatsgrundgesetz aufhob, stellten sich ihm sieben Professoren der Göttinger Universität mutig entgegen. Ihr Protest wurde in ganz Deutschland bejubelt. Einige von ihnen arbeiteten ein Jahrzehnt später an den Verfassungsentwürfen der Frankfurter Paulskirchenversammlung mit.

Auf diese 1849 verabschiedete »Reichsverfassung« projizierten Hunderttausende ihre Sehnsucht nach einem Nationalstaat, der Freiheit und Einheit zusammenführte. Auch nachdem sie gescheitert war, lebte sie in der Erinnerung fort. In den 1860er Jahren diente sie jenen als Referenzpunkt, die den Traum von der Reichseinheit noch nicht beerdigt hatten und landein, landaus dafür trommelten. Im Norddeutschen Bund 1867 und in der vier Jahre später erfolgten Reichsgründung schien sich dieser Traum zu erfüllen. Das prachtvolle Original der Verfassungsurkunde von 1849, von einem Frankfurter Anwalt trotz Repressionen sicher verwahrt und gerettet, ging 1870 in die Obhut des Reichstags über und wurde dort von Journalisten und Besuchern ehrfürchtig bestaunt.

Zugleich aber ebbte das öffentliche Interesse an Verfassungsfragen merklich ab. Die großen Kontroversen waren ausgefochten, die erbitterten Kämpfe um Bürgerrechte und politische Mitwirkung beendet, wenn auch nicht zur Zufriedenheit aller. Bismarcks Verfassung mobilisierte keine heiße Leidenschaft mehr, weder bei ihren Fürsprechern noch bei ihren Kritikern. Erst als das Kaiserreich mit dem Ende des Ersten Weltkrieges unterging, hatten Verfassungsgefühle wieder Konjunktur. Heftiger Streit entzündete sich an der Frage, in welcher politischen Ordnung die Deutschen fortan leben wollten. Die einen wünschten sich eine Republik, andere trauerten der Monarchie nach. Manche plädierten für Räte nach russisch-revolutionärem Vorbild. Die meisten neigten dem parlamentarischen Modell zu, auch wenn sie damit unterschiedliche Vorstellungen verbanden. Um konzentriert und ungestört von politischen Aufständen in der aufgereizten Stimmung nach Kriegsende ihrer Arbeit nachgehen zu können, musste die verfassunggebende Nationalversammlung in Weimar tagen. Gleichwohl verschwand sie dort nicht aus dem Blickfeld der Öffentlichkeit. Die Presse informierte regelmäßig über den Fortgang der Beratungen und mischte sich laut und meinungsstark ein.

Der politische Streit endete nicht mit dem 11. August 1919, als Reichspräsident Friedrich Ebert die Verfassung unterzeichnete. Er begleitete die stürmischen Anfangsjahre der Weimarer Republik, köchelte auf kleinerer Flamme weiter und loderte seit 1930 erneut auf. Das lässt sich nicht zuletzt daran ablesen, wie der Verfassungstag begangen wurde. Anders als im Kaiserreich wollte die republikanische Regierung die Verfassung zum symbolischen Fluchtpunkt ihres Selbstverständnisses machen. Alljährlich sollte daher der 11. August gefeiert werden, in Schulen und Universitäten ebenso wie in der Stadt- oder Dorfgemeinde. Doch ließen sich längst nicht alle Bürgerinnen und Bürger davon beeindrucken, vielerorts kam es zu Gegenveranstaltungen oder Boykotten. In diesen Auseinandersetzungen prallten positive und negative Verfassungsgefühle hart aufeinander. Am Ende siegten die Verfassungsgegner. Für die NSDAP war der Verfassungstag ohnehin nur »Karneval« (Joseph Goebbels), den man entweder ignorierte oder störte. Im nationalsozialistischen Festkalender seit 1933 spielte er keine Rolle. Eine eigene, neue Verfassung gab sich das Dritte Reich nicht; formell blieb die Weimarer Verfassung in Kraft, was aber niemanden kümmerte.

Positive Gefühle vermochte diese Verfassung nach dem Zusammenbruch des NS-Regimes nicht mehr zu wecken. Dafür standen ihre Schwächen und Mängel denen, die die Weimarer

Agonie miterlebt hatten, nur allzu deutlich vor Augen. Andererseits war klar, dass es ohne ein Staatsgrundgesetz in Deutschland nicht weitergehen könnte und würde. Auf Anweisung der alliierten Besatzungsmächte begann die Verfassunggebung in den Ländern, die sich traditionell als Grundbestandteile einer föderativen Ordnung begriffen. Komplizierter gestaltete sich der Prozess auf zentraler Ebene. Die Geschichte des Parlamentarischen Rates, der 1948/49 in Bonn tagte und das Grundgesetz ausarbeitete, war reich an Dramatik, mit schweren Zerwürfnissen zwischen den großen Parteien und häufigen Interventionen der Westmächte, die keineswegs immer mit einer Stimme sprachen. Die Paralleldebatte in Ostberlin verlief dank der Durchgriffsmacht der SED stromlinienförmiger.

Auch die Öffentlichkeit war informiert und einbezogen, im Osten sogar stärker als im Westen. Allerdings gaben 1949 40 Prozent der Westdeutschen an, die Verfassung sei ihnen gleichgültig; ein weiteres Drittel zeigte sich »mäßig interessiert«. Sechs Jahre später gestanden 51 Prozent der Befragten, das neue »Staatsgrundgesetz« nicht zu kennen.[10] Da in der DDR keine Umfragen stattfanden, weiß man wenig darüber, was die Bürgerinnen und Bürger von ihrer Verfassung hielten. Leidenschaftliche Diskussionen löste sie jedenfalls nicht aus; die Menschen, und das gilt für die im Osten wie im Westen des geteilten Landes, hatten damals schlichtweg anderes zu tun, als sich mit der politischen Zukunft zu befassen.

Wie und warum aber kam es dazu, dass die auch von Loewenstein beobachtete indifferente Haltung einer breiten, zuweilen emphatischen Zustimmung wich? Was bedeutet es für die Stabilität der politischen Ordnung, wenn heute mehr als vier Fünftel der Bevölkerung eine gute oder ziemlich gute Meinung vom Grundgesetz haben? Hat man sich einfach nur gewöhnt und behaglich eingerichtet in den 147 Artikeln, von denen die

---

10 Elisabeth Noelle u. Erich Peter Neumann (Hg.), Jahrbuch der Öffentlichen Meinung 1947–1955, Allensbach 1956, S. 157.

meisten im Alltagsleben der Bevölkerung keine große Rolle spielen? Oder ist das Grundgesetz gerade deshalb so beliebt, weil es, analog zur Geschichte des frühen 19. Jahrhunderts, immer wieder herausgefordert wurde und heftig umkämpft war? Zwar blieb das Gros seiner Änderungen seit 1949 von der breiten Öffentlichkeit unbemerkt. Umso eindrücklicher und eindringlicher aber waren die politischen Streitfragen, in denen das Grundgesetz zum zentralen Bezugspunkt wurde und das Bundesverfassungsgericht entscheiden musste. Dazu gehörten, um nur einige zu nennen, die Wiederbewaffnung 1955, die Notstandsgesetze 1968, der Grundlagenvertrag 1972, die Fristenlösung beim Schwangerschaftsabbruch 1974, die Einschränkung des Asylrechts 1993 und, *last but not least*, das Urteil des Bundesverfassungsgerichts zur Klimaschutzpolitik 2021.

Längst nicht alle Karlsruher Urteilssprüche trafen auf ungeteilte Akzeptanz. Doch hat die häufige Berufung auf das Grundgesetz in politischen Kontroversen erheblich dazu beigetragen, dessen Stellenwert im Bewusstsein der Bürgerinnen und Bürger zu stärken. Liebeserklärungen an die Verfassung, so übertrieben sie manchen vorkommen mögen – in den 1840er Jahren hätte sich niemand darüber gewundert –, bezogen sich oft auf solche Konflikte und auf die Orientierungsleistung, die das Grundgesetz dafür anbot. Auch die aktuellen Auseinandersetzungen mit der und um die AfD bestätigen das: Bei der breit diskutierten Frage, ob eine Partei, die in manchen Bundesländern über ein Drittel der Wahlstimmen für sich verbucht, verfassungsfeindliche Ziele verfolgt, steht das Grundgesetz als Referenz im Mittelpunkt. Die hohe gesellschaftliche Mobilisierung, die der Nachricht über das Potsdamer Geheimtreffen rechtsextremer Kreise im November 2023 folgte, tat ein Übriges: Sie suchte die Verfassung vor ihren Verächtern zu schützen und demonstrierte die Macht, die Verfassungsgefühle jenseits von Partei- und Milieugrenzen entfalten können.

Damit schloss sie, ohne es zu wissen, an Erfahrungen des frühen 19. Jahrhunderts an. Damals liebte man die Verfassung vor allem, wenn sie unter Druck stand und von reaktionären Kräften bekämpft wurde oder gegen deren massiven Widerstand erstritten werden musste. Die Liebe zum »Staatsgrundgesetz«, so viele Wünsche es auch offenließ, war ein Gefühl des Aufbruchs in eine bessere, demokratischere Zukunft. Wer sich zu dieser Liebe bekannte, erinnerte die Zustände ohne Verfassung und die harten Kämpfe um ihre Ausgestaltung. Aber er – damals waren politische Akteure überwiegend Männer – ruhte sich nicht selbstzufrieden auf dem Erreichten aus. Die Verfassung zu lieben verlangte zugleich, sie kraftvoll zu verteidigen, zu verbessern und den Bedürfnissen der Zeit anzupassen. Selbst wenn die Sprache, in der sich Gefühle und Bedürfnisse damals äußerten, zweihundert Jahre später pathetisch klingt, ist ihre Botschaft alles andere als veraltet.

II. Die Liebe zur Verfassung im Zeitalter der Konstitutionen

»Es ist heute«, schrieb der badische Hofrat Carl von Rotteck 1830, »ganz eigens das Zeitalter der Constitutionen. Alles ruft nach ihnen, oder bestreitet sie, preist oder verwirft sie.« Auf welcher Seite der liberale Professor und Politiker stand, war bekannt: selbstverständlich auf der der »Constitution«, worunter er die »rechtsgemäße und auf Grundsätzen beruhende Verfassung des Staates« verstand. Sie regelte nicht nur das Verhältnis der »Staatsgewalten« zueinander, sondern enthielt auch Bestimmungen über die Rechte und Pflichten der Bürger.[1]

Solche Konstitutionen, Verfassungen oder Staatsgrundgesetze – all diese Begriffe waren damals im Umlauf – gab es bereits, allerdings nicht überall. Die Vereinigten Staaten von Amerika hatten sich 1787 eine Verfassung gegeben. Als sie zwei Jahre später in Kraft trat, dauerte es nur noch wenige Monate, bis in Frankreich die Revolution ausbrach. Schon im August 1789 legte die Pariser Nationalversammlung mit der Erklärung der Menschen- und Bürgerrechte ein Verfassungsdokument vor, das diese Rechte garantierte sowie die Gewaltenteilung festschrieb. In der Präambel betonten die Volksvertreter, die Erklärung solle die Bürger »unablässig an ihre Rechte und Pflichten« erinnern,

---

1 Carl von Rotteck, Lehrbuch des Vernunftrechts und der Staatswissenschaften, Bd. 2, Stuttgart 1830, S. 172. Michael Stolleis stellte eine »gewaltige Steigerung« der Wortverwendung »Verfassung« oder »Constitution« seit der Mitte des 18. Jahrhunderts fest »zu den Gipfeln von 1789 bis 1830 und 1848« (Verfassung gestern. Verfassungsentwicklung des 19. Jahrhunderts, in: Ulrike Davy u. Gertrude Lübbe-Wolff (Hg.), Verfassung. Geschichte, Gegenwart, Zukunft, Baden-Baden 2018, S. 34–44, hier 39).

damit die Handlungen der gesetzgebenden wie der ausübenden Gewalt in jedem Augenblick mit dem Endzweck jeder politischen Einrichtung verglichen werden können und dadurch mehr geachtet werden; damit die Ansprüche der Bürger, fortan auf einfache und unbestreitbare Grundsätze begründet, sich immer auf die Erhaltung der Verfassung und das Allgemeinwohl richten mögen.[2]

Welche Bedeutung dieser Erklärung zukam, zeigt sich an der Art ihrer Popularisierung. Wenn den Mitgliedern der französischen Nation ihre »natürlichen, unveräußerlichen und heiligen Rechte beständig vor Augen« sein sollten, musste man sie ihnen vor Augen führen. Eine eindrucksvolle Präsentation war das Ölgemälde, das der Maler Jean-Jacques-François Le Barbier wohl noch im gleichen Jahr anfertigte und das als Druckgrafik und Tapete große Verbreitung fand.[3] Es bildete die siebzehn Artikel auf zwei monumentalen Gesetzestafeln ab. Über ihnen ist eine jüngere Frau im einfachen roten Kleid platziert, kräftig und schmucklos. Sie hat ihre Ketten gesprengt und trägt nun die königliche Krone und den königlichen Mantel in blauer Farbe mit goldenen Lilien. Ihr Blick richtet sich auf einen Engel, der seinerseits den Betrachter anschaut. Mit der linken Hand deutet er auf die Gesetzestafeln, während die rechte ein Zepter hält und damit auf das über allem thronende Auge Gottes zeigt. Die Bildaussage war unmittelbar verständlich: Hier hatte sich die Nation aus ihren Fesseln befreit und ihre heiligen Rechte zurückerobert. Sie waren in Stein gemeißelt und gesetzlich fixiert (darauf verwies das römische Liktorenbündel zwischen den Tafeln). Dass hier eine direkte Verbindung zum

2 https://www.conseil-constitutionnel.fr/de/erklaerung-der-menschen-und-buergerrechte-vom-26-august-1789
3 Julie Viroulaud, Jean-Jacques-François Le Barbier l'Aîné et les francs-maçons, in: La Revue des Musées de France. Revue du Louvre 4 (2011), S. 80–86; Rolf Reichardt, Bildzeichen politischer Ordnung in Frankreich, 1789–1880, in: Paula Diehl u. Felix Steilen (Hg.), Politische Repräsentation und das Symbolische, Wiesbaden 2016, S. 157–194, v.a. 169–177.

Déclaration des Droits de l'Homme et du Citoyen,
Gemälde von Jean-Jacques-François Le Barbier, ca. 1789

Alten Testament gezogen wurde, als Gott Moses die zehn Gebote übergab, begriff jedes Kind.

Die solcherart sakralisierte Erklärung der Menschen- und Bürgerrechte war allerdings noch keine Verfassung. Erst 1791 verabschiedete die Nationalversammlung eine vollgültige *constitution* und stellte ihr die *déclaration* von 1789 voran. Damit war

Frankreich zur konstitutionellen Monarchie geworden, zwei Jahre später folgte die Republik. Großen Wert legte die Konstituante darauf, den Text und seinen Inhalt im Volk bekannt und beliebt zu machen. Dazu dienten nicht zuletzt nationale Feste, die die Bürger »an die Verfassung, das Vaterland und die Gesetze« binden sollten. Inspiration bezog man aus den amerikanischen Bundesstaaten, wo schon 1788 *federal processions* zu Ehren der Verfassung stattgefunden hatten. Manche Prozessionen führten eine Druckerpresse mit, die die Verfassung oder an sie gerichtete Oden vor Ort vervielfältigte; die Kopien wurden an die Zuschauenden verteilt.[4] Bei den französischen Festzügen stand das Verfassungsdokument ebenfalls im Mittelpunkt, und die Teilnehmenden legten gemeinsam und feierlich den Eid darauf ab. Religiöse Verweise gehörten, wie bei den Gesetzestafeln, zum Programm und woben einen Hauch von Heiligkeit in die neue säkulare Ordnung. Große Wirkung erzielte das 1793 in Paris veranstaltete Einheitsfest, das der Maler Jacques-Louis David als Mitglied des Nationalkonvents organisierte. Es endete mit dem kollektiv geleisteten Schwur, die neue republikanische Verfassung unter Einsatz des eigenen Lebens zu verteidigen. Die Verfassungstafeln sowie die Urkunde über die erfolgte Volksabstimmung wurden sodann in einer heiligen Lade verwahrt.[5]

---

4 Jürgen Heideking, Die Verfassung vor dem Richterstuhl. Vorgeschichte und Ratifizierung der amerikanischen Verfassung 1787–1791, Berlin 1988, S. 711–758, v.a. 726, 746; ders., Die Verfassungsfeiern von 1788, in: Der Staat 34 (1995), S. 391–413.
5 Mona Ozouf, Festivals and the French Revolution, Cambridge/Mass. 1988; Lynn Hunt, Symbole der Macht, Macht der Symbole. Die Französische Revolution und der Entwurf einer politischen Kultur, Frankfurt 1989; Warren Roberts, Jacques-Louis David and Jean-Louis Prieur. Revolutionary Artists: The Public, the Populace, and Images of the French Revolution, Albany 2000, S. 292ff.; Francesco Buscemi, The Importance of Being Revolutionary. Oath-taking and the »Feeling Rules« of Violence (1789–1794), in: French History 33 (2019), S. 21–235. Zur Unterscheidung vormoderner und moderner Verfassungsfeste s. Barbara Stollberg-Rilinger, Verfassung und Fest, in: Hans-Jürgen Becker (Hg.), Interdependenzen zwischen Verfassung und Kultur, Berlin 2003, S. 7–49.

Östlich des Rheins beobachtete man die Ereignisse in Frankreich sehr aufmerksam und mit gemischten Gefühlen. Selbst jene, denen vor den Gewaltexzessen der Revolution und der jakobinischen Terrorherrschaft schauderte, konnten dem Verfassungskultus einiges abgewinnen. In den 1790er Jahren wurden auch in deutschen Landen Forderungen nach »Constitutionen« lauter, und es kursierten diverse Entwürfe. Doch dauerte es noch bis zur Auflösung des altehrwürdigen Heiligen Römischen Reichs Deutscher Nation 1806, dass in den nunmehr unter napoleonischem Einfluss stehenden Rheinbund-Staaten eine Phase intensiver politischer Reformen einsetzte. In Bayern erließ der König bereits 1808 eine »Konstitution«, und auch in Baden bereitete man sich darauf vor.[6] Dass die Verfassungsbewegung sogar vor dem spätabsolutistischen Preußen nicht Halt machte, zeigte sich 1810, als Friedrich Wilhelm III. seinen Untertanen höhere Konsumtionssteuern abverlangte und ihnen im Gegenzug »eine zweckmäßig eingerichtete Repräsentation, sowohl in den Provinzen als für das Ganze« versprach.[7] Doch das Versprechen, 1815 erneuert, wurde nicht eingelöst. Selbst die Bestimmung der auf dem Wiener Kongress verhandelten Bundesakte, wonach in allen Mitgliedsstaaten des neugeschaffenen Deutschen Bundes »eine landständische Verfassung stattfinden« sollte, drang nicht bis ins Berliner Stadtschloss durch.[8]

---

6 Hartwig Brandt u. Ewald Grothe (Hg.), Rheinbündischer Konstitutionalismus, Frankfurt 2007; Paul Nolte, Staatsbildung als Gesellschaftsreform. Politische Reformen in Preußen und den süddeutschen Staaten 1800–1820, Frankfurt 1990.
7 Gesetz-Sammlung für die Königlichen Preußischen Staaten 1810, S. 25– 31, Zitat 31.
8 Auf dem Wiener Kongress über die Neuordnung Europas nach der endgültigen Niederlage Napoleons schlossen sich 1815 34 deutsche Fürstentümer und vier Freie Städte unter Einschluss Österreichs und Preußens zu einem lockeren Staatenbund zusammen. Die Bundesakte legte Frankfurt als Sitz des Bundestages fest, einer ständigen Versammlung von Gesandten. S. dazu Wolf D. Gruner, Der Deutsche Bund 1815–1866, München 2010.

Dafür fand sie in den besser präparierten süddeutschen Staaten umso mehr Gehör. In Baden stürzte sich Carl von Rotteck in die Verfassungsarbeit, und auch in Bayern und Württemberg begannen intensive Verhandlungen und Beratungen.⁹ Trotzdem ging es manchen nicht schnell genug. 1817 trafen sich etwa 500 Studenten aus mehreren deutschen Universitäten auf der thüringischen Wartburg, um ein »Nationalfest« zu feiern und ihren Unmut über die aus ihrer Sicht stagnierende politische Entwicklung in Deutschland zu äußern. In ihren Reden und Liedern beschworen sie die auf den Schlachtfeldern der antinapoleonischen Kriege erlebte Einheit des Vaterlandes und forderten das Ende von Kleinstaaterei und fürstlicher Willkürherrschaft. Nur ein einziger Landesherr, der Großherzog von Sachsen-Weimar-Eisenach, habe bislang die Wiener Bestimmung befolgt und seinen Untertanen eine liberale Verfassung gegeben. Gemeinsam ließen ihn die Studenten hochleben und bedankten sich für die Gastfreundschaft:

Das dritte Hoch! wir rufen's frei
Dir Herzog! hier zu Lande,
Der Du Dein Wort gelöset treu,
Wie Du es gabst zum Pfande.
Verfassung heißt das eine Wort,
Des Volkes und des Thrones Hort!¹⁰

Die Verfassung, die ihnen für ganz Deutschland vorschwebte, war die einer konstitutionellen Monarchie, deren Minister dem Parlament verantwortlich waren und die den Schutz bürgerlicher Grundrechte garantierte.

---

9   Hans Fenske, Der moderne Verfassungsstaat. Eine vergleichende Geschichte von der Entstehung bis zum 20. Jahrhundert, Paderborn 2001, S. 253–262.
10   Friedrich Johannes Frommann, Das Burschenfest auf der Wartburg am 18ten und 19ten October 1817, Jena 1818, S. 25.

Damit waren sie ihrer Zeit weit voraus. Der Ruf nach einem nationalen Vaterland, für das die Studenten »heiligste Gefühle« und »Begeisterung« hegten, kam bei den Fürsten des Deutschen Bundes nicht gut an, und die Verbindung von Einheit und Freiheit weckte das Misstrauen konservativer Zeitgenossen. Auch Hans Christoph von Gagern, niederländischer Gesandter beim Frankfurter Bundestag, stand den burschenschaftlichen Aktivitäten seines Sohnes Heinrich ablehnend gegenüber. Heinrich wiederum, der schon als 15-Jähriger vor Waterloo gegen Napoleons Armee gekämpft hatte, schrieb dem Vater selbstbewusst aus Jena:

Wir wünschen uns eine Verfassung für das Volk nach dem Zeitgeiste und nach der Aufklärung desselben, nicht daß jeder Fürst seinem Volke gibt, was er Lust hat und wie es seinem Privatinteresse dienlich ist. Überhaupt wünschen wir, daß die Fürsten davon ausgehen und überzeugt sein möchten, daß sie des Landes wegen, nicht aber das Land ihretwegen existiere. Die bestehende Meinung ist auch, daß überhaupt die Verfassung nicht von den einzelnen Staaten ausgehen solle, sondern daß die eigentlichen Grundzüge der deutschen Verfassung gemeinschaftlich sein sollten.[11]

Während sich der junge Burschenschafter an vaterländischen Verfassungsentwürfen versuchte, arbeitete der Deutsche Bund mit Hochdruck daran, die nationalen und freiheitlichen Bewegungen zu stoppen. Schon 1817 sahen sich die Teilnehmer des Wartburgfests bei ihrer Rückkehr mit polizeilichen Repressionen konfrontiert. Mit den zwei Jahre später gefassten Karlsbader Beschlüssen wurden dann Meinungs- und Pressefreiheit suspendiert, Burschenschaften verboten und liberale Professoren ihrer Ämter enthoben. »Todähnliche Ruhe«, hieß es

---

11 Deutscher Liberalismus im Vormärz. Heinrich von Gagern. Briefe und Reden 1815–1848, hg. v. Paul Wentzcke u. Wolfgang Klötzer, Göttingen 1959, S. 60 (Brief an den Vater v. 17.6.1818).

1832 in einer Adresse vom Niederrhein, herrsche in vielen Teilen des Landes. »Ausgesogen von 34 Königen« und »beraubt durch verrätherische Aristokratenfamilien«, biete Deutschland ein Bild des »Jammers« und der Ohnmacht, sekundierte der liberale Journalist und Anwalt Johann Georg Wirth.[12]

Um etwas dagegen zu tun, organisierte Wirth im Mai 1832, zusammen mit seinem Kollegen Philipp Jakob Siebenpfeiffer, im bayerischen Rheinkreis erneut ein »Nationalfest«, an dem 30.000 Männer und Frauen aus ganz Deutschland teilnahmen. Die Metapher des Frühlings war allgegenwärtig. So wie im Wonnemonat Mai die Natur erwache, solle auch Deutschland seinen »Völker-Mai« erleben. Hoffnungen auf einen »politischen Umschwung« knüpften sich an die französische Juli-Revolution, die 1830 eine liberale Monarchie in den Sattel gehoben hatte, und an den polnischen Aufstand gegen die Zarenherrschaft im gleichen Jahr. Mehrere polnische Emigranten sprachen auf dem Hambacher Fest, andere schickten Freundschaftsadressen.

Ursprünglich hatte ein Neustädter Geschäftsmann ohne Nennung seines Namens die Bewohner der Rheinpfalz zu einem »Constitutionsfest« am 26. Mai 1832 auf dem Hambacher Schlossberg eingeladen. Traditionell wurde an diesem Tag dem Königshaus gehuldigt und für die 1818 aus »freyem Entschlusse« gegebene Verfassung gedankt. Obwohl ein monarchischer Oktroi, hatte sich die »Magna Charta Bavariae« dank zahlreicher Gedenkmünzen, Denkmäler und Bilder einen festen Platz im kollektiven Gedächtnis erobert. Seit 1828 schmückte ein Fresko die Arkaden des Münchner Hofgartens. Darauf war der Eid Max I. Josephs auf die Verfassung unter den Augen eines auf der Tribüne versammelten bürgerlichen Publikums zu sehen. Als Kupferstich wurde das Fresko vielfach reproduziert. Auch wenn es den historischen Abläufen nicht in jedem Detail ent-

---

12 Johann Georg August Wirth, Das Nationalfest der Deutschen zu Hambach, Neustadt 1832, S. 17, 41.

König Maximilian Joseph giebt seinem Volke die Verfassungs Urkunde 1818, Kupferstich von Carl Friedrich Heinzmann, ca. 1840

sprach, vermittelte es der Öffentlichkeit das Bild eines Monarchen, der sich an seine Verfassung gebunden fühlte und im Einklang mit den politischen Institutionen handelte.[13]

Dieses Bild verbreiteten auch zeitgenössische populäre Schriften, die sich an »Volk und Jugend in den deutschen konstitutionellen Staaten« wandten und ihnen die Vorzüge der Verfassung in Form eines »Katechismus« erläuterten. Der Begriff war bewusst gewählt, um die Adressaten auf die gleichsam religiöse Bedeutung des Mitgeteilten aufmerksam zu machen. Die Verfas-

---

13 Manfred Treml, Verfassungsgeschichte visuell – der bayerische Frühkonstitutionalismus in Dokumenten, Bildern und Realien, in: Blätter für deutsche Landesgeschichte 151 (2015), S. 29–80, hier 48–55. 1818 entstand wohl auch ein Staatsportrait Max I. Josephs, das ihn mit der Verfassungsurkunde zeigte (67).

sungsurkunde, hieß es darin, sei eine »väterliche Verfügung«, die die Fürsten »euch, ihren Kindern, gegeben haben«. Sie dokumentiere die Liebe des Fürsten zu seinem Volk, das er »dauerhaft glücklich machen« wolle. Ihrerseits würden sich die Untertanen mit »Liebe« zum Fürstenhaus erkenntlich zeigen und sich als »Stütze des Throns« bewähren. Mehr noch: Eine gute Verfassung nähre zugleich das Gefühl der »Vaterlands-Liebe«, indem sie dem Volk »eine gesetzmäßige Freyheit gewährt, die Rechte des Menschen und Bürgers heilig hält, und durchaus auf die Vorschriften der Gerechtigkeit gegründet ist«.[14]

Trotz des von solchen Lehr- und Lernbüchern propagierten Wahlspruchs »Für Gott, Fürsten, und Verfassung!« schafften es die Anhänger des konstitutionellen Systems nicht, einen offiziellen Verfassungstag einzurichten; ein Antrag in Bayern scheiterte 1819 am Widerstand der konservativen Kammer der Reichsräte. Gleichwohl blieb die Verfassung im öffentlichen Raum präsent. Das von Christian Daniel Rauch 1825 begonnene und zehn Jahre später enthüllte Max-Joseph-Denkmal in München etwa stellte in den Sockelreliefs die Verleihung der Verfassung und die Wohltaten dar, die das Volk daraus bezog.[15] Von Leo von Klenze stammte der Entwurf zu einer 32 Meter hohen Konstitutionssäule, die ein unterfränkischer liberaler Standesherr zwischen 1821 und 1828 in ländlicher Umgebung errichten ließ. Zu ihrer Einweihung kamen der »innige Verfassungsfreund« König Ludwig I. ebenso wie gleichgesinnte Reichsräte, Abgeordnete und annähernd 30.000 Bürgerinnen und

---

14 Johann Christoph Freiherr von Aretin, Entwurf eines Verfassungs-Katechismus für Volk und Jugend in den deutschen konstitutionellen Staaten, in: ders. (Hg.), Konstitutionelle Zeitschrift, Bd. 1, Stuttgart 1823, S. 321–364, Zitate 323, 327, 329, 364; s. auch Verfassungs-Katechismus. Für Baierns Volk und Jugend, Nördlingen 1819.
15 Friedrich und Karl Eggers, Christian Daniel Rauch, Bd. 2, Berlin 1878, S. 382. Andreas Köstler (Bildakte ersehnter Verfassung, in: Visualisierung konstitutioneller Ordnung 1815–1852, hg. v. Martin Knauer u. Verena Kümmel, Münster 2011, S. 165–186) verweist auf das hierarchische Gefälle zwischen König und ständisch gegliedertem Volk (176 f.).

Bürger. Auch in den folgenden Jahren fanden dort Verfassungsfeiern statt. 1832 versammelten sich fünf- bis sechstausend Menschen, es gab Reden und ein Mittagessen im dekorativen »Konstitutionssaal« des gräflichen Schlosses. Am Ende unterzeichneten zweitausend Männer, auf Vorschlag des liberalen Würzburger Bürgermeisters Wilhelm Joseph Behr, eine Adresse an den König. Sie forderte eine »im Wege des Vertrags zwischen Fürst und Volk« vereinbarte Änderung der Verfassung, auf dass Letztere »ihrem Zwecke wirklich entspreche, ihre Aufgabe wirklich befriedigend löse«.[16]

Die in dieser Forderung anklingende Kritik an der oktroyierten Konstitution und ihrer Anwendung wurde auch an anderen Orten laut. So ließen liberale Bürger im rheinpfälzischen Neustadt deutlich erkennen, dass ihnen ein gewöhnliches »Constitutionsfest« auf dem Hambacher Schloss, zu dem der anonym bleibende Geschäftsmann aufgerufen hatte, nicht mehr ausreiche. Der Aufruf sei »ohne Auftrag ergangen«, man möge ihn deshalb als »nicht geschehen« betrachten. Stattdessen luden die Liberalen Männer und Jünglinge, Frauen und Jungfrauen für den 27. Mai 1832 zu einem »großen Bürgerverein« zwecks »friedlicher Besprechung, inniger Erkennung, entschlossener Verbrüderung für die großen Interessen, denen ihr eure Liebe, denen ihr eure Kraft geweiht«. Dabei ging es ihnen nicht nur um Pfälzer und Bayern, sondern um das »ganze deutsche Volk«, das in Hambach seine »Wiedergeburt« feiern sollte.

Entschieden setzten sie sich damit von den herkömmlichen Konstitutionsfesten ab. Zwar konzedierte Wirth, die bisherige Verfassung, »so armselig und krüppelhaft« sie auch sei, habe immerhin »durch öffentliche Verhandlungen von Wahlkammern einen Impuls zur Weckung des öffentlichen Lebens« gegeben. Gleichwohl sei dieses Leben rasch wieder drangsaliert und eingeschränkt worden. Als Herausgeber einer liberalen Zeitung

---

16 Katharina Weigand, Gaibach. Eine Jubelfeier für die bayerische Verfassung 1818?, in: Alois Schmid u. dies. (Hg.), Schauplätze der Geschichte in Bayern, München 2003, S. 291–308, Zitate 304 (Ludwig I.), 306 (Behr).

wusste er, wovon er sprach, stand er doch stets mit einem Bein, zuweilen auch mit beiden, im Gefängnis. Trotz dieser harschen Kritik waren sich die meisten Hambacher Redner in »ächt constitutionellem Geiste« darüber einig, dass Veränderungen nur durch »gesetzliche Reform« zu bewirken seien. Deutschland bedürfe einer »Grundreform« mit einer »freien Verfassung« und einer »kraftvollen Garantie«. Am Ende des Festes, auf dem viel geredet, viel gesungen, viel gegessen, viel getrunken und viele schwarz-rot-goldene Fahnen geschwenkt wurden, appellierte Wirth an die »gefeierten Männer des Volkes« in den einzelstaatlichen Parlamenten: Sie sollten untereinander beraten, »welche Reform dem Vaterlande die heilsamste sei«, um sie dann beherzt in Angriff zu nehmen.[17]

Bevor sie das tun konnten, schlug allerdings die »Reaktion« zu, von der in Hambach so oft die Rede gewesen war. Viele Teilnehmer und Organisatoren kamen in Untersuchungshaft; Wirth und andere wurden wegen Beleidigung der Behörden zu mehrjährigen Gefängnisstrafen verurteilt. Die Pressezensur zog an, und selbst dort, wo nach langem Zögern doch noch liberale Verfassungen eingeführt wurden, hatten sie einen schweren Stand. Ein Paradebeispiel war Kurhessen. Sein »Staatsgrundgesetz«, das die Handschrift des liberalen Bürgertums trug und als das fortschrittlichste in ganz Deutschland galt, geriet bereits kurz nach seiner Verkündung 1831 unter Beschuss. Mit Hilfe des leitenden Ministers Ludwig Hassenpflug gelang es dem neuen Landesherrn, die konstitutionellen Regelungen und Vorschriften zu umgehen – obwohl er, wie alle Beamte, Offiziere und Abgeordnete einen Eid auf die Verfassung geschworen und sich vor Gott und den Menschen verpflichtet hatte, sie heilig und aufrecht zu erhalten. Für Hassenpflug war die Konstitu-

---

17 Wirth, Nationalfest, S. 2, 5 f., 62 f., 86, 102; Cornelia Foerster, Das Hambacher Fest 1832. Volksfest und Nationalfest einer oppositionellen Massenbewegung, in: Dieter Düding u. a. (Hg.), Öffentliche Festkultur. Politische Feste in Deutschland von der Aufklärung bis zum Ersten Weltkrieg, Reinbek 1988, S. 113–131.

tion, in den Worten seines Schwagers Jacob Grimm, ein Übel, das man »wo möglich wieder absterben lassen sollte«, denn sie habe die »fürstliche Autorität« gebrochen und das alte »Vertrauen« zwischen Fürst und Volk zerstört. Die Brüder Jacob und Wilhelm Grimm hielten dagegen: Auch wenn ihnen »constitutionelle liberale Schreier« zuwider und »eckelhaft« waren, erachteten sie das »monarchische System« als überlebt und »zusammengefallen«. Verglichen mit dem »versauerten Zustand« der vorkonstitutionellen Zeit könnten Verfassungen »einen bessern Zustand herbeiführen« und »große u. schneidende Mißbräuche« verhindern. Vor allem aber seien sie »in diesem Augenblick« – 1831 – das unleugbare Verlangen der Völker.[18]

Dieser Haltung blieben die Grimms auch dann treu, als die Verfassung im Königreich Hannover bei der Obrigkeit in Misskredit fiel und der 1837 inthronisierte Monarch das vier Jahre zuvor erlassene Staatsgrundgesetz mit einem Federstrich aufhob. Er weigerte sich, den Eid auf die Verfassung zu schwören, und erklärte gleich auch den Eid der Staatsdiener für ungültig. Dagegen protestierten sieben Professoren der Göttinger Universität, darunter Jacob und Wilhelm Grimm sowie der an der Verfassungsarbeit maßgeblich beteiligte Historiker Friedrich Christoph Dahlmann. Sie erklärten schriftlich und öffentlich, sich weiterhin eidlich an die Verfassung gebunden zu fühlen – mit dem Ergebnis, dass sie ihrer Ämter enthoben und einige sogar des Landes verwiesen wurden.[19] Ihre Entlassung rief in ganz Deutschland Empörung hervor, viele Menschen spendeten Geld für die von einem Tag auf den anderen brotlos Gewordenen.

Der Kampf um die Verfassung, um ihren Inhalt und ihre Geltung, hielt die Zeitgenossen des frühen 19. Jahrhunderts in

---

18 Ewald Grothe, Für und wider »die modernen Constitutionmacher« – Die Verfassungsdiskussion zwischen den Brüdern Grimm und Ludwig Hassenpflug, in: Brandt u.a., Symbolische Macht, S. 283–297, Zitate 288f., 292f.
19 Friedrich Christoph Dahlmann (Hg.), Die Protestation und Entlassung der sieben Göttinger Professoren, Leipzig 1838.

Atem. Er entfachte Leidenschaften und richtete sie gegen jene, die in der Verfassung nur eine bestenfalls notwendige, eigentlich aber überflüssige Konzession an bürgerliche Partizipationswünsche erblickten. Wer seinen »constitutionellen Geist« und seine »Liebe« zur Verfassung proklamierte, markierte damit seinen Standpunkt in einem Machtkampf, der damals noch keineswegs entschieden war. Selbst wenn sich liberale Verfassungsfreunde auf der Seite des gesellschaftlichen Fortschritts sahen und die Zukunft selbstgewiss für sich reklamierten, war völlig offen, ob sie sich gegen diejenigen würden durchsetzen können, die Verfassungen für ein übles »Plündrungssystem« (Hassenpflug) hielten, das an den Fundamenten traditionaler Herrschaft rüttelte.

Angesichts allgegenwärtiger Repressionen suchten deshalb viele »Wohlgesinnte«, wie Rotteck sie nannte, nach Wegen, ihre heißen Gefühle für eine liberale Verfassung zum Ausdruck zu bringen, ohne die Obrigkeit zu brüskieren. Dafür nutzten sie zum einen die Rückkehr der Abgeordneten in die Heimatgemeinden nach dem Ende der jeweiligen Landtagssession. Indem sie ihnen einen feierlichen Empfang mitsamt »Triumphzug« und Bankett bereiteten, würdigten sie die politische Arbeit ihrer Repräsentanten, artikulierten aber auch Wünsche und Erwartungen. In Reden und Trinksprüchen ließen sie die bestehende Verfassung hochleben, signalisierten jedoch zugleich, dass in deren Ausgestaltung noch Luft nach oben war, vor allem was die Presse- und Versammlungsfreiheit betraf.[20] 1842 brachte Heinrich von Gagern bei einem Festessen der Wahlmännerversammlung im hessischen Osthofen einen Toast auf zwei Landtagsabgeordnete aus. Er erinnerte an den »Enthusiasmus«, mit dem die Verfassung 1820 begrüßt worden sei, und an die Hoffnungen und Erwartungen, die sie damals geweckt habe. Leider sei nichts davon in Erfüllung gegangen. Gagern selber

20 Cornelia Foerster, »Hoch lebe die Verfassung«? Die pfälzischen Abgeordnetenfeste im Vormärz (1816–1846), in: Düding, Festkultur, S. 132–146.

hatte sein Mandat 1838 niedergelegt, frustriert von den willkürlichen staatlichen Eingriffen in »freies Wort und freie Presse«. Den in Darmstadt verbliebenen Kollegen wünschte er den Mut »zu fernerer Widmung, zu ferneren Opfern«.[21] Ähnliche Töne klangen in Josefine Buhls Tagebuch an. Die Ehefrau eines pfälzischen Abgeordneten beschrieb hier, wie die Dürkheimer Wähler 1846 ein »großes Diner« für ihre Deputierten ausrichteten und dabei einen »recht wackren Geist« zeigten: »Bei sichrer, gemessner Haltung ward manches freie und bedeutungsvolle Wort gesprochen.« Ausdrücklich erwähnte sie, dass »auch viele Damen« daran teilnahmen und offensichtlich Gefallen an den wackeren politischen Reden fanden.[22]

Eine andere Gelegenheit zu politischer Intervention und Kritik boten die traditionellen Konstitutionsfeste. Die Verfassung zu feiern und ihren fürstlichen Stifter zu preisen, war unproblematisch und entsprach obrigkeitlichen Erwartungen. Verfassungslücken zu benennen und Wünsche nach größeren Bürgerfreiheiten zu äußern, konnte dagegen rasch den Bogen überspannen und unangenehme Folgen haben. Eine ausgewogene Balance ergab sich 1843, beim fünfundzwanzigsten Jubiläum der badischen Verfassung. Die Karlsruher Regierung hatte keine eigenen Feiern geplant; umso eifriger engagierten sich die Bürger. Die liberale Presse informierte und mobilisierte, bis Land- und Stadtgemeinden unisono ihr Bekenntnis zur Verfassung ablegten. Die Feier entstand also, so der Landtagsabgeordnete Karl Mathy, »aus der Mitte der Bürger« und wurde »von Hunderttausenden in festlichen Zügen begangen«. Sie bezeugten, »daß das badische Volk seine freisinnige Verfassung kennt, liebt, und zu schützen entschlossen ist«.[23] Offenbar

---

21 Deutscher Liberalismus im Vormärz, S. 257, 207, 210.
22 Clotilde Koch-Gontard an ihre Freunde. Briefe und Erinnerungen aus der Zeit der deutschen Einheitsbewegung 1843–1859, hg. v. Wolfgang Klötzer, Frankfurt 1969, S. 43f.
23 Karl Mathy (Hg.), Die Verfassungsfeier in Baden am 22. August 1843, Mannheim 1843, S. V.

schien dieser Schutz notwendig; Angriffe auf die Verfassung und Einschränkungen der bürgerlichen Rechte waren selbst im liberalen Vorzeigeland keine Seltenheit.

Wer die Festberichte aus den badischen Klein- und Mittelstädten liest, begegnet einer geschickt tarierten Ambivalenz. Auf der einen Seite bekräftigten die Feierlichkeiten die »Liebe« und Wertschätzung, die das Volk der Verfassung entgegenbrachte. Vertreten war es durch jugendliche Schüler und erwachsene Männer und Frauen, durch Abgeordnete, Beamte und Gemeindebürger. Gesang- und Schützenvereine marschierten ebenso vor den mit Blumen und Fahnen geschmückten Häusern auf wie Militärkapellen. Den symbolischen und physischen Mittelpunkt der Festzüge bildete die Verfassungsurkunde, die »passend verziert« auf rotsamtenem Kissen von dem jüngsten oder ältesten Bürger, manchmal auch von kleinen Mädchen, vorangetragen wurde, umrahmt von weiß und »schmuck« gekleideten »Jungfrauen«. Das erinnerte, vor allem im katholischen Raum, an kirchliche Prozessionen und verlieh der Verfassung eine fast schon sakrale Aura. Ihr Text wurde entweder ganz oder in Teilen verlesen und anschließend, mitsamt Brezeln, an die Schüler verteilt, »damit sie früh schon begreifen lernen, welche unschätzbaren Rechte den künftigen Staatsbürger als Preis der Uebernahme schwerer Pflichten erwarten«. Auch Erwachsene nahmen die gedruckte Urkunde »begierig« in Empfang und nährten damit die Hoffnung, »die nähere Kenntnißnahme vom Vertrage des Fürsten mit seinem Volk« werde »den Bürgersinn kräftigen«.

In ihren Reden betonten Abgeordnete und Bürger ihre »einmüthige, constitutionelle Gesinnung« und ihre Liebe zur Verfassung als einen emphatischen Akt »männlicher Bürgertugend«, mit dem sie ihre Rechte gegenüber dem konservativen »Feind« verteidigten. Wenn Männer, »bewegt von tiefem patriotischen Gefühle«, die Verfassung hochleben ließen, wenn sie beim üppigen Festmahl in großer Runde der Verfassung, dem Landesherrn und allen »verfassungstreuen Bürgern« einen von Böllerschüssen begleiteten Toast ausbrachten, drückten sie damit ihr Vertrauen auf das Bündnis von »Thron und Volk« aus. Auf der anderen Seite ließen sie, bei aller Harmonie, deutlich erkennen, dass viele Erwartungen unerfüllt blieben und die Verfassungspraxis keineswegs befriedigend war. Weder gab es Pressefreiheit noch ein Gesetz über die Verantwortlichkeit der Minister gegenüber der Abgeordnetenkammer. Eigenmächtigkeiten der Beamten sowie die fürstliche Gewohnheit, den Landtag nach Belieben einzuberufen und aufzulösen, trafen ebenso wenig auf bürgerliche Sympathie.

Allgegenwärtig war das Bewusstsein, dass die Verfassung nicht in Stein gemeißelt war, dass gewährte Rechte zurückgenommen werden und überwunden geglaubte Zustände obrigkeitlicher Willkür wiederkehren könnten. Die Verfassungsfeste von 1843 verstanden sich daher auch als Mahnung an die Regierung, liberale Grundsätze zu befolgen und die Bürger respektvoll zu behandeln. Deren »constitutioneller Geist« habe sich inzwischen gefestigt, sie kennten ihre Rechte und bestünden darauf, dass diese uneingeschränkt eingehalten würden. Dieser Hinweis unterschied die Verfassungsfeiern trotz vieler Ähnlichkeiten markant von den Festen, die die Bürger und Bürgerinnen alljährlich am Geburtstag des badischen Großherzogs begingen, mit Toasts, Banketten, Gesang und Tanz zu Ehren des Landesherrn.[24]

Dass die Verfassung tatsächlich, wie es sich die *Mannheimer Abendzeitung* wünschte, »in jedem Hause, gleich der Bibel und andern Erbauungsschriften, ihren Platz« einnahm und »so lange jeden Sonntag darin gelesen« wurde, »bis die Hauptgrundsätze dem Kopf und Herzen unverlöschbar eingeprägt sind«, ist eher unwahrscheinlich.[25] Gleichwohl entwickelte sich in liberaleren

---

24 Ebd., Zitate S. 30f., 39, 42–44, 70, 76.
25 Paul Nolte, Die badischen Verfassungsfeste im Vormärz. Liberalismus, Verfassungskultur und soziale Ordnung in den Gemeinden, in: Manfred Hettling u. ders. (Hg.), Bürgerliche Feste, Göttingen 1993, S. 63–94, Zitat 74. S. auch ders., Gemeindebürgertum und Liberalismus in Baden 1800–1850, Göttingen 1994, v. a. S. 183–188, sowie, für Württemberg, Manfred

Staaten eine Verfassungskultur, manchmal sogar ein Kult, der den Konstitutionstext, auf Samt und Seide gebettet, den Köpfen ebenso wie den Herzen breiter Bevölkerungsschichten einzuprägen suchte. Die so oft beschworene und hervorgehobene Liebe zur Verfassung erfasste nicht nur gebildete oder intellektuelle Kreise, sie war kein Monopol von Professoren, Journalisten, Schriftstellern, Advokaten oder Ärzten. Auch Handwerker, Kaufleute, Winzer, Bauern und Gastwirte ließen sich von ihr anstecken. Selbst wenn diese Liebe nur punktuell, bei Abgeordnetenfesten, Konstitutionsfeiern und Wahlmännerversammlungen, in Erscheinung trat und ausdrücklich angerufen wurde, war sie weit mehr als eine »Laune der Zeit«. Der Heidelberger Bürgermeister, der sich 1843 an die Verfassungsgegner wandte, beschrieb sie als eine Sache der »Ueberzeugung«. Um die Verfassung, hieß es damals im benachbarten Mannheim, scharten sich »alle Leidenschaften«: »edle« wie Freiheitssinn und Vaterlandsliebe, aber auch »unedle« wie »Herrschsucht, Ehrgeiz und der böse Geist der Verneinung«.[26] Gerade die Konfrontation hielt die Leidenschaften und den »constitutionellen Sinn« vieler Bürger wach.

Schwerer hatte es dieser Sinn in Staaten wie Preußen, das sich der Verfassungsbewegung des frühen 19. Jahrhunderts standhaft widersetzte. Allerdings waren auch hier die königlichen Versprechen von 1810 und 1815 nicht vergessen.[27] In den beratenden Provinziallandtagen, von Friedrich Wilhelm III. in den 1820er Jahren eingerichtet und zusammengerufen, dominierte zwar der konservative Adel. Doch meldeten sich bürgerliche Kreise, besonders im Rheinland, in Westfalen, Schlesien,

---

Hettling, Reform ohne Revolution. Bürgertum, Bürokratie und kommunale Selbstverwaltung in Württemberg von 1800 bis 1850, Göttingen 1990.
26 Mathy, Verfassungsfeier, Zitate S. 89, 14.
27 In Preußen fehlte es zwar an Visualisierungen konstitutioneller Ordnung, wie es sie in den Verfassungsstaaten gab. Aber möglicherweise, so Köstler, Bildakte, S. 182ff., lassen sich die Reliefs staatlicher Denkmäler für wichtige Persönlichkeiten der Befreiungskriege als »defizitäre Substitute einer erstrebten Konstitution« deuten.

Ost- und Westpreußen, allmählich lauter zu Wort. 1832 hatten preußische Rheinländer noch voller Neid auf die in Hambach versammelten »Vertreter der Volksfreiheit« geschaut und die unfreien Zustände im eigenen Land beklagt.[28] Nach und nach lernten sie aber, die Landtagsverhandlungen als Forum zu nutzen, um politische Mitwirkungsrechte und bürgerliche Freiheiten einzuklagen. 1840, nach der Thronbesteigung des zunächst konziliant auftretenden Königs Friedrich Wilhelm IV., erinnerte ihn der schlesische Provinziallandtag erneut an die von seinem Vater versprochene allgemeine Repräsentation.

Friedrich Wilhelm IV. jedoch machte aus seiner Aversion gegen die zeitgenössische Verfassungsbewegung und die »sogenannten constitutionellen Fürsten« keinen Hehl. »Ich fühle mich«, schrieb er 1840, »ganz und gar von Gottes Gnaden und werde mich so mit Seiner Hilfe bis zum Ende fühlen«. Die Verfassung war für ihn »ein Stück Papier«, das die Monarchie und ihren gottgewollten Status für das Volk zu einer bloßen »Fiction«, einem »abstrakten Begriff« werden ließ.[29] Ähnlich hatte 1831 der kurhessische Minister Hassenpflug argumentiert, als er das persönliche Treueverhältnis zwischen Fürst und Volk durch die Rechtsform der Verfassung außer Kraft gesetzt sah.

Noch 1847, als der preußische König, wenn auch widerwillig, zum ersten Mal einen Vereinigten Landtag einberief, wies er alle Erwartungen an eine Verfassunggebung energisch zurück. Vor den »edlen Herren und getreuen Ständen« erklärte er feierlich, keine Macht der Erde könne ihn dazu bewegen, das »natürliche« Verhältnis zwischen Fürst und Volk »in ein conventionelles, constitutionelles zu wandeln« und die »alte heilige Treue« durch ein mit Paragraphen »beschriebenes

---

28 Wirth, Nationalfest, S. 15–19. Die Rheinländer blieben anonym: »Wer Preußen nur halbwegen kennt, wird uns deßwegen keinen Vorwurf machen.«
29 Heinrich von Treitschke, Deutsche Geschichte im Neunzehnten Jahrhundert, Bd. 5, 4. Aufl., Leipzig 1899, Zitat S. 57f. (Brief an Theodor von Schön v. 26.12.1840).

Blatt« zu ersetzen.³⁰ Dennoch richteten sich damals alle Augen auf Berlin. »Die Parole des Tages«, so nahm es Heinrich von Gagern bei Besuchen in Mannheim und Heidelberg wahr, hieß »die preußische Verfassung«. Einen Monat vor der Landtagseröffnung am 11. April prognostizierte Robert Blum, Herausgeber der Leipziger *Constitutionellen Staatsbürgerzeitung*, sie werde »den Gang der Dinge in Deutschland für die nächsten Jahre bestimmen«. Um dem nachzuhelfen, rief er dazu auf, die »preußischen Freiheitskämpfer« zu unterstützen und »Flugschriften oder Adressen« zu ihrer »Ermunterung« zu schreiben. Auch Gagern rechnete fest damit, dass Preußen für die konstitutionelle Bewegung zu gewinnen sei und der »Schwerpunkt der deutschen Politik« fortan »nicht mehr in dem Lager der unumschränkten Gewalt, sondern auf der Seite der konstitutionellen Staaten« liege.³¹

Damit hatte er recht und unrecht zugleich. Dass Preußen, nach Österreich zweitgrößter Mitgliedsstaat des Deutschen Bundes, dort eine exponierte Stellung einnahm, stand außer Frage. Doch war Gagerns Gewissheit, Preußen werde 1847 aus dem absolutistischen Lager ausscheren und sich auf die Seite des Konstitutionalismus schlagen, nicht mehr als *wishful thinking*. Die Verhandlungen auf dem Vereinigten Landtag endeten nach etwas mehr als zwei Monaten in einer Sackgasse: Der König lehnte Konstitutionalisierungsforderungen strikt ab, und die Abgeordneten verweigerten ihm im Gegenzug ihre Zustimmung zu einer umfangreichen Staatsanleihe.

Doch 1848 kam es auch in Berlin zu jenem konstitutionellen Moment, den die Liberalen in und außerhalb Preußens so lange herbeigesehnt hatten. Zu Jahresbeginn konstatierte die *Kölnische Zeitung*, das Sprachrohr des rheinischen Bürgertums, »ein allgemeines und nachhaltiges Streben nach öffentlichen und zweckmäßigen Formen« des politischen Lebens sei »unverkennbar

---

30 Eröffnungsrede abgedruckt in: Berlinische Nachrichten von Staats- und gelehrten Sachen v. 12.4.1847, S. 1.
31 Deutscher Liberalismus im Vormärz, S. 374, 382f. (Blum), 384.

Karikatur des preußischen Königs Friedrich Wilhelm IV.,
der sich gegen die Verfassung (»Blatt Papier«) stemmt, 1848

und um so intensiver, als es von mancher Seite lebhaft bekämpft wird«. Gerade diese Abwehr, so die Prognose, werde das Verlangen »steigern, bis es seine vollständige Befriedigung erreicht hat«.³² Erheblichen Nachdruck verlieh ihm die französische Februarrevolution, die die monarchische durch eine republikanische Regierungsform ersetzte. Am 11. März 1848 richteten 28 Mitglieder des Vereinigten Landtags aus dem Rheinland »treu gehorsamst« eine Petition an Friedrich Wilhelm IV. und wiesen ihn auf den Ernst der Lage hin. »Nationale Freiheit und Einheit, fest begründet durch eine das ganze Volk umfassende Vertre-

32 Kölnische Zeitung v. 2.1.1848, zit. in Karl Obermann (Hg.), Flugblätter der Revolution 1848/49, München 1972, S. 20.

tung« sei der allgemeine Ruf. Wollten die Fürsten französische Verhältnisse verhindern, müssten sie sich »mit der Volksfreiheit« verbünden und an die Spitze der Bewegung stellen. Dazu gehöre, dass

> die preußische Verfassung diejenige organische Entwicklung erlangt, welche dieselbe mit den freien Verfassungen anderer Bundesstaaten in größere Übereinstimmung bringt, und welche der machtvolle Drang der Zeit nunmehr zu einem unabweisbaren Bedürfnisse macht.

Nur »freie Institutionen« könnten das »Vertrauen des Volkes zu den Regierungen« sichern und die Monarchie vor dem drohenden Umsturz bewahren.[33]

Sieben Tage später brachen in Berlin Barrikadenkämpfe aus, die fast 300 Menschen das Leben kosteten. Unter ihrem Eindruck gab der preußische König seinen Widerstand gegen die »organische Entwicklung« auf, holte liberale Minister ins Kabinett und berief erneut den Vereinigten Landtag ein. Dieser ebnete den Weg zu allgemeinen und gleichen Wahlen, an denen alle über 24-jährigen Männer teilnehmen durften, die keine Armenunterstützung bezogen. Gewählt wurden am 1. Mai sowohl die preußische als auch die deutsche Nationalversammlung; beide bekamen den Auftrag, Verfassungen auszuarbeiten. Damit schienen die vordringlichsten Märzforderungen zunächst einmal erfüllt.[34]

Bereits im Vorfeld der Wahlen kam es zu einer nie dagewesenen Mobilisierung der Bevölkerung. Überall bildeten sich Vereine unterschiedlicher politischer Couleur, demokratische, liberale, konservative, sogar kommunistische. In manchen dominierte das Bildungs- und Besitzbürgertum, in anderen Hand-

---

33 Obermann, Flugblätter, S. 54–56.
34 Rüdiger Hachtmann, Berlin 1848. Eine Politik- und Gesellschaftsgeschichte der Revolution, Bonn 1997; Wolfram Siemann, Die deutsche Revolution von 1848/49, Frankfurt 1985, S. 84–87.

werker und Kleinhändler oder Arbeiter. Katholiken organisierten sich genauso wie Protestanten, auch Frauen meldeten sich öffentlich zu Wort. An dieser ersten großen politischen Bewegung der deutschen Geschichte beteiligten sich damals Hunderttausende.[35] Erneut war »Constitution« das Zauberwort, das Menschen in erwartungsvolle Unruhe versetzte. Nicht nur ihre gewählten Vertreter wussten um die Bedeutung der »konstituierenden Versammlung«: Sie sei, so der Meißener Paulskirchenabgeordnete Gustav Moritz Hallbauer,

> das Großartigste, was man erleben kann; man sitzt wie an der Quelle des Zeitenstromes; die politischen Ansichten werden in diesem großartigen Laboratorium tausendfach hin- und hergeworfen, zersetzt und hoffentlich geläutert, wobei natürlich auch einiger Bodensatz nicht fehlen darf.[36]

Auch die Bürgerinnen und Bürger verfolgten die Verfassungsdebatten in den jeweiligen Parlamenten mit großem Interesse. Sie schickten Petitionen nach Berlin und Frankfurt, ließen sich von ihren Repräsentanten berichten und tauschten sich über das Gehörte und Gelesene aus.[37] Wer am Ort des Geschehens lebte oder zu Besuch kam, versäumte nicht, den öffentlichen Plenarsitzungen auf den Galerien beizuwohnen und sich zu-

---

35   Ebd., S. 90–114. Allein der Zentralmärzverein, der sich im November 1848 als Dachorganisation demokratischer Vereine bildete, zählte eine halbe Million Mitglieder (103). Zur politischen Mobilisierung von Frauen 1848 und den Diskussionen um ein Frauenwahlrecht s. Ute Frevert, »Mann und Weib, und Weib und Mann«. Geschlechter-Differenzen in der Moderne, München 1995, S. 90–95.
36   Ludwig Bergsträsser (Hg.), Das Frankfurter Parlament in Briefen und Tagebüchern, Frankfurt 1929, S. 326.
37   Friedrich von Raumer, Berliner Professor und Abgeordneter, schrieb am 9.6.1848: »Ihr glaubt nicht, welche Anzahl von Anträgen und Gesuchen bei der [Paulskirchen-]Versammlung eingehen! Alles, vom Größten und Wichtigsten, bis zum Kleinsten und Unbedeutendsten, wird zur Sprache gebracht; die Abgeordneten hätten damit bis zum jüngsten Tage zu thun und würden dennoch nicht fertig!« (Friedrich von Raumer, Briefe aus Frankfurt und Paris, Bd. 1, Leipzig 1849, S. 67).

weilen auch aktiv einzumischen. »Ich gehe täglich in die Sitzungen«, gestand die Frankfurterin Clotilde Koch einer Brieffreundin am 25. Mai 1848, »und kann die Politik nicht lassen, obgleich ich fühle, daß wir Frauen uns der Sache nicht so leidenschaftlich hingeben sollten«. Frauen seien zwar, ebenso wie Männer, »mit Gefühl und Tatkraft im Leben begabt«, hätten aber, anders als Männer, keine offizielle politische Stimme und seien aufs »Zusehen« beschränkt. Dennoch nahm die 35-jährige Kaufmannsgattin regen Anteil an den politischen Auseinandersetzungen und ergriff Partei für die Liberalen, deren Positionen sie teilte.[38]

Einerseits gab sie Diners für die Abgeordneten, um sie in persönlichen Kontakt miteinander und mit interessierten Bürgern zu bringen. Andererseits studierte sie die in der Paulskirche debattierten Texte und Dokumente. Einen vorab kursierenden Verfassungsentwurf kommentierte sie zurückhaltend. Er sei »idealisch schön«, schrieb sie an Karl Mathy, »mir dünkt zu schön, um so ausgeführt zu werden«. Auch Anna Claussen, Ehefrau eines Kieler Abgeordneten, berichtete ihrer Freundin daheim regelmäßig über das, was sie in der Nationalversammlung hörte und beobachtete. Sie hielt es für selbstverständlich, dass die Freundin die stenographischen Berichte las, die an dem der jeweiligen Sitzung folgenden Tag erschienen und in vielen Zeitungen abgedruckt wurden. Gleiches erwartete der Regensburger Abgeordnete Adolf von Zerzog von Freunden und Bekannten, denen er seine Erlebnisse in Frankfurt schilderte. »Er-

---

38 Koch-Gontard, Briefe, S. 62 (25.5.1848), 64 (20.6.1848). Auch Anna Claussen aus Kiel, deren Mann als Abgeordneter in der Frankfurter Nationalversammlung saß, versäumte »keine einzige Sitzung« und schrieb ihrer Freundin am 30.6.1848, sie und zwei andere Damen seien neulich »ununterbrochen 9 Stunden in der Paulskirche« gewesen (Alexa Geisthövel, Teilnehmende Beobachtung. Briefe von der Damengalerie der Paulskirche 1848, in: Jürgen Herres u. Manfred Neuhaus (Hg.), Politische Netzwerke durch Briefkommunikation, Berlin 2002, S. 303–333, Zitat 320). S. auch Malwida von Meysenbug, Memoiren einer Idealistin, hg. v. Renate Wiggershaus, Frankfurt 1985, S. 118–127.

mahne ja alle Leute«, erinnerte er seine Frau im Oktober 1848, die Reden aufmerksam zu lesen.[39]
Ermahnt oder freiwillig taten das viele Zeitgenossen. An Informationen über die Verfassungsarbeit mangelte es nicht, der demokratische Politiker Robert Blum begründete sogar eine eigene *Reichstags-Zeitung*.[40] Besondere Würze erhielten die Nachrichten durch die politischen Querelen und Auseinandersetzungen, die sich an inhaltlichen und Verfahrensfragen entzündeten und auch außerhalb des Parlaments aufmerksam verfolgt wurden. Nur selten bot die Paulskirche ein Bild der Einmütigkeit. Schon der erste Sitzungstag am 18. Mai 1848 endete im Chaos. Nach feierlichem Einzug der Abgeordneten unter Fahnenschwenken, Kanonendonner, Glockengeläut und dem Jubel der Menge erörterte das Plenum »breit, heftig, ungeduldig« eine Reihe prozeduraler Bestimmungen. Auch die Besucher auf den Tribünen – sie fassten 2.000 Personen – beteiligten sich lautstark. »Dem Lärm der Tribünen«, notierte Johann Gustav Droysen im Tagebuch, rief sein liberaler Abgeordneten-Kollege Karl Stedman entgegen, »er fordere Ruhe der Tribüne, Freiheit für alle, aber vor allem für uns«. Der Eindruck war niederschlagend.« Erst am zweiten Tag, nachdem Heinrich von Gagern zum Präsidenten der Versammlung gewählt worden war, kehrte Ruhe ein:

---

39 Koch-Gontard, Briefe, S. 60, 312; Geisthövel, Beobachtung, S. 322, 325; Ein Bayer in der Paulskirche. Die Briefe des Regensburger Abgeordneten Adolf von Zerzog aus der Frankfurter Nationalversammlung 1848/49, hg. v. Werner Chrobak u. Emma Mages, Regensburg 1998, S. 117, 170. Ähnlich äußerte sich Gottlieb Christian Schüler gegenüber seiner Frau: »Liesest du denn nur die Zeitungen u. Berichte, um zu sehen wie es bey uns geht?« (Sybille Schüler u. Frank Möller (Hg.), Als Demokrat in der Paulskirche. Die Briefe und Berichte des Jenaer Abgeordneten Gottlieb Christian Schüler 1848/49, Köln 2007, S. 164, Brief v. 10.1.1849).
40 Für den zwischen liberalen und konservativen Positionen schwankenden Zerzog war die Blumsche Zeitung »ein wahrer Extract aller *Lügenhaftigkeit, Rohheit* und *stinkender Gemeinheit*« (Ein Bayer, S. 71).

Beendete Wahl. Gagern mit 304 von 397 Stimmen. Großer Jubel. Seine mächtig eindringende Rede. Souveränität der Nation: Jauchzen. Die Schlußstelle wegen des Ministeriums: Lauter Jubel. Allgemeine höchste Befriedigung, man fühlt in sicherer Bahn zu sein.

Am Ende, so Droysen, »war ein heiterer schöner Sinn der Befriedigung und Zuversicht in allen«.[41] Andere Teilnehmer bezeugten, »selbst in den Augen der Männer« bei Gagerns Rede Tränen gesehen zu haben.[42]

Auch der 29. Juni 1848, als die Abgeordneten den »Reichsverweser« wählten, das provisorische Oberhaupt der ersten gesamtdeutschen Regierung, war ein Tag emotionaler Eintracht. Gagern leitete die Abstimmung mit »herrlichen, innigen Worten«, »in tiefer Bewegung gesprochen« ein. Anschließend erscholl bei großer Stille »aus jeder Ecke der Kirche das dumpfe ›Erzherzog Johann von Österreich‹«, was nicht allein Clotilde Koch »bis ins Innerste der Seele« ergriff. Auch Anna Claussen schien es, »als ob ein heiliger Geist die Kirche erfüllte, für uns Frauen war es überwältigend«. Sogar ihr Mann habe Tränen vergossen, wie er ihr später erzählte. Der Abgeordnete von Zerzog ließ seine Wähler an diesem Moment teilhaben: »Glaubt mir, es haben viel graubärtige Männer geweint vor Freude, daß sie das noch erlebt haben.«[43]

---

41 Aktenstücke und Aufzeichnungen zur Geschichte der Frankfurter Nationalversammlung aus dem Nachlaß von Johann Gustav Droysen, hg. v. Rudolf Hübner, ND Osnabrück 1967, S. 810f. (Tagebuch Droysens). S. auch Franz Wigard (Hg.), Stenographischer Bericht über die Verhandlungen der deutschen constituirenden Nationalversammlung zu Frankfurt am Main, Bd. 1, Frankfurt 1848, S. 3, 17.
42 Koch-Gontard, Briefe, S. 313.
43 Ebd., S. 66; Geisthövel, Beobachtung, Zitate S. 326f.; Ein Bayer, S. 53. Auch Friedrich von Raumer bekannte, dass er »zugleich Thränen der Freude und des Schmerzes vergießen mußte; – und dies waren keine Thränen dummer Sentimentalität oder lächerlicher Schwäche« (Raumer, Briefe, S. 150).

Ein Gefühl erhebender Freude und Feierlichkeit begleitete auch die Verabschiedung der Grundrechte, mit denen sich das Frankfurter Parlament ein halbes Jahr lang beschäftigt hatte, sehr zum Leidwesen mancher Abgeordneter, die diesen Teil der Verfassungsarbeit zwar »hoechst wichtig, aber auch hoechst langweilig« fanden.[44] Der Katalog war umfangreich und barg einigen politischen, sozialen und konfessionellen Zündstoff. Er lehnte sich eng an die Forderungen an, die im März 1848 auf Versammlungen in ganz Deutschland und Österreich diskutiert und in Form von Adressen und Petitionen an die ständischen Vertretungen in den Einzelstaaten oder an den Bundesrat gerichtet worden waren. Dazu gehörten die Freiheit der Presse und der öffentlichen Versammlung und Vereinigung, die Freiheit des Gewissens, der Lehre und der Wissenschaft, die Vereidigung des Militärs auf die Verfassung, die Freiheit jedweder Religionsausübung, die Abschaffung aller Standesvorrechte, die Trennung von Schule und Kirche und manches mehr. In der Schlussrunde wurde über jeden Artikel namentlich abgestimmt. Die Wähler daheim wussten also, wie sich ihre Vertreter zu den einzelnen Fragen verhalten hatten.[45]

44 Ein Bayer, S. 56. Johann Gustav Droysen, der mit Verve an der Formulierung der Grundrechte gearbeitet hatte, empfand die Beratungen darüber ebenfalls als »langweilig; die deutschen Menschen verstehen nicht zu debattieren« (Johann Gustav Droysen, Briefwechsel, hg. v. Rudolf Hübner, Bd. 1, Berlin 1929, S. 441, Brief an Wilhelm Arendt v. 8.7.1848; am 9.6. hatte er dem Freund enthusiastisch – davon zeugten die vielen Ausrufungszeichen – über die Konzeption der Grundrechte berichtet, S. 430). Der Demokrat Schüler, der im Verfassungsausschuss mitarbeitete und ihn »unstreitig« für den »allerwichtigsten« des Parlaments hielt, hegte spätestens im September 1848 Zweifel an der Entscheidung, die Grundrechte als Erstes zu behandeln: »Denn was hilft die Aufstellung von noch so vortrefflichen Grundrechten, wenn sie nicht durch eine einheitliche Verfassung Deutschlands gesichert und geschützt sind? ... Indessen damals glaubten wir mit den Volksrechten anfangen zu müssen, und wir konnten nicht entfernt berechnen, daß die Berathung und Schlussfassung darüber eine so unendliche Zeit wegnehmen würde« (Schüler/Möller, Als Demokrat, S. 40, 225).
45 Zerzog etwa wurde in der *Augsburger Allgemeinen Zeitung* wegen seiner Haltung zum Jagdrecht scharf kritisiert (Ein Bayer, S. 110–112).

Nicht alle waren mit dem Ergebnis zufrieden. Linke und (rechts-)liberale Abgeordnete lieferten sich heftige Wortgefechte, die zuweilen sogar in Tätlichkeiten überzugehen drohten. Invektiven flogen hin und her: »Diese Linken sind so dumm, so blind, so klein, daß es eine Schande ist«, stöhnte Droysen nach der Abstimmung über die Abschaffung des Adels. Dass man Titel und Orden ebenfalls streichen wollte, schien ihm ein schlagender Beweis für den »Wahnsinn, die Kraft Preußens für Deutschland retten zu wollen und doch die Orden abzutun, diese stolzen Hebel der militärischen Tüchtigkeit«. Droysen fühlte sich »beschmutzt«, sein Kollege Georg Beseler, im Verfassungsausschuss maßgeblich für die Grundrechte verantwortlich, »war sehr unglücklich, verzagend, dachte an das Heimgehen«. Einen Tag später, am 7. Dezember 1848, lösten sich manche politische Knoten. Dass Friedrich Wilhelm IV. soeben die preußische Nationalversammlung aufgelöst und eine Verfassung oktroyiert hatte, blieb in Frankfurt nicht ohne Folgen: »Die Grundrechte«, atmete Droysen auf, »gehen unendlich besser.«[46] Am 20. Dezember wurden sie verabschiedet, sieben Tage später als Reichsgesetz verkündet und fast zeitgleich in einer vielfach nachgedruckten Lithographie des Malers Adolph Schroedter unters Volk gebracht.

Schroedter bediente sich hier bei einem großen Vorbild: der Darstellung der französischen Erklärung der Menschen- und Bürgerrechte aus dem Jahre 1789. Auch das Blatt von 1848 zeigte zwei Gesetzestafeln, diesmal schräg gestellt, mit den »Grundrechten des deutschen Volks« in neun Artikeln und fünfzig Paragraphen. Dass sie den Rang eines bindenden Gesetzes besaßen, war klar benannt und durch die Unterschriften des Reichsverwesers und seiner fünf Minister bekräftigt. Zwischen den beiden Tafeln erhob sich eine Siegessäule mit Germania, die, von den weiblichen Allegorien der Gerechtigkeit (mit Waage) und Freiheit (mit phrygischer Mütze) umrahmt, die Kette der

---

46 Aktenstücke, S. 835.

Die Grundrechte des deutschen Volkes,
Lithographie von Adolph Schroedter, 1848

Unfreiheit gesprengt hatte. An den unteren Rändern fanden sich zwei weitere Frauenfiguren: Die linke trug ein Pfeilbündel, Symbol für die Einheit der deutschen Stämme; die rechte hielt eine Herkuleskeule, mit der sich das Volk gegen seine Feinde verteidigte.[47]

Ob die damaligen Betrachter wussten, dass Schroedter das Bildprogramm der Französischen Revolution kopiert hatte, ist nicht verbürgt. Der Bezug auf das Alte Testament hingegen war den Menschen vertraut, und die visuelle Botschaft musste nicht langatmig erklärt werden: Hier war ein heiliges Dokument abgebildet, dem man in Ehrfurcht, Demut und Dankbarkeit begegnen sollte. Das Gesetz, von weltlichen Mächten erlassen, genoss sakrale Weihen, und das hieß: Die Einzelstaaten durften es unter keinen Umständen aufheben oder beschränken, vielmehr sollte es ihren eigenen Verfassungen als Norm und Vorbild dienen.

Dazu aber kam es nicht. Preußen und Österreich ebenso wie Bayern und Hannover weigerten sich, die Frankfurter Grundrechte zu übernehmen. Das galt auch für den Rest der Reichsverfassung, der den Staatsaufbau und dessen institutionelles Gefüge regelte. Vor dem Hintergrund konservativ-restaurativer Rückschläge in den größeren Bundesstaaten hatte die Paulskirchenversammlung ihre Verfassungsarbeit unter Hochdruck fortgesetzt und am 27. März 1849 erfolgreich abgeschlossen. Sogar die Streitfrage des Reichsoberhauptes war geklärt: »Kaiser der Deutschen« sollte der preußische König werden. Am 3. April empfing Friedrich Wilhelm IV. in Berlin eine Frankfurter Deputation unter Leitung des Parlamentspräsidenten Eduard Simson. Ihr Angebot, die Kaiserkrone anzunehmen, lehnte er jedoch dankend ab. Weder das Ersuchen der 28 (kleineren) Staaten, die sich hinter die Reichsverfassung stellten, noch Tausende von Adressen aus Vereinen und Volksversammlungen vermochten ihn umzustimmen.

Stattdessen setzte er nach der Devise »Gegen Demokraten helfen nur Soldaten« preußische Truppen dorthin in Marsch,

---

47 Günter Kaufmann, Gesetzestafeln als Bildschmuck neuer Ordnungen. Die Säkularisierung und Profanisierung eines historischen Bildmotivs, in: Geschichte in Wissenschaft und Unterricht 47 (1996), S. 301–319, hier 314.

wo Bürger auf Bitten der Nationalversammlung dafür eintraten, die Reichsverfassung »zur Anerkennung und zur Geltung zu bringen«. Anfang Mai 1849 hatte der Zentralmärzverein als mitgliederstarke Dachorganisation demokratischer Vereine zu einer »allgemeinen Erhebung des Volkes« aufgerufen. Aus Sicht der Delegierten war das ein Akt der »Gesetzlichkeit«, mit dem man die legitime und eidlich beschworene Verfassung gegen die »rebellischen Fürsten« verteidigte, die sie ablehnten.[48] Die Fürsten wiederum verorteten die Rebellen auf der anderen Seite und schlugen das, was für sie ein Aufstand gegen die angestammte Ordnung war, mit Waffengewalt nieder. Mit der Kapitulation der von badischen »Revolutionären« gehaltenen Festung Rastatt am 23. Juli endete der Kampf um die Reichsverfassung.

Liberale Abgeordnete hatten sich schon vorher daraus verabschiedet. Als der Erlanger Bürgermeister Ferdinand Lammers Ende April 1849 im »Parlaments-Album« der Paulskirche den Satz niederschrieb

> In der allgemeinen Sympathie des deutschen Volkes für die Reichsverfassung liegt die einzige Möglichkeit deren unbedingten Vollzuges, weil dadurch dem Willen der Fürsten eine unüberwindliche Macht entgegensteht,

war bereits klar, dass alle populären Sympathien nichts gegen den Willen der Fürsten würden ausrichten können.[49] Viele Männer und Frauen fühlten sich zwischen den politischen Fronten gefangen und zerrieben. Am 9. Mai 1849 schrieb Clotilde Koch an den badischen Weingutbesitzer Franz Peter Buhl:

> Soweit sind wir also, daß wir dem König von Preußen wahrscheinlich den Bürgerkrieg verdanken und daß Menschen

---

48 Die Wage, Nr. 40 v. 10.5.1849, S. 174ff.
49 Die erste deutsche Nationalversammlung 1848/49. Handschriftliche Selbstzeugnisse ihrer Mitglieder, hg. v. Wilfried Fiedler, Königstein 1980, Blatt 156.

einer gemäßigten Farbe wie wir beide nicht wissen, ob wir den Soldaten oder der Bewegung für die Verfassung den Sieg wünschen sollen, weil wir fürchten müssen, daß uns die rote Republik durch die liebe Linke über den Hals gebracht wird, wenn das Volk den Sieg behielte.[50]

Den Sieg trugen die konservativen Kräfte davon, und die »bedeutenden Familien« Frankfurts, die die Stadt aus Furcht vor Revolution und Bürgerkrieg verlassen hatten, kehrten in ihre Häuser zurück.

Die Sympathie, Begeisterung und Liebe für die deutsche Verfassung, die zahlreiche Bürgerinnen und Bürger im Land »beseelten« und manche so weit brachten, sich dem Beharrungswillen ihrer Landesherren aktiv zu widersetzen, hatten damit einen gehörigen Dämpfer erhalten. Anders als in den einzelstaatlichen Konflikten, die seit den 1810er Jahren zwischen Obrigkeit und Volk um die »Konstitution« ausgetragen worden waren, ging es bei der Arbeit an der Reichsverfassung 1848/49 ums Ganze: um ein Staatsgrundgesetz für alle Deutschen. Was sich Verfassungsfreunde wünschten, waren nicht nur bürgerliche Freiheit und politische Teilhabe, sondern auch nationale Einheit, weit über die rudimentären Strukturen des Deutschen Bundes hinaus. Das Einheitsziel, das Liberale und Demokraten gleichermaßen beflügelt hatte, scheiterte an der Abwehr der Fürsten und ihrer konservativen Gefolgsleute. Auch die Forderungen nach größerer politischer Freiheit und Mitbestimmung erlitten einen Rückschlag. Dennoch verpufften die emphatischen Verfassungsgefühle, die sich in langen Jahren des Tauziehens zwischen »Wohlgesinnten« und ihren Gegnern herausgebildet hatten, nicht ergebnislos. Zum einen trug selbst die als königlicher Oktroi erlassene preußische Verfassung von 1848 eine erstaunlich liberale Handschrift. Zum anderen hielt

---

50   Koch-Gontard, Briefe, S. 92.

Verfassung und Grundrechte lösen sich in Rauch auf,
Karikatur der satirischen Zeitschrift *Kladderadatsch*, 1851

gerade die Nichterfüllung vieler Wünsche auf Seiten der Bürger die Sehnsucht nach einer besseren, gerechteren, freieren Verfassung wach.

III. Verfassungsfragen als Machtfragen 1850–1918

Wach blieb auch die Erinnerung an die 1849 verabschiedete, aber faktisch nie in Kraft getretene Reichsverfassung. Der Frankfurter Rechtsanwalt und Paulskirchenabgeordnete Friedrich Jucho, der schon im Vormärz reichlich Bekanntschaft mit obrigkeitlichen Repressionsinstrumenten geschlossen hatte, nahm das Archiv der Nationalversammlung in seine Obhut. Als es ihm 1852 mit Gewalt entwendet wurde, schaffte er es immerhin, ein Original der Verfassungsurkunde, von allen Parlamentariern unterzeichnet, nach England in Sicherheit zu bringen. 1870 schließlich schien ihm die Zeit reif, es der deutschen Öffentlichkeit zurückzugeben: Er schickte es an Eduard Simson, einst Präsident der Nationalversammlung, der mittlerweile dem Norddeutschen Reichstag in Berlin vorstand.[1]

In der Zwischenzeit war einiges geschehen. Die breite nationale Verfassungsbewegung aus dem Frühjahr 1849 – damals hatten Hunderttausende auf Volksversammlungen für die Umsetzung der Reichsverfassung votiert – war nach den Gewalterfahrungen des Sommers fast lautlos in sich zusammengefallen. Linksliberale und Demokraten wurden polizeilich verfolgt oder gingen außer Landes. Nur im rechtsliberalen Spektrum setzte man weiterhin auf eine Verfassunggebung und unterstützte die preußischen Initiativen, eine Union ohne Österreich zu schmieden. Die 1850 in Erfurt ausgearbeitete Verfassung wurde sehr viel schneller verhandelt als die in Frankfurt und trug deutlich konservativere Züge. Aber auch sie blieb Makulatur, als Preußen das Interesse daran verlor.[2]

[1] Deutscher Bundestag (Hg.), Deutsche Geschichte(n) in einem Dokument – die Paulskirchenverfassung vom 28. März 1849, Berlin 2023, S. 37.
[2] Zu den Plänen und Verfahren für eine Unionsverfassung s. Gunther

Die Öffentlichkeit hatte das Erfurter Unionsparlament ohnehin kaum wahrgenommen – anders als die Paulskirchenversammlung, über die die Presse intensiv berichtete und deren Abgeordnete sich regelmäßig an ihre Wähler wandten, um sie über die Verfassungsarbeit zu informieren. Die Begeisterung und der Einsatz vieler Bürger und Bürgerinnen für die deutsche Nation, die mehr sein sollte als die Summe ihrer Teile, schwanden dahin, und man beschäftigte sich wieder stärker damit, was im eigenen Land passierte. Zwar blieb kein Mitgliedsstaat des Deutschen Bundes frei von dem »Mehlthau«, der sich »auf alle freiheitliche Entwickelung« legte.[3] Dennoch hatten, mit Preußen und Mecklenburg als Nachzüglern, nunmehr alle eine Verfassung, die den Bürgern, wenn auch nur partiell, Beteiligungsrechte an der Regierung einräumte. Die nach dem Dreiklassenwahlrecht gewählten Abgeordnetenkammern durften beratend an der Gesetzgebung mitwirken und über den Staatshaushalt abstimmen. Damit konnten sie der Regierung die eingeforderten Finanzmittel bewilligen, aber auch vorenthalten.

Diese verfassungsmäßigen Rechte übten sie durchaus selbstbewusst aus. In Preußen ließ es das von Fortschrittsliberalen dominierte Parlament in den 1860er Jahren sogar auf eine veritable Staatskrise ankommen. Unter Friedrich Wilhelms Nachfolger, dem seit 1858 regierenden Wilhelm I., beschloss die Regierung, die Militärverhältnisse zu ändern. Die Dienstzeit wehrpflichtiger Bürger sollte von zwei auf drei Jahre verlängert und die Landwehr, der »bürgerliche« Arm der Armee, in das Linienheer eingegliedert werden. Das kostete viel Geld, das

---

Mai (Hg.), Die Erfurter Union und das Erfurter Unionsparlament 1850, Köln 2000; Christian Jansen, Einheit, Macht und Freiheit. Die Paulskirchenlinke und die deutsche Politik in der nachrevolutionären Epoche 1849–1867, Düsseldorf 2000, S. 222–229.
3 So hieß es 1862 in einem Flugblatt über die Reichsverfassung, das von dem liberalen Juristen und Gründungsmitglied des Deutschen Nationalvereins Gottlieb Planck verfasst war (Andreas Biefang, Der Deutsche Nationalverein 1859–1867. Vorstands- und Ausschußprotokolle, Düsseldorf 1995, S. 483).

Bismarck und der preußische Verfassungskonflikt, Karikatur des *Kladderadatsch*, 1862

die Berliner Abgeordnetenkammer nicht herausgeben wollte. Der König löste daraufhin das Parlament auf und verordnete Neuwahlen. Daraus gingen allerdings die Liberalen gestärkt hervor, so dass sich der Streit fortsetzte. In dieser Pattsituation berief Wilhelm den Konservativen Otto von Bismarck, vormals preußischer Gesandter am Bundestag, in St. Petersburg und in Paris, zum Ministerpräsidenten. Die nächsten vier Jahre regierte Bismarck ohne parlamentarische Zustimmung und setzte die Heeresreform wie geplant durch.

Für seinen flagranten Verfassungsverstoß spendeten ihm die Konservativen großen Beifall. Der preußische Volksverein, der die antiliberale Opposition organisierte, mobilisierte zusammen mit Beamten, Pastoren, Gutsbesitzern und Handwerkern die Bevölkerung der ländlichen Gebiete und bewog sie, Loyalitätsadressen und Deputationen nach Berlin zu schicken. Hier fanden sie »huldreiche Aufnahme« und einen willkommenen Empfang. Der Monarch richtete dankbare »Worte an Sein Volk«, die konservative Zeitungen und Flugblätter unter die Leute brachten. Weniger erfreut zeigte er sich über die kritischen Adressen und Abgesandten, die die Parlamentsmehrheit unterstützten und den Verfassungsbruch heftig tadelten. Liberale Bürgervereine agitierten vor allem in den Städten; ihre Mitglieder gingen von Haus zu Haus und sammelten Unterschriften. Entsprechende Listen lagen auch in Gasthäusern aus. Anschließend wurden die Petitionen in großer Zahl gedruckt und verteilt. Anfang 1863 konstatierte der Kölner Politisch-Gesellige Verein zufrieden, »daß die Adreß-Angelegenheit zur Wiederbelebung des politischen Eifers mächtig beigetragen« habe.[4]

Als die preußische Regierung auf dem Höhepunkt des Konflikts im Sommer 1863 die Pressezensur wieder einführte, griffen die Liberalen zu jenem Mittel, das bereits 1832 in Hambach funktioniert hatte: Sie organisierten Volksfeste, um

> den mündlichen Austausch von Ideen zu vermitteln, uns an bewährte, verfassungstreue Männer fester anzuschließen und gleichzeitig *die* Ausdauer und Einmütigkeit zu beleben, wel-

---

4 Thomas Parent, »Passiver Widerstand« im preußischen Verfassungskonflikt. Die Kölner Abgeordnetenfeste, Köln 1982, Zitate S. 129, 131.

che der zum Schutze der Verfassung mit allen gesetzlichen Mitteln zu führende Kampf von einem jeden erfordert.[5]

Zwischen 600 und 800 solcher »politischen Meetings«, berichtete der Krefelder Abgeordnete Heinrich von Sybel, fanden allein in der Rheinprovinz statt, samt Bankett, Sängerkonzert und Rheinfahrt. Man ließ dort nicht nur, wie in den 1830er und 1840er Jahren, die Abgeordneten hochleben und dankte ihnen für ihre Verfassungstreue. Die Teilnehmenden, deren Zahl in die Hunderte gehen konnte, feierten sich auch selber. Sie waren eben keine »indifferente Masse«, wie die *Niederrheinische Volkszeitung* schrieb, sondern engagierte Bürger, die ihre Verfassung kannten und die darin festgeschriebenen Rechte schützten.

Auf Ferdinand Lassalle, den sozialistischen Schriftsteller und Politiker, machte dies keinen großen Eindruck. Im fortschrittsliberalen Bezirksverein der Berliner Friedrichstadt spottete er im April 1862 über die aktuelle Verfassungseuphorie:

> Jeder Mensch, meine Herren, spricht heutzutage von früh bis abends über Verfassung. In allen Zeitungen, in allen Gesellschaften, in allen Wirtshäusern ist unablässig von Verfassung die Rede.

Gefühlsmäßig betrachte man eine Verfassung als »etwas noch viel Heiligeres, Festeres, Unveränderlicheres« als ein gewöhnliches Gesetz. Darüber werde vergessen, dass die »*wirkliche* Verfassung« etwas ganz anderes sei als »das *Blatt Papier*«. Verfassungsfragen, belehrte Lassalle seine Zuhörer, seien »nicht *Rechts*fragen sondern Machtfragen«. Anstatt »mit fieberhafter Angst« die »durchlöcherte« preußische Verfassung zu verteidigen, gelte es, die »wirklich in der Gesellschaft bestehenden Machtverhältnisse« zu verändern. Wie das zu bewerkstelligen sei,

---

5 Ebd., Zitat S. 172, die folgenden 173, 134.

verriet der leidenschaftliche Redner allerdings nicht. Er deutete lediglich an, für ihn sei der Sündenfall nach dem 18. März 1848, dem Tag der Berliner Barrikadenkämpfe, eingetreten. Damals hätte das Bürgertum sofort die Exekutive übernehmen und das Militär entmachten müssen. Stattdessen habe man nichts anderes im Kopf gehabt, als in Frankfurt eine Verfassung auszuarbeiten, die dann erwartungsgemäß an den »tatsächlichen Machtverhältnissen« gescheitert sei.[6]

Der liberale Politiker Carl Theodor Welcker, der sich 1848/49 als Abgeordneter der Paulskirchenversammlung vornehmlich mit Verfassungsfragen befasst hatte, sah die Dinge anders. 1863 unterstützte er die Petition Heidelberger Bürger an die Zweite badische Kammer, der er selber viele Jahre lang angehört hatte. Darin baten sie die großherzogliche Regierung, »alle geeigneten Mittel zur Anwendung zu bringen, damit der zerstörte öffentliche Rechtszustand im Königreiche Preußen wieder hergestellt werde«. In einer begleitenden Denkschrift geißelte Welcker den preußischen Verfassungskonflikt als »treubrüchige Revolution von oben« und »feindlichen Angriff auf die ganze constitutionelle Verfassung«. Da alle Beamten ebenso wie König und Minister »mit feierlichem körperlichem Eide die Verfassung beschworen« hätten, wiege ihr Treuebruch besonders schwer. Dagegen bloß »mit Worten und Gedanken« zu protestieren, helfe nicht weiter. Wichtiger sei, die Verfassung »mit energischer Gesinnung und Thatkraft«, ja mit »Leidenschaft« zu verteidigen. Eben diese vermisste Welcker bei den preußischen Liberalen. Sie hätten die königlichen Gefühle allzu sehr geschont, anstatt »den ganzen Stolz wahrer Männerfreiheit« und den »Zorneseifer« ihrer Mitbürger »zur Abwehr ehrenkränkenden Verfassungsbruchs« anzuregen.[7]

---

6 Ferdinand Lassalle, Über Verfassungswesen, in: ders., Gesammelte Reden und Schriften, hg. v. Eduard Bernstein, Bd. 2, Berlin 1919, S. 23–61, Zitate 25, 29, 45f., 58, 60, 43.
7 Carl Welcker, Der preußische Verfassungskampf. Denkschrift, Frankfurt 1863, Zitate S. 5, 34, 36f., 39f., 47.

Stolz, Zorn, Ehre – Lassalle hätte über die emphatischen Verfassungsgefühle des streitbaren Professors nur gelacht (»um Gotteswillen die Verfassung, die Verfassung«). Auch in den Kreisen des 1859 von Liberalen und Demokraten gegründeten Deutschen Nationalvereins teilte man Welckers Leidenschaft nicht. Dass der Verein sich 1862 dennoch entschloss, die Reichsverfassung von 1849 zum Kern seines Programms zu machen, geschah aus strategischen Erwägungen. Um die von Österreich forcierten Bemühungen um eine Reform des Deutschen Bundes zu konterkarieren, berief er sich auf die Frankfurter Verfassung. Sie auszuführen und ein Parlament nach den Vorschriften des damals verabschiedeten Wahlgesetzes mit allgemeinem gleichen Wahlrecht einzuberufen, sei das Gebot der Stunde und trage mehr dazu bei, die »inneren Schäden« des Bundes zu heilen als die »dürftigen Ausbesserungen«, die manche Regierungen vorgeschlagen hätten.[8]

Schon kurz nach seiner Gründung hatte der Nationalverein darüber beraten, ob die Paulskirchenverfassung als Grundlage einer gesamtstaatlichen Neuordnung tauge. Gerade preußische Liberale zögerten, weil sie für diesen Fall mit einem amtlichen Vereinsverbot rechneten. Mehr Mut forderte der demokratische Politiker Heinrich Simon aus dem Züricher Exil. Simon, ehemals Abgeordneter der Paulskirche und im Verfassungsausschuss sehr aktiv, war im Sommer 1849 in die Schweiz geflohen, um einer Anklage wegen Hochverrats und der Verurteilung zu lebenslangem Zuchthaus zu entgehen. 1860 schickte er einen »Pfingstgruß an Deutschland« und forderte alle Patrioten auf, sich um die Reichsverfassung zu versammeln: »Sie ist die legitime Fahne Deutschlands, und es giebt keine andere, bis das deutsche Volk in seinem zweiten Parlamente gesprochen hat.« Dieser Aufruf, in liberalen Zeitungen veröffentlicht, sollte den Nationalverein

---

8 Biefang, Nationalverein, S. 202f. Sogar Preußen konnte sich mittlerweile, aus Opposition gegen Österreich, mit der Idee eines direkt gewählten Nationalparlaments anfreunden. S. dazu Jürgen Müller, Deutscher Bund und deutsche Nation 1848–1866, Göttingen 2005.

auf eine entschiedenere Linie einschwören. Vor allem wollte Simon erneute langwierige Verfassungsdebatten vermeiden. Einem Freund schrieb er, die Einigung Deutschlands sei

> überhaupt nur möglich in sehr bewegter Zeit. Kommt aber ein solcher Enthusiasmus, wie damals, wiederum über das deutsche kühle Volk, so soll der kostbare Moment nicht mit Diskussionen über die Form verpufft werden, sondern es sollen die theuer erkauften Ergebnisse der konstituirenden National-Versammlung als *Fundament* benutzt werden, um ad rem zu kommen.[9]

Doch ob es je wieder einen solchen kostbaren Moment voller Enthusiasmus in bewegter Zeit geben würde, war ungewiss. Die Satirezeitschrift *Münchener Punsch* sah ihn in weiter Ferne. Ihre Karikatur über Verfassungskämpfer 1849 und 1860 stellte Politiker, die in der Revolutionszeit ihr Leben riskiert hatten, Mitgliedern des Nationalvereins gegenüber, die auf das Wohl des preußischen Königs anstießen.

Tatsächlich aber tat der Nationalverein einiges, um das abgekühlte Volk erneut für die Verfassung zu erwärmen. Auf Volksversammlungen in ganz Deutschland entfaltete er »eine energische Agitation« in der Annahme, dass »der weitere Erfolg von der politischen Regsamkeit des Volks in dieser Frage« abhängen würde. Außerdem appellierte er an die liberale Presse,

> bei jeder passenden Gelegenheit auf die Reichsverfassung und deren volksthümlichen Inhalt usw. zurückzukommen, dieselbe auch vielleicht, wie dies von einigen Blättern bereits geschehen, in den Spalten Ihres Blattes ihrem ganzen Wortlaute nach abzudrucken.

---

9 Johann Jacoby (Hg.), Heinrich Simon. Ein Gedenkbuch für das deutsche Volk, 2. Aufl., Berlin 1865, S. 358f.; Jansen, Einheit, S. 344f.

Selber ließ er Flugblätter mit dem Verfassungstext und erklärenden Kommentaren drucken und verteilen. 1863 schließlich veranstaltete er fast überall im Land Verfassungsfeiern rund um den 28. März, mit den aus der politischen Festkultur vertrauten Programmbestandteilen: Bankette, Toasts, Lieder, Gedichtrezitationen, Reden über die Bedeutung der Reichsverfassung. An diesen Feiern nahmen jeweils zwischen 150 und 3.000 Menschen teil. In Hamburg folgten sie einem großen Festzug mit der schwarz-rot-goldenen Reichsfahne und einem von Turnern und Schützen getragenen Banner »Reichsverfassung von 1849«.[10]

Diese zweite Reichsverfassungskampagne – die Preußen wohlweislich aussparte – endete nicht wie die erste in Aufständen und Bürgerkrieg. Zwar bezogen sich die Redner durchweg auf die revolutionäre Situation von 1848/49, hoben aber im gleichen Atemzug hervor, die Paulskirchenverfassung sei legal zustande gekommen und habe dem »*Willen der Nation seinen rechtlichen Ausdruck*« gegeben.[11] Auffallend war, wieder einmal, die religiöse Sprache. Ein Zirkular des Nationalvereins an die lokalen »Agenten«, die die Feiern 1863 vor Ort ausrichteten, nannte die Verfassung »erhaben«, »groß« und »zukunftverheißend«, einen »Tempelbau der Einheit und Freiheit des Vaterlands«, ein »*zum Heil des Ganzen aufgerichtetes Gesetz*«. Da »die Machthaber ihrer heiligsten Verpflichtungen uneingedenk« ihre Eide gebrochen hätten, müsse sich die Nation ihrer »geheiligsten Rechte« vergewissern und das »makellose Banner dieses Gesetzes«, die »*eigene, schwer errungene Schöpfung* um so höher in Ehren« halten.[12]

---

10 Biefang, Nationalverein, S. 204, 214f.; ders., Politisches Bürgertum in Deutschland 1857–1868. Nationale Organisationen und Eliten, Düsseldorf 1994, S. 255–258.
11 Biefang, Nationalverein, S. 483.
12 Ebd., S. 221f. Das Zirkular des Vereinsgeschäftsführers Fedor Streit stammte von Ende Februar 1863.

Deutsche Reichsverfassungskämpfer von 1849.

Kasematten von Rastatt.

Deutsche Reichsverfassungskämpfer von 1860.

Der Ausschuß des Nationalvereins beschließt, für d[ie] Wiederherstellung der Reichsverfassung einzutreten.

Verfassungskampf einst und jetzt,

Deutsche Reichsverfassungskämpfer von 1849.

Stellung der Reichsverfassungskämpfer zu Preußen.

Deutsche Reichsverfassungskämpfer von 1860.

Großes Zweckessen. Heutige Stellung zu Preußen.

Karikatur des *Münchener Punsch*, 1860

Das biblische Vokabular sollte die ethisch-moralische Bedeutung der Reichsverfassung ins Bewusstsein heben und ihr jene höheren Weihen verleihen, die ihre emotionale Akzeptanz und politische »Ausführung« erleichtern würden. Es sollte, kurz gesagt, Verfassungsgefühle wecken oder erneuern, die in den Jahren des »Mehlthaus« verkümmert, begraben oder ganz verschwunden waren.

Der Erfolg dieser Strategie ist schwer zu beurteilen. Dass die Paulskirchenverfassung gezielt und flächendeckend beworben und gefeiert wurde, trug sicherlich dazu bei, dass sie nicht in Vergessenheit geriet, sondern zu einem heroischen Denkmal und Erinnerungsort der deutschen Nationalbewegung wurde. Bezieht man die zeitgleich in Preußen stattfindenden Abgeordnetenfeste und die breite gesellschaftliche Mobilisierung gegen den Verfassungsbruch der Berliner Regierung mit ein, lässt sich durchaus eine »Wiederbelebung des politischen Eifers« und eine Fortsetzung des »Zeitalters der Constitutionen« diagnostizieren. Darin spielte die Frage, ob man die Grundsätze der Verfassung befolgte und den Eid auf sie für »heilig« und unverbrüchlich hielt, eine prominente Rolle.

Selbst wenn der Kreis derer, die sich dem »constitutionellen Geist« politisch und emotional-enthusiastisch verpflichtet fühlten, relativ überschaubar blieb, gewann die Verfassung insgesamt an Bedeutung und Orientierungskraft. Sie war nicht das »Stück Papier«, als das Friedrich Wilhelm IV. oder Ferdinand Lassalle sie abtaten. Sie war auch nicht mehr abstrakt und blutleer. »Reichsverfassungsmärtyrer« wie der im November 1848 in der Nähe von Wien hingerichtete Robert Blum, aber auch Emigranten wie Heinrich Simon oder der Berliner Arzt Wilhelm Löwe erinnerten daran, dass die Verfassung Gegenstand leidenschaftlicher Kämpfe war, dem viele Menschen persönliche Opfer gebracht hatten.

Löwe kehrte nach der preußischen Amnestie 1861 aus dem amerikanischen Exil zurück und hielt 1863 für den Nationalverein »im Interesse der Reichsverfassung« Versammlungen in Süddeutschland ab. Außerdem trat er der Deutschen Fortschrittspartei bei und wurde ins Berliner Abgeordnetenhaus gewählt. Dort versuchte er sich 1866 an einer Vermittlung zwischen den beiden Parteiflügeln: Der eine wollte den Konflikt mit Bismarck beilegen und ihm den Verfassungsbruch nachsehen, der andere nicht. Trotz seiner Bemühungen konnte Löwe nicht verhindern, dass die Partei über dem sogenannten Indemnitätsgesetz, das die seit 1862 getätigten Staatsausgaben nachträglich für rechtmäßig erklärte, auseinanderbrach. Blieb die linksliberale Richtung bei ihrer oppositionellen Haltung, stimmten die rechts- oder nationalliberalen Mitglieder des Parlaments dem Gesetz zu.[13] Sie trugen damit auch der »realpolitischen« Tatsache Rechnung, dass Preußen nach den siegreichen Kriegen von 1864 (gegen Dänemark um Schleswig-Holstein) und 1866 (gegen Österreich und dessen deutsche Verbündete) »unbestritten an der Spitze der Nation« stand und für deren staatliche Einigung entscheidend war. Damit sei »die deutsche Verfassungsfrage«, wie es der Nationalverein 1867 formulierte, aus den »luftigen Höhen der Spekulation und Phantasie« auf festem Boden gelandet und erwarte ihre praktische Lösung »binnen kürzester Frist«.[14]

In der Tat hatte Bismarcks Politik sowohl innen- als auch außenpolitisch neue Fakten geschaffen. Der Deutsche Bund, der sich im preußisch-österreichischen Konflikt mehrheitlich auf die Seite Österreichs gestellt hatte, löste sich nach dem preußischen Sieg auf, und Preußen bekam freie Hand für die

---

13 Zum preußischen Verfassungskonflikt und seinen Auswirkungen s. Rainer Wahl, Der preußische Verfassungskonflikt und das konstitutionelle System des Kaiserreichs, in: Ernst-Wolfgang Böckenförde (Hg.), Moderne deutsche Verfassungsgeschichte (1815–1918), Köln 1972, S. 171–194; Klaus Erich Pollmann, Vom Verfassungskonflikt zum Verfassungskompromiß. Funktion und Selbstverständnis des verfassungsberatenden Reichstags des Norddeutschen Bundes, in: Gerhard A. Ritter (Hg.), Gesellschaft, Parlament und Regierung, Düsseldorf 1974, S. 189–203.
14 Jansen, Einheit, S. 577–579; Biefang, Nationalverein, Zitat S. 497 aus dem Flugblatt des Nationalvereins von 1867 »vor den Parlamentswahlen«.

Neuordnung Deutschlands nördlich der Mainlinie. Es annektierte dort mit Frankfurt, Hannover, Kurhessen und Nassau zunächst jene Territorien, die zu Österreich gehalten hatten, und schloss mit den anderen nord- und mitteldeutschen Staaten einen Bündnisvertrag. Gemeinsames Ziel war die Gründung eines Bundesstaates, dessen Verfassung von einer aus freien und gleichen Wahlen hervorgegangenen Volksvertretung ausgearbeitet werden sollte. Die Wahlen am 12. Februar 1867 fanden nach den Regeln des Reichswahlgesetzes von 1849 statt – eine kluge Konzession an die Liberalen, die hinter der Paulskirchenverfassung standen. Ihnen signalisierte der preußische Ministerpräsident, der neue Bundesstaat werde nicht nur ihre Wünsche nach nationaler Einheit, sondern auch ihre Freiheitsforderungen erfüllen.

Doch schon die Eröffnung des Reichstags machte die Unterschiede zwischen 1867 und 1848 deutlich. Zwar gab sich König Wilhelm die Ehre, die Parlamentarier in den Weißen Saal des Berliner Stadtschlosses zu bitten und mit protokollarischen Ehren willkommen zu heißen. Später ließ er sich jeden einzelnen Abgeordneten persönlich vorstellen. Gemessen an den Hoffnungen und Ansprüchen, die sich an die Paulskirchenversammlung gerichtet hatten, war das, was sich am 24. Februar 1867 vollzog, allerdings enttäuschend. Anstelle einer »constituirenden Versammlung«, so die liberale *Vossische Zeitung*, hatte man es mit einer prosaischen »Delegirten-Versammlung« zu tun, »in welcher sich Vertreter des Volkes und bestimmte Regierungen über gewisse gemeinsame Angelegenheiten des norddeutschen Bundes zu einigen haben«.[15] 1848 hatten die Abgeordneten unter Glockengeläut und Kanonendonner, begleitet vom Jubel der Bevölkerung, ihre Verfassungsarbeit begonnen; 1867 lag ihnen der Verfassungstext aus Bismarcks Feder, mit den verbündeten Regierungen abgestimmt, bereits vor. Der preußische König ermahnte sie in seiner Thronrede, den Entwurf möglichst rasch

15 Vossische Zeitung v. 26.2.1867, S. 2.

zu billigen. Denn jede weitere Änderung müsste anschließend die Zustimmung der einzelnen Staatsregierungen finden, was den Prozess gefährden und in die Länge ziehen würde.[16] Trotz dieser Mahnung nahm der Reichstag seine Aufgabe ernst und ließ es auf einen »Verfassungskampf« ankommen. Mehr als einmal erwog Bismarck, das Parlament aufzulösen.[17] Strittig war vor allem das Verhältnis zwischen Unitarismus und Partikularismus, also die Frage, wieviel Souveränität der Bund und wieviel Autonomie die Gliedstaaten besitzen sollten. Beim Staatsangehörigkeitsrecht, bei der Steuergesetzgebung und im Obligationen- und Strafprozessrecht dehnte der liberal dominierte Reichstag die Kompetenzen des Bundes aus. Außerdem stärkte er die Stellung des Parlaments und unterwarf den Kanzler parlamentarischer Kontrolle. Fast allen Änderungen stimmten die verbündeten Regierungen auf Bismarcks Empfehlung zu. Auch die Liberalen wollten die Verfassung nicht scheitern lassen und gaben schweren Herzens in der Diätenfrage nach. Keinen Erfolg hatten die Linksliberalen mit dem Versuch, den Grundrechtekatalog der Frankfurter Reichsverfassung in die neue Norddeutsche Verfassung aufzunehmen. Bismarck lehnte das rundweg ab, da die Freiheit der bürgerlichen Gesellschaft bereits durch die jeweiligen Landesverfassungen gewährleistet sei. Gegen die Stimmen der Fortschrittspartei, der Katholiken, der Welfen und Polen und gegen das einsame Votum des Sozialdemokraten August Bebel nahmen 230 von 283 Abgeordneten die Verfassung am 16. April 1867, nach knapp zweimonatiger Beratung, an.[18]

---

16 Stenographische Berichte über die Verhandlungen des Reichstages des Norddeutschen Bundes im Jahre 1867, Bd. 1, Berlin 1867, S. I f.
17 Rudolf von Bennigsen, Führer der Nationalliberalen im Reichstag, hoffte seiner Frau gegenüber »auf einen glücklichen Ausgang des ganzen Verfassungskampfes« (Hermann Oncken, Rudolf von Bennigsen. Ein deutscher liberaler Politiker, nach seinen Briefen und hinterlassenen Papieren, Bd. 2, Stuttgart 1910, S. 28, Brief v. 3.3.1867).
18 Ernst Rudolf Huber, Deutsche Verfassungsgeschichte seit 1789, Bd. III, 2. Aufl., Stuttgart 1963, S. 648–680; Klaus Erich Pollmann, Parlamentaris-

In einem Rechenschaftsbericht an seine Wähler vom Juni 1867 bezeichnete der nationalliberale Abgeordnete Gustav Richard Wagner aus Sachsen-Altenburg die Abstimmung als einen »ergreifenden Akt: denn man war sich seiner geschichtlichen Bedeutung bewußt. Als das Ergebniß verkündet wurde, sah ich manches Auge feucht.«[19] Wagner hatte zwischen Zustimmung und Ablehnung geschwankt, weil er den Verzicht auf Diäten als einen wesentlichen Mangel ansah. Letztlich aber opferte er seine Bedenken der historischen Mission, die Einigung Deutschlands voranzubringen. So ging es vielen. »Keine Partei«, notierte der sächsische Abgeordnete Ludwig von Zehmen für die Freikonservative Vereinigung, »hat den Entwurf mit Befriedigung angenommen, das ganze Verfassungswerk ist ein Werk der Noth und der Nothwendigkeit, und dem entspricht auch sein Inhalt«.[20] Fast trotzig rechnete der sächsische Nationalliberale Hans Blum mit jenen »düstern Menschen« ab, die dem Norddeutschen Bund alles Schlechte wünschten. Als müsste er sich selber vom Gegenteil überzeugen, griff er zu sprachlichen Superlativen. Seinen »Wählern und Freunden« versicherte er, dass Deutschland

> in der kurzen Spanne eines Jahres eine der gewaltsamsten großartigsten Staatsumwälzungen durchgemacht hat, die die moderne Geschichte kennt, und in derselben Spanne Zeit die Lust und Kraft gefunden, ein neues Staatsgrundgesetz zu schaffen.[21]

mus im Norddeutschen Bund 1867–1870, Düsseldorf 1985; Jansen, Einheit, S. 585–595.
19 Gustav Richard Wagner, Der erste Berliner Reichstag. Ein Bericht an seine Wähler, Altenburg 1867, S. 30.
20 Ludwig von Zehmen, Einige Erläuterungen zu der Berathung des Verfassungsentwurfs für den Norddeutschen Bund im ersten Reichstage, Dresden 1867, S. 10.
21 Hans Blum, Die erste Session der ersten Gesetzgebungsperiode des Norddeutschen Reichstags. Ein Bericht an Wähler und Freunde, Leipzig 1867, S. 3 f.

Das bezeuge die »ungebrochene Jugendkraft der deutschen Nation« und erfülle ihn mit »stolzer Freude«.

Sogar Moritz Wiggers, der als Mitglied der linksliberalen Fortschrittspartei gegen die Verfassung gestimmt hatte und sie als »merkwürdiges Gemisch von Scheinconstitutionalismus und Absolutismus« charakterisierte, schlug vor seinen Berliner Wählern versöhnliche Töne an. Zwar missfiel ihm vieles, vor allem das Fehlen der Grundrechte. Dennoch appellierte er an die Anwesenden, immerhin mehr als tausend Personen, die Verfassung als »Ausgangspunkt für die einheitliche und freiheitliche Entwickelung des gesammten Deutschlands« einschließlich der süddeutschen Staaten anzuerkennen. Die Versammlung sprach ihm dafür, mit nur einer Gegenstimme, ihren Dank aus und erklärte, sie befinde sich mit ihrem Abgeordneten »in politischer Uebereinstimmung«.[22]

Trotz unterschiedlicher Überzeugungen und Meinungen begegneten sich die Volksvertreter durchweg mit Respekt. Auch wenn es politisch oft hoch herging, blieb das »erhebende Bewußtsein der gemeinsamen Arbeit an der Begründung der nationalen Einheit«, in den Worten des Abgeordneten Julius Wiggers, nicht ohne Einfluss auf das »sociale Verhältniß der Parteien«: »Man stand einander gesellschaftlich weniger schroff und feindlich gegenüber, als dies in späterer Zeit der Fall war.« So beschränkte sich etwa der Austausch von Fotografien am Ende der Beratungen »keineswegs auf Parteigenossen«.[23]

Angesichts solcher Schilderungen von Kämpfen, Auseinandersetzungen und Versöhnungen im Norddeutschen Reichstag verblüfft der Befund des damals 32-jährigen Historikers Hein-

---

22 Moritz Wiggers, Vor und nach dem Reichstage. Zwei Reden, gehalten am 1. Februar und am 31. Mai 1867 im dritten Berliner Reichswahlkreise, Berlin 1867, S. 19, 32.
23 Julius Wiggers, Aus meinem Leben, Leipzig 1901, S. 260. Der Hinweis, dass das Verhältnis der Abgeordneten untereinander später schroffer und feindseliger wurde, bezog sich auf die Zeit 1877 bis 1881, als Wiggers, der sich im Unterschied zu seinem Bruder als unabhängiger Liberaler verstand, seinen Wahlkreis erneut im Reichstag vertrat.

rich von Treitschke, die »Beredsamkeit der Tatsachen« habe dort einen leichten Sieg errungen. Die Arbeit an der Verfassung sei im Wesentlichen »leidenschaftslos« verlaufen, man habe sie »als etwas Selbstverständliches« betrachtet, und auch »das öffentliche Urteil« habe sich dazu kaum geäußert.[24] Dagegen spricht der rege Austausch zwischen den Abgeordneten und ihren Wählern. Viele Volksvertreter standen mit Bürgern ihres Wahlkreises in ständigem Kontakt, erhielten Anfragen und beantworteten Gesuche »um Belehrung über Gegenstände des öffentlichen Interesses«. Julius Wiggers etwa schickte nicht nur der Gattin in Rostock fortlaufend Mitteilungen über das, was er im Reichstag tat, sondern berichtete darüber auch in »befreundeten öffentlichen Blättern«.[25] Dass Parlamentarier ihre Verfassungsarbeit in die Öffentlichkeit trugen und ihr Abstimmungsverhalten rechtfertigten, deutet darauf hin, dass man sich dort durchaus für die neue Verfassung und deren Beratung interessierte und darüber nicht, wie Treitschke meinte, zur Tagesordnung überging.

Weniger engagiert und kommunikativ verlief die Arbeit an der Verfassung vier Jahre später. Zwischenzeitlich hatte Preußen, gemeinsam mit den nord- und süddeutschen Staaten, einen weiteren Krieg, diesmal gegen Frankreich, geführt und gewonnen. Noch vor Beendigung der Kampfhandlungen traten Bayern, Hessen, Baden und Württemberg dem Norddeutschen Bund bei, der sich kurzzeitig in »Deutscher Bund«, bald darauf in »Deutsches Reich« umbenannte. Aber auch der Reichstag blieb nicht untätig. Begeistert über den Siegeszug der deutschen Armeen, sah er das 1867 begründete Gebäude »deutscher Einheit, Freiheit und Macht« (Wilhelm I.) nunmehr als vollendet an. Eine 27-köpfige Deputation unter Leitung des Reichstagsprä-

---

24 Heinrich von Treitschke, Die Verfassung des Norddeutschen Bundes, in: ders., Aufsätze, Reden und Briefe, hg. v. Karl Martin Schiller, Meersburg 1929, S. 363–380, hier 364. Treitschke, damals Professor an der Universität Kiel, schrieb den Text am 10.6.1867 und veröffentlichte ihn in der Zeitschrift *Preußische Jahrbücher*.
25 Wiggers, Leben, S. 259.

sidenten Eduard Simson – er hatte schon 1849 die Frankfurter Kaiserdeputation angeführt – begab sich mit Eisenbahn und Postkutsche nach Versailles ins militärische Hauptquartier. Dort wollte sie dem preußischen König eine Adresse des Parlaments überreichen und ihn bitten, »durch die Annahme der deutschen Kaiserkrone das Einigungswerk zu weihen«.

Hier wiederholte sich die Geschichte, aber nur beinahe. Wie sein Bruder Friedrich Wilhelm IV. wollte Wilhelm I. die Kaiserkrone allein aus der Hand deutscher Fürsten entgegennehmen, damit es, notierte sein Sohn und Kronprinz, nicht so aussehe, »als ob die Kaisersache vom Reichstag ausgehe«. Er ließ also die Deputation warten und holte zunächst telegrafisch die Zustimmung der anderen Monarchen ein. Erst danach empfing er die Abgeordneten, dankte für die Adresse und teilte mit, für ihn sei letztendlich nicht der »Wunsch der deutschen Nation und ihrer Vertreter« maßgebend, sondern die »einmüthige Stimme der deutschen Fürsten und der freien Städte«.[26]

Dieses königliche Machtwort bestimmte das Bild, das illustrierte Blätter und Familienzeitschriften der Nation von der Gründung des Kaiserreichs vermittelten. Sie schilderten den 18. Januar 1871 als Versammlung von Fürsten, Offizieren, Hofpersonal und hohen Beamten im Spiegelsaal des Versailler Schlosses. Ähnlich, aber mit weniger Personal, zeichnete es Anton von Werner in seinem ikonischen Gemälde »Die Proklamierung des deutschen Kaiserreichs«, 1877 zum 80. Geburtstag Wilhelms I. fertiggestellt und anschließend in mehreren Versionen und zahllosen Drucken verbreitet. Als Vorbild diente dem Maler das Werk seines französischen Kollegen Eugène Devéria, das er in Versailles gesehen hatte. Es zeigte den Bürgerkönig Louis-Philippe, wie er vor den Abgeordneten der Nationalversammlung 1830 den Eid auf die Verfassung ablegte. Auf Werners Bild dagegen sah man weder Verfassung noch Abge-

---

26 Andreas Biefang, Die andere Seite der Macht. Reichstag und Öffentlichkeit im »System Bismarck« 1871–1890, Düsseldorf 2009, S. 7–9.

ordnete, dafür meist uniformierte Personen männlichen Geschlechts, die sich um Wilhelm und den Großherzog von Baden drängten. Letzterer brachte gerade sein Hoch auf den neuen deutschen Kaiser aus, nachdem der weiter unten stehende Bismarck die Proklamation verlesen hatte.[27]

Dass genau einen Monat zuvor Reichstagsabgeordnete bei Wilhelm gewesen waren und ihm die Kaiserwürde angetragen hatten, hinterließ keine visuelle Spur im nationalen Gedächtnis. Zwar war auch damals ein Maler namens Fritz Schulz anwesend, der eine Zeichnung davon anfertigte. Den Stich druckte die vielgelesene Zeitschrift *Ueber Land und Meer* ab. Die Vielzahl der Reproduktionen, die von Werners Gemälde über den 18. Januar kursierten, stellte jedoch die Erinnerung an den 18. Dezember völlig in den Schatten. Auch die Tagespresse hatte von der Reichstagsdeputation wenig Notiz genommen und keinen Vergleich mit den Vorgängen von 1849 gezogen.[28]

Hätte sie es getan, wären aufschlussreiche Unterschiede zutage getreten. 1849 waren die Herren im schwarzen Frack mit weißer Halsbinde bei Friedrich Wilhelm IV. erschienen; 1870 trug Eduard Simson die Uniform eines Landwehroffiziers der Reserve. Uniformiert waren auch viele weitere Abgeordnete, die sich damit kaum von den ebenfalls anwesenden Berufsoffizieren abhoben. Die Kleiderfrage war keineswegs banal. Denn ihre Uniformen verbanden die Reichstagsmitglieder direkt mit dem König als Oberstem Kriegsherrn, der mit seiner Armee innigste Beziehungen pflegte. Sie wiesen sie zudem als Angehörige einer Institution aus, die in den letzten Jahren sichtlich an Bedeutung und Anerkennung gewonnen hatte. Die Kriege seit 1864 mit dem Sieg über Frankreich als Höhepunkt hatten

---

27 Thomas W. Gaethgens, Anton von Werner. Die Proklamation des Deutschen Kaiserreichs. Ein Historienbild im Wandel preußischer Politik, Frankfurt 1990.
28 Die *Vossische Zeitung* berichtete am 19. u. 22.12.1870 sehr kurz über die Reise nach Versailles und am 24.12.1870 länger über die Überreichung der Adresse (S. 1–3).

das Militär auch in bürgerlichen Kreisen sozial, politisch und emotional aufgewertet. Die lange gepflegte Distanz, während des preußischen Verfassungskonflikts noch einmal betont, wich einer neuen Achtung und Wertschätzung, die manchen wie Liebe vorkam.[29]

Die Liebe zur und das Interesse an der Verfassung, wovon in den 1860er Jahren immer wieder die Rede gewesen war, ließen demgegenüber nach. Anders als 1849 brachte die Reichstagsdeputation 1870 kein Verfassungsdokument mit, um es dem künftigen Kaiser zu überreichen. Die Volksvertreter hatten ihre Lektion gelernt: Aus Sicht der Monarchen war es nicht die Aufgabe des Volkes, über seine bürgerlichen und politischen Rechte zu befinden und die Ordnung des Staates festzulegen. Wenn überhaupt, durfte es darüber mit den Regierungen »in Vereinbarung« treten, wie man es 1867 vorexerziert hatte.

Dieser Weg wurde auch nach der Proklamation des Kaiserreichs beschritten. Der am 3. März 1871 frei und (von Männern) gleich gewählte Reichstag trat knapp drei Wochen später erstmals zusammen; kurz darauf begannen die Verhandlungen über eine neue Verfassung. Der vorgelegte Entwurf entsprach im Wesentlichen dem Text von 1867; mit Verweis auf den andauernden Kriegszustand mit Frankreich und die fragilen Verhältnisse in den süddeutschen Staaten, deren Parlamente der Reichsgründung sehr viel kritischer gegenüberstanden als ihre Regierungen, hatte Bismarck inhaltliche Überarbeitungen kategorisch abgelehnt. Auch der Kaiser hatte in der Thronrede zur Eröffnung des Reichstags lediglich von einer »neuen Redaktion der Reichsverfassung« gesprochen.[30] Bereits nach gut zwei Wochen – und ohne Rücksprachen, wie sie 1867 zwischen Ab-

---

29 Friedrich Meinecke, Die deutsche Katastrophe. Betrachtungen und Erinnerungen, 6. Aufl., Wiesbaden 1965, S. 25 f.; Ute Frevert, Die kasernierte Nation. Militärdienst und Zivilgesellschaft in Deutschland, München 2001, S. 271–301.
30 Stenographische Berichte über die Verhandlungen des Deutschen Reichstages, I. Legislatur-Periode, I. Session, Bd. 1, Berlin 1871, S. 2.

geordneten und Bürgern stattgefunden hatten – war die Redaktion beendet, und der Reichstag nahm die Verfassung bei wenigen Gegenstimmen an. Anfang Mai wurde sie verkündet und trat in Kraft.

Wieder enthielt sie keine Grundrechte; wieder war das Reich föderal konzipiert und gewährte den Einzelstaaten weitreichende Befugnisse; wieder kam dem Bundesrat als deren Vertretung eine zentrale Machtstellung zu; wieder war der Reichstag durch das allgemeine gleiche Männerwahlrecht demokratisch legitimiert und besaß legislative Kompetenzen. Alle Gesetze bedurften seiner Zustimmung, ebenso wie die Ausgaben und Einnahmen des Reichs (die Militärausgaben allerdings nur von Zeit zu Zeit). Keinerlei Einfluss übte er auf die personelle Zusammensetzung der Reichsleitung aus; der Kanzler war einzig und allein vom Vertrauen des Kaisers abhängig. Das Parlament durfte sich auch nicht selber versammeln und auflösen, dieses Recht stand dem Kaiser und dem Bundesrat zu.

So wichtig der Reichstag im institutionellen Gefüge des Kaiserreichs war und so sehr er diese Stellung in den Folgejahren durch bundesstaatliche Gesetzgebung auszubauen vermochte, so begrenzt war seine Außenwirkung. Zwar berichteten die Tageszeitungen über maßgebliche Debatten, und die Zuschauertribünen waren in der Regel gut gefüllt. Wenn Abgeordnete auf Reisen gingen, wie 1873 nach Wilhelmshaven, um den im Bau befindlichen Kriegshafen zu besichtigen, waren ihnen die Hoch- und Jubelrufe des »Staffage bildenden Volks« mitsamt dessen »laut werdenden Gefühlen« gewiss.[31] Dennoch liefen ihnen die *dramatis personae* des Verfassungsgefüges klar den Rang ab. Reichskanzler Bismarck war eine öffentliche Figur, von der zahllose Fotografien und Portraits in Umlauf waren. Seine Reichstagsreden nahmen, wie ein konservativer Abgeordneter 1885 seiner Familie schrieb, »Herzen und Sinne der

---

31 Biefang, Andere Seite, S. 143 f., 157 (Zitate aus der *National-Zeitung* vom Mai 1873).

Berlinische Nachrichten
von Staats- und gelehrten Sachen

№ 88.   Sonnabend, den 15. April   1871.

Weitere Bemerkungen zu den 78 Artikeln der Verfassung werden nicht gemacht und wird dieselbe nach vollendeter dritter Lesung im Ganzen mit allen Stimmen gegen etwa acht Stimmen der polnischen Abgg., Ewald's und Wigard's, genehmigt. Auch die clericale Fraction, die ihren Antrag auf Einschaltung von Grundrechten in der dritten Lesung nicht wieder aufgenommen hat, stimmt für die Verfassung des deutschen Reiches.

Lakonische Meldung der *Berlinischen Nachrichten von Staats- und gelehrten Sachen* über die Annahme der Verfassung 1871

Hörer« gefangen.³² Aus dem ostfriesischen Jever schickte ihm eine bürgerliche Stammtischgesellschaft jedes Jahr zum Geburtstag ein Paket mit 101 Kiebitzeiern. Sie unterzeichnete ihr Anschreiben, meist ein kurzes plattdeutsches Gedicht, mit »Die Getreuen«. Bismarck revanchierte sich mit einem vergoldeten Wappenbecher. Selbstverständlich sandten die Getreuen die Eier auch nach Bismarcks Entlassung 1890 nach Friedrichsruh. Ihre Treue hielt sogar über seinen Tod acht Jahre später hinaus. Zwar stornierten sie die Eier-Sendung, doch ließen sie den Fürsten weiterhin beim Geburtstagskommers hochleben und tranken aus seinem Becher.

Selbst nach seinem Ableben beherrschte Bismarck die emotionale Ökonomie des Kaiserreichs. Die Nationalliberale Partei würdigte ihn als »Schöpfer der nationalen Einheit und Macht«, der Reichstag, der sich 1895 noch geweigert hatte, dem Altkanzler zum 80. Geburtstag zu gratulieren, ließ zur Beerdigung einen großen Kranz überbringen. Schon bald überzogen steinerne Erinnerungszeichen das Land. Auf so mancher Anhöhe erhoben sich Bismarcksäulen und Bismarcktürme, fast jede Stadt schmückte sich mit einem Bismarck-Denkmal und benannte eine Straße nach ihm, vorzugsweise in bürgerlichen Wohnvierteln. Während sich Sozialdemokraten nicht am posthumen Huldigungsmarathon beteiligten, ging die Initiative dazu in der Regel von den neugegründeten Bismarck-Vereinen aus, denen vor allem Männer des höheren, mittleren und Kleinbürgertums angehörten. Sie pflegten einen Bismarck-Kult, der die Erinnerung an »unseren größten Sohn« mit aktuellen Beweisen nationaler und, zunehmend, nationalistischer Gesinnung verknüpfte.³³

---

32 Ebd., S. 260 (aus einem Brief Karl Hartmanns).
33 Robert Gerwarth, Der Bismarck-Mythos. Die Deutschen und der Eiserne Kanzler, München 2007, S. 21–36; Rolf Parr, »Zwei Seelen wohnen, ach! in meiner Brust!« Strukturen und Funktionen der Mythisierung Bismarcks (1860–1918), München 1992.

Unter den zahllosen Denkmälern stachen die in Berlin und Bremen besonders hervor. Das von Reinhold Begas geschaffene Standbild auf dem Berliner Königsplatz wurde 1901 eingeweiht und zeigte Bismarck, dem Reichstagsgebäude den Rücken zuwendend, in Kürassieruniform mit Pickelhelm und einer Schriftrolle in der Hand. Sie stellte nach zeitgenössischem Verständnis die Verfassung dar, die Bismarck dem Deutschen Reich gegeben hatte.[34] Auch auf dem Bremer Reiterstandbild von 1910 aus der Werkstatt Adolf von Hildebrands trug er eine Pickelhaube und in der rechten Hand eine Rolle. Über deren Bedeutung war das Denkmalkomitee allerdings uneins. Bei der Besichtigung eines Modells glaubten »fast alle Anwesenden«, schrieb der Vorsitzende dem Künstler 1906, darin »einen Marschallstab erkennen zu sollen«. Das aber war ihnen nicht recht, und sie sprachen den »allgemeinen Wunsch« aus, »es möge durch eine kleine, Ihnen gewiß nicht schwer fallende Aenderung diesem Bedenken abgeholfen werden«. Hildebrand suchte die Herren

> über den vermeintlichen Marschallstab zu beruhigen, da ich nur in dem kleinen Maaßstab kein Gewicht darauf gelegt habe, die Verfassungsurkunde deutlicher zu kennzeichnen. Im Großen wird es selbstverständlich absolut klar und mit Leichtigkeit ganz deutlich.[35]

Bei der feierlichen Einweihung waren denn auch alle Missverständnisse ausgeräumt. Den *Hamburger Nachrichten* fiel sogar auf, dass Bismarcks rechte Hand mit der Pergamentrolle, in der man selbstredend die Verfassung des Deutschen Reiches identifizierte, »wirksam hervor« trete.

---

34 Reinhard Alings, Monument und Nation. Das Bild vom Nationalstaat im Medium Denkmal – zum Verhältnis von Nation und Staat im deutschen Kaiserreich 1871–1918, Berlin 1996, S. 136 f.
35 Ebd. S. 462, das folgende Zitat 574.

Bismarcks Reiterstandbild neben dem Bremer Dom,
entworfen von Adolf von Hildebrand, enthüllt 1910

Das Bremer Standbild, unmittelbar neben dem Dom platziert und von imposanter Größe, feierte Bismarck als kämpferischen Architekten der Reichseinheit und als Verfassungsstifter. Dabei lag die Verfassung den bürgerlichen Auftraggebern offenbar mehr am Herzen als der Marschallstab, und sie fanden es wichtig, die Verfassungsbindung des großen Kanzlers eindeutig zu markieren. Das Kaiserreich war zwar, wie Bismarck 1862 prognostiziert hatte, durch »Eisen und Blut« geschaffen worden. Aber es gründete auch auf »Reden und Majoritätsbeschlüssen«, auf Recht und Vereinbarung.[36] Dafür stand die Verfassungsrolle in Bismarcks rechter Hand.

36 Bismarck hatte 1862 als Ministerpräsident während des Verfassungskonflikts vor der Budgetkommission des preußischen Abgeordnetenhauses gesagt, »nicht durch Reden und Majoritätsbeschlüsse werden die großen Fragen der Zeit entschieden – das ist der große Fehler von 1848 und

Selbst Wilhelm I. bekam sie verpasst, ebenfalls symbolisch und posthum. Im Kuppelsaal der Wandelhallenrotunde, wo 1894 der Schlussstein des neuen monumentalen Reichstagsgebäudes gesetzt worden war, trafen die Abgeordneten seit 1905 auf sein marmornes Standbild. Der Nationalliberale Eugen Schiffer empfand die »grellweiße Figur« als »störend«, manche tadelten die ungünstigen Lichtverhältnisse und hätten dem »lieben alten Kaiser« einen besseren Platz gewünscht. Anderen schien das Werk des Berliner Bildhauers Johannes Pfuhl »wohlgelungen«:

> Die ehrwürdige Gestalt des Reichsbegründers steht barhäuptig und mit dem Mantel drapiert an einer kleinen Säule, mit der Verfassung des Reiches in der Hand. Würdig und feierlich, groß in der Haltung und lebensvoll mutet das edle Kunstwerk an.[37]

Auch dieses Denkmal verband militärische Macht – der Kaiser war in die Galauniform eines Generals gekleidet – mit der Verfassung. Das entsprach dem Selbstverständnis des Parlaments, das immerhin 100.000 Mark für die »Ausschmückung« des Gebäudes bewilligt hatte, und erinnerte die Abgeordneten auf ihrem Weg zum Plenarsaal dezent daran, dass der Reichstag 1871 an der Verfassunggebung mitgewirkt hatte. Ein Exemplar der Verfassung war 1884, im Beisein des Kaisers, in den Grundstein des neuen Baus eingeschlossen worden. Aber so wie die damalige Zeremonie mit einem Hoch auf den Kaiser und der Hymne »Heil Dir im Siegerkranz« endete, huldigte auch das Kaiserstandbild von 1905 vor allem dem »Begründer des neuen Deutschen Rei-

---

1849 gewesen –, sondern durch Eisen und Blut« (Bismarck. Die großen Reden, hg. v. Lothar Gall, Berlin 1981, S. 63).
37 Eugen Schiffer, Ein Leben für den Liberalismus, Berlin 1951, S. 21; Stenographische Berichte über die Verhandlungen des Reichstags, X. Legislaturperiode, II. Session, Bd. 5, Berlin 1902, S. 3965 f. (Sitzung v. 6.2.1902); Maximilian Rapsilber, Das Reichstagsgebäude, 4. Aufl., Leipzig 1913, S. 54.

Statue Wilhelms I. im Reichstag, entworfen von Johannes Pfuhl,
eingeweiht am 13. Mai 1905

ches« und befand sich damit im Einklang mit der allgemeinen, auf den Monarchen zentrierten Symbolik des Kaiserreichs.[38]

Weder gab es in diesem Reich Verfassungsfeste noch einen Verfassungstag, wie er seit 1814 in Norwegen und seit 1849 in Dänemark existierte.[39] Verfassungsprozessionen, in den USA weit verbreitet, fehlten ebenso wie Verfassungsbriefmarken. Straßen oder gar Kriegsschiffe nach der Verfassung zu benennen, überließ man gleichfalls den Vereinigten Staaten. Stattdessen feierte das Kaiserreich, neben dem Sieg über Frankreich am Tag von Sedan, die Kaiserfamilie. Man gratulierte ihren Mitgliedern zum Geburtstag, schickte Glückwünsche bei Hochzeiten und Taufen, trauerte maßlos beim Ableben des ersten Kaisers. Schulen, Krieger- und bürgerliche Vereine richteten aufwendige Geburtstagsfeiern zu Ehren Wilhelms I. und II. aus.[40] Nationale Integration erfolgte in Deutschland durch die vielfach

---

38 Biefang, Andere Seite, S. 300 (zu 1884). 1922 provozierte das Kaiserdenkmal einen politischen Eklat. Im Reichstagsausschuss, der die Trauerfeier für den von Rechtsradikalen ermordeten Außenminister Walther Rathenau vorbereitete, forderten die Unabhängigen Sozialdemokraten, das Standbild zu entfernen. Der Vorschlag des SPD-Reichstagspräsidenten Paul Löbe, es zu verhüllen, wurde schließlich mehrheitlich angenommen, und das Denkmal blieb weiterhin auf seinem Platz (Vossische Zeitung v. 27.6.1922, Morgenausgabe, S. 2f.
39 Peter Brandt, Verfassungstag und nationale Identitätsbildung – Die Feier des 17. Mai in der norwegischen Geschichte, in: ders. u.a., Symbolische Macht, S. 212–243. Zur Abwesenheit eines Verfassungskults im Kaiserreich s. auch Frank Becker, Verfassungskultur und politische Identität im Deutschen Kaiserreich 1871–1918, in: Daum u.a., Kommunikation, S. 159–179.
40 Monika Wienfort, Kaisergeburtstagsfeiern am 27. Januar 1907. Bürgerliche Feste in den Städten des Deutschen Kaiserreichs, in: Hettling/Nolte, Bürgerliche Feste, S. 157–191; Anna Littmann, Inszenierte Gemeinschaft. Die Kaiserfestspiele in Wiesbaden, in: Erika Fischer-Lichte u.a. (Hg.), Theater und Fest in Europa, Tübingen 2012, S. 336–355; Alexa Geisthövel, Den Monarchen im Blick. Wilhelm I. in der illustrierten Familienpresse, in: Habbo Knoch u. Daniel Morat (Hg.), Kommunikation als Beobachtung. Medienwandel und Gesellschaftsbilder 1880–1960, München 2003, S. 59–80.

demonstrierte Liebe zum Herrscherhaus; die Verfassung spielte dabei, anders als im republikanischen Amerika, keine Rolle.[41]

Deshalb ist Vorsicht geboten, wenn man liest, was etwa Paul Laband, berühmter Verfassungsjurist und Professor an der Reichsuniversität Straßburg, 1895 über die Reichsverfassung und ihre emotionale Resonanz sagte. In einem Dresdener Vortrag wählte er, wie damals üblich, bombastische Worte, um die Schöpfung von 1871 zu rühmen: Sie sei »der historische und staatsrechtliche Markstein der Erlösung des deutschen Volkes aus der Zersplitterung und Machtlosigkeit«, und sie sei »dem Volksgefühl um so teurer, als sie den Siegespreis schwerer und glorreicher Kämpfe bildet, der mit dem Heldentode unzähliger deutscher Männer erkauft werden mußte«. Es verwundere deshalb nicht, dass die Verfassung »als ein Heiligtum betrachtet wird und daß der Gedanke, daß jemand sie verletzen oder umstoßen könnte, geeignet ist, in der Volksseele einen heiligen Zorn und eine tiefe Erregung hervorzurufen«. Das klang fast so, als seien deutsche Bürger von tiefer Liebe für ihre Verfassung erfüllt gewesen und hätten sie, ähnlich wie im Vormärz oder 1848/49, mit Herz und Hand gegen mutmaßliche Feinde verteidigt.

Doch Laband wusste nur zu gut, dass davon nicht die Rede sein konnte. Im Konstitutionalismus des frühen 19. Jahrhunderts, erklärte er seinen Zuhörern, sei es um die »Auseinandersetzung des modernen konstitutionellen Staates mit der absoluten Monarchie« gegangen.

> Je größer die Furcht der Völker vor einem Rückfall in die früheren Zustände des Absolutismus, der feudalen Bedrückungen und Ausbeutungen, der bureaukratischen Willkür war, desto höher wurde die Errungenschaft einer Verfassung geschätzt, desto mehr verschmolz die Vaterlandsliebe

---

41 Eva Giloi, Monarchy, Myth, and Material Culture in Germany 1750–1950, Cambridge 2011, v.a. S. 157ff.

mit der Hochhaltung und Wertschätzung des Grundgesetzes.[42]

1871 waren diese Kämpfe längst ausgefochten. Jetzt stand etwas anderes auf dem Spiel: die Reichseinheit. Ihr war das Bismarcksche Verfassungswerk gewidmet, das sich ganz auf die institutionelle Organisation dieser Einheit und die Abgrenzung zwischen Bund und Bundesstaaten fokussierte. Ein Dokument aber, das im Wesentlichen aus Bestimmungen über den Staatsaufbau und die Kompetenzen einzelner Institutionen bestand, weckte in der Bevölkerung nicht jene starken Gefühle, die seine hart erkämpften Vorgänger begleitet hatten. Der Verzicht auf Grundrechte, die jeden Bürger, jede Bürgerin direkt ansprachen, trug ebenfalls nicht zur Popularisierung der 1871er Verfassung bei.[43]

Wenn man sie, wie es auch Laband tat, mit der Reichseinigung identifizierte, gab es kraftvollere, farbenprächtigere und bildmächtigere emotionale Symbole, die für die wiedergewonnene Reichsmacht standen, allen voran den Kaiser selber. Auf ihn richteten sich die patriotischen Gefühle der Zeitgenossen; Kaisertreue und Nationalstolz traten an die Stelle der Verfassungsliebe. Hatte man die Verfassung in den 1840er Jahren mit sakralem Pomp durch die Straßen paradiert, gab man sich ein halbes Jahrhundert später damit zufrieden, sie als Papierrolle in der Hand steinerner Nationalhelden in militärischer Uniform zu sehen. Auch in einer anderen, politisch hochwichtigen Symbolhandlung rückte die Verfassung in den Hintergrund:

---

42 Paul Laband, Die Wandlungen der deutschen Reichsverfassung, Dresden 1895, S. 1f.
43 Ohne emotionalen Überschwang war denn auch der »Katechismus des Deutschen Reiches« aus der Feder Wilhelm Zellers (Leipzig 1878) verfasst; er verstand sich als »Unterrichtsbuch« über die Grundsätze der Reichsverfassung und vermittelte »die Hauptsumme dessen, was für das praktische Leben zu wissen noththut, in leicht verständlicher Form« (VII).

Beamte und Soldaten schworen ihren persönlichen Treueeid auf den Kaiser. Die Verfassung folgte erst an nachgeordneter Stelle, und ihr war man auch nicht treu, sondern gelobte bloß, sie »zu beobachten«.[44]

---

44 Reichsgesetzblatt, Nr. 32 v. 29.6.1871; Ute Frevert u. Ulrich Schreiterer, Treue – Ansichten des 19. Jahrhunderts, in: Manfred Hettling u. Stefan-Ludwig Hoffmann (Hg.), Der bürgerliche Wertehimmel, Göttingen 2000, S. 217–256, v.a. 250ff.

IV. Verfassungskämpfe und Verfassungsfeste 1919–1932

Aus all diesen Gründen rief der fundamentale »Umstoß« der Verfassung 1918/19, anders als von Laband vorausgesagt, weder »heiligen Zorn« noch »tiefe Erregung« hervor. Höhere Wellen schlugen die Abdankung Wilhelms II. und das Ende der Monarchie. Doch auch sie standen zunächst im Schatten der Revolution und des Waffenstillstandes, der den seit 1914 wütenden Krieg am 11. November 1918 beendete. Dass zwei Tage zuvor die Republik ausgerufen worden war – fast zeitgleich durch den Sozialdemokraten Philipp Scheidemann und den Kommunisten Karl Liebknecht –, versetzte Zeitgenossinnen wie Minna Cauer und Käthe Kollwitz in Verzückung.[1] Der Monarchie weinten sie keine Träne nach. Aber auch über die Verfassungsfrage verloren sie kein Wort.

Dass die Republik eine neue Verfassung brauchte und zwar so schnell wie möglich, war weithin unbestritten. Nur die zum Jahreswechsel 1918/19 gegründete Kommunistische Partei, die eine Diktatur des Proletariats anstrebte, lehnte es ab, sich an den Wahlen zur verfassunggebenden Nationalversammlung am 19. Januar 1919 zu beteiligen. In ihrem Tagebuch notierte Kollwitz, dass sie als Frau zum ersten Mal in ihrem Leben wählen durfte und wie sehr sie sich auf diesen

---

1 Die radikale Frauenrechtlerin Cauer, geb. 1841, schrieb am 9.11.1918 in ihr Tagebuch: »Abdankung des Kaisers, Ausbruch der Revolution ... Ich bin freudig erschüttert, habe nur die Hände am Abend gefaltet und die Tränen sind mir über die Wangen gelaufen. Traum meiner Jugend, Erfüllung im Alter. Ich sterbe als Republikanerin.« (Minna Cauer, Leben und Werk. Dargestellt an Hand ihrer Tagebücher und nachgelassenen Schriften v. Else Lüders, Gotha 1925, S. 223); Käthe Kollwitz, Die Tagebücher, hg. v. Jutta Bohnke-Kollwitz, Berlin 1989, S. 379.

Tag gefreut hatte.² Die Verfassungsdebatten und Beschlüsse der Nationalversammlung jedoch, die Anfang Februar im beschaulichen Weimar zusammentrat, erwähnte sie nicht. Auch die Parteien und Verbände brachten dafür nur begrenztes Interesse auf. Vor allem die Sozialdemokraten, als stärkste Kraft aus den so kurzfristig anberaumten Wahlen hervorgegangen, widmeten der Verfassungsarbeit wenig Aufmerksamkeit. Ihr Führungspersonal war vollkommen damit ausgelastet, das politische Vakuum nach dem Sturz des alten Regimes zu füllen und Regierungsverantwortung in den Ländern und im Reich zu übernehmen. Dabei setzte es die zentralen Eckpunkte der zukünftigen Verfassung als gegeben voraus: Republik, Parlamentarismus, Reichseinheit mit föderaler Struktur, soziale Grundrechte, Frauenstimmrecht, Trennung von Staat und Kirche.

Anders als Bismarck, der große Teile der 1867er und 1871er Verfassungen selber geschrieben hatte, übertrug Friedrich Ebert, Vorsitzender des aus der Revolution hervorgegangenen Rates der Volksbeauftragten, diese Aufgabe einem Experten, dem Staatsrechtler Hugo Preuß, Rektor der Berliner Handelshochschule und Gründungsmitglied der linksliberalen Deutschen Demokratischen Partei (DDP). Dieser berief als Erstes eine Kommission aus Professoren, Ländervertretern und Mitgliedern der Revolutionsregierung ein. Auf Grundlage ihrer Beratungen formulierte er sodann einen ersten Entwurf, den die Volksbeauftragten um einen Katalog der Grundrechte erweiterten. Preuß hatte darauf verzichtet, um die Diskussion nicht so in die Länge zu ziehen, wie es 70 Jahre zuvor in der Frankfurter Paulskirchenversammlung geschehen war. Auch andere Politiker hatten vor Verzögerungen gewarnt und auf die schwierige innen- und außenpolitische Lage verwiesen. Ebert hingegen sah gerade in den Grundrechten und ihrer Garantie (die in Bismarcks Verfassungen gefehlt hatten und »an sich sehr populär« waren) einen unverzichtbaren demokratischen An-

2 Ebd., S. 400.

ker. Die Länder wiederum monierten, Preuß' Entwurf sei zu zentralistisch, und drohten mit Abspaltung.³

Als die provisorische Regierung den mehrfach redigierten und revidierten Text am 21. Februar 1919 der Nationalversammlung vorlegte, war niemand damit zufrieden. Preuß selber präsentierte ihn betont nüchtern und pathosarm, was die liberale *Vossische Zeitung* zu dem Kommentar veranlasste, der Minister habe es leider verpasst, »dem ganzen deutschen Volke klarzumachen, um welche große Ideale es bei dem Kampfe um die Verfassungsgrundsätze geht«. Er habe ohne »entflammende Begeisterung« und »hohen nationalen Schwung« gesprochen, »ungefähr so, wie ein Minister des alten Regimes irgendein nebensächliches sozialpolitisches oder versicherungstechnisches Gesetz dem Hause empfohlen hat«.⁴

Abgesehen von der »kühlen Atmosphäre« kritisierten Journalisten die mangelnde Transparenz der Weimarer Beratungen. Dass die Verfassungsdebatte nach der Generalaussprache in einem nicht öffentlich tagenden Ausschuss fortgeführt wurde, sichere dessen Mitgliedern zwar »größere Bewegungsfreiheit« und schütze sie vor »leidenschaftlichen Agitationen«. Zugleich aber könne ihre Arbeit auf diese Weise keinen starken Widerhall in der Gesellschaft finden.⁵ Allerdings garantierte selbst eine regelmäßige Presseberichterstattung wie im Januar und Februar dem Thema keine allgemeine Aufmerksamkeit. Die

---

3 Heiko Bollmeyer, Der steinige Weg zur Demokratie. Die Weimarer Nationalversammlung zwischen Kaiserreich und Republik, Frankfurt 2007, S. 219–250; Christoph Gusy, Die Weimarer Reichsverfassung, Tübingen 1997, S. 71; Ludwig Richter, Die Nachwirkungen der Frankfurter Verfassungsdebatten von 1848/49 auf die Beratungen der Nationalversammlung 1919 über die Weimarer Verfassung, in: Heiner Timmermann (Hg.), 1848 – Revolution in Europa, Berlin 1999, S. 441–466, Zitat des ehemaligen preußischen Innenministers Bill Drews 449. In Reaktion auf Preuß' Verfassungsentwurf wurden der Nationalversammlung insgesamt 18 Privatentwürfe zugeleitet, die aber keinen Einfluss auf die Verfassungsberatungen nahmen (Karin Dubben, Die Privatentwürfe zur Weimarer Verfassung – zwischen Konservatismus und Innovation, Berlin 2009).
4 Vossische Zeitung v. 25.2.1919, Morgenausgabe, S. 1.
5 Ebd. v. 21.3.1919, Morgenausgabe, S. 1.

DDP-Abgeordnete Gertrud Bäumer war nicht die Einzige, die die »merkwürdig geringe Anteilnahme« der Bevölkerung am Verfassungsprozess konstatierte und sich fragte:

> Ist es nur der äußere Druck, die Friedensbedingungen, die Unsicherheit des Daseins, das diese Teilnahmslosigkeit auslöst? Ein Vorgefühl und ein Mißtrauen, daß alles, was jetzt festgelegt wird, doch auf Sand gebaut ist? Oder ist es unpolitische Gesinnung, wirklicher Mangel an Interesse?[6]

Sogar im Tagebuch von Käthe Kollwitz, einer politisch wachen und engagierten Frau, fehlt jeder Hinweis auf die Verfassungsberatungen. Detailliert schilderte die Künstlerin stattdessen die Ereignisse rund um den Versailler Friedensschluss. »Heut sind die Friedensbedingungen heraus. Furchtbar« (8. Mai 1919). »Heut die großen Demonstrationen in der Stadt« für und gegen die Annahme der Bedingungen (21. Mai). »Entscheidungstage über Annahme oder Nichtannahme des Friedensvertrages« (20. Juni). Die Unterzeichnung am 28. Juni empfand sie, wie fast alle ihrer Mitbürgerinnen und Mitbürger, als niederschmetternd: »Ich dachte, es würde ein Verständigungsfrieden sein«, den sie mit einer weißen Fahne, Girlanden und Blumen hatte begrüßen wollen.[7] Die Enttäuschung war so groß, dass sie sonstige politische Geschehnisse in den Hintergrund drängte.

Für weniger betuchte und informierte Menschen stand das, was Bäumer die »Unsicherheit des Daseins« nannte, im Mittelpunkt ihres Alltags. In den vier Kriegsjahren waren nicht nur über zwei Millionen deutscher Soldaten gefallen. Noch größer war die Zahl Kriegsversehrter, auf die eine materiell prekäre und sozial schwierige Zukunft wartete. Fast jede Familie war direkt oder indirekt davon betroffen. Selbst Kriegsteilnehmer, die äußerlich gesund heimkehrten, hatten es schwer, nach ihrer

---

6 Gertrud Bäumer, Frau und Verfassung, in: Jenaer Volksblatt v. 16.7.1919, S. 1.
7 Kollwitz, Tagebücher, S. 420 f., 427–429.

Demobilisierung im Arbeitsleben Fuß zu fassen. Die im Kriegsverlauf zunehmend katastrophale Ernährungslage besserte sich nur langsam, Mangelkrankheiten grassierten und die Spanische Grippe ließ die Sterbeziffer hochschnellen. Sich in einer so ungewissen und existenzgefährdenden Lage mit den Einzelheiten der neuen Verfassung vertraut zu machen, überforderte die meisten Zeitgenossen.

Rückblickend hieß es 1926 in der Zeitung des Reichsbanners (einer zwei Jahre zuvor gegründeten Organisation republikanischer Veteranen), das Weimarer Verfassungswerk sei ein Ereignis gewesen, »dem man aus der Ferne zusah, das in den Zeitungen beschrieben wurde, ohne Sensation, ohne große Wirkung auf die Leser«.[8] Schon unter normalen Umständen, befand der vormalige Reichsjustizminister Eugen Schiffer 1932, habe das Volk »für juristische Konstruktionen« wenig Verständnis. Sehr wohl aber begreife es »die leitenden und maßgebenden Gesichtspunkte einer Verfassung«, sofern sie kommunikativ ansprechend vermittelt wurden.[9] Das gelang den Mandatsträgern offensichtlich nur unzureichend. Als Friedrich Naumann, liberaler Theologe und Mitbegründer der DDP, 1919 eine Liste »volksverständlicher Grundrechte« aufstellte und sie mit populären Sinnsprüchen flankierte, reagierten seine Kollegen im Verfassungsausschuss abschätzig bis peinlich berührt; die *Kölnische Volkszeitung* sprach von einem »freundlichen Begräbnis«.[10]

Nur punktuell, wenn soziale Verbände und Parteien Ansprüche oder Kritik anmeldeten und ihre Mitglieder mobilisierten, rückte die Weimarer Verfassungsarbeit ins Licht der breiten Öffentlichkeit. So übten Gewerkschaften und SPD massiven

---

8   Das Reichsbanner, Nr. 16 v. 15.8.1926.
9   Eugen Schiffer, Die neue Verfassung des Deutschen Reiches. Eine politische Skizze, Berlin 1932, S. 33. Schiffer war in der Nationalversammlung Fraktionschef der DDP.
10   Gusy, Reichsverfassung, S. 75; Wolfgang Polzin, Die Rezeption der Weimarer Reichsverfassung in der deutschen Tagespresse, Diss. Jena 2017, Zitat S. 128.

Druck aus, soziale Rechte wie die Mitwirkung der Betriebsräte an der Regelung von Lohn- und Arbeitsbedingungen in den Grundrechtekatalog aufzunehmen.[11] Auch die katholische Kirche erwies sich als eine potente Pressure Group und besaß in der Zentrumspartei, die zusammen mit SPD und DDP die erste Weimarer Koalitionsregierung bildete, einen einflussreichen politischen Brückenkopf. Dass das Bildungswesen ganz in öffentlicher Hand liegen sollte, versetzte kirchliche Kreise in Unruhe. Schon vor den Januar-Wahlen unterschrieben sieben Millionen Menschen eine Petition zur Erhaltung christlicher Schulen mit bekenntnisorientiertem Religionsunterricht. Bischöfe warnten in Hirtenbriefen vor der drohenden Entchristlichung der Schule und des Staates, und in Frankfurt demonstrierten am 12. Januar 1919 Tausende gegen die befürchtete Aufhebung des Religionsunterrichts.[12] Die von Klerus und Zentrumspresse orchestrierte Kampagne sicherte den Verfassungsberatungen über die Kirchen- und Schulfrage ein Maß an emotional gefärbter Aufmerksamkeit, das anderen Themen ohne kraftvollen Lobbyismus nicht zuteilwurde.

Die »volkstümlichste Frage des ganzen Verfassungswerkes« mit dem größten »Echo im Lande« war allerdings, wie ein Abgeordneter der Nationalversammlung Anfang Juli 1919 feststellte, der Streit um die Reichsfarben. Er tobte zwischen Sozialdemokraten und Zentrum auf der einen Seite, die sich entschieden für Schwarz-Rot-Gold aussprachen, und Konservativen auf der anderen, die die Farben des Kaiserreichs, Schwarz-Weiß-Rot, beibehalten wollten. Auch die DDP stimmte schließlich mehr-

---

11 Heinrich Potthoff, Verfassungsväter ohne Verfassungsvolk? Zum Problem von Integration und Desintegration nach der Novemberrevolution, in: Ritter, Gesellschaft, S. 339–354.
12 Ernst Rudolf Huber u. Wolfgang Huber, Staat und Kirche im 19. und 20. Jahrhundert. Dokumente zur Geschichte des deutschen Staatskirchenrechts, Bd. IV, Berlin 1988; Polzin, Rezeption, S. 134–137; Ludwig Richter, Kirche und Schule in den Beratungen der Weimarer Nationalversammlung, Düsseldorf 1996.

heitlich für Schwarz-Weiß-Rot; die radikale Linke plädierte für Rot *tout court*.[13]

In diesem Farbenstreit spiegelten sich die Einstellungen und Gefühle, die verschiedene Bevölkerungsgruppen und deren politische Vertreter der alten und neuen Staatsform entgegenbrachten. Für die Anhänger der Monarchie, die sich in der Deutschen Volkspartei (DVP) und der völkisch-nationalistischen Deutschnationalen Volkspartei (DNVP) versammelten, war es eine Frage der nationalen Ehre, die Farben des Kaiserreichs hochzuhalten. Sie erinnerten »an die einstige Größe des Vaterlandes« und speicherten Gefühle, die »gerade in diesen Tagen der grausamsten Demütigung und der trostlosesten Ohnmacht« Schonung verlangten. Dem konnten selbst Liberale links der Mitte etwas abgewinnen, die wie der DDP-Fraktionsvorsitzende Schiffer nicht »aus Herzensneigung« für die Republik optierten. Carl Heinrich Becker, parteiloser preußischer Kultusminister, vertraute einem Mitarbeiter 1925 an, er sei »kein Republikaner aus Leidenschaft, sondern aus Vernunft«, und schloss den Stoßseufzer an:

Man kann doch von uns, die wir alle früher überzeugte Monarchisten waren, weil die Monarchie uns gross gemacht, nicht erwarten, dass wir uns für die Notlösung nach dem Zusammenbruch *begeistern*.[14]

Als Notlösung galt dieser Gruppe auch die republikanische Verfassung, mit der man sich arrangieren musste, ohne sie aus vollem Herzen zu bejahen. Sich entschieden, gar leidenschaftlich zu ihr zu bekennen, fiel sogar Sozialdemokraten nicht leicht, die in

---

13 Verhandlungen der verfassunggebenden Deutschen Nationalversammlung, Bd. 327, Berlin 1920, S. 1228; Polzin, Rezeption, S. 159–166.
14 Verhandlungen, Bd. 327, S. 1229; Schiffer, Leben, S. 212; Béatrice Bonniot, Die Republik, eine »Notlösung«? Der preußische Kultusminister Carl Heinrich Becker im Dienste des Weimarer Staates (1918–1933), in: Andreas Wirsching u. Jürgen Eder (Hg.), Vernunftrepublikanismus in der Weimarer Republik, Stuttgart 2008, S. 299–309, Zitate 299.

der Nationalversammlung die größte Fraktion bildeten. Viele Parteifreunde, gab der Abgeordnete Paul Löbe zu Protokoll, hätten »schwerste Bedenken«; 44 blieben der Schlussabstimmung am 31. Juli 1919 aus Protest fern. Dennoch erzielte das Verfassungswerk mit 262 Pro-Stimmen eine überwältigende Mehrheit; dagegen votierten nur 75 Abgeordnete (aus DNVP, DVP, Bayerischem Bauernbund und Unabhängigen Sozialdemokraten) bei einer Enthaltung.[15]

Zuvor hatte Hugo Preuß, diesmal energischer, für die Vorlage geworben und bedauert, dass die rechten Parteien sie so kompromisslos bekämpften. Wenn in der Bevölkerung derzeit noch kein volles Verständnis für die Bedeutung der Verfassung bestehe, trügen daran die »führenden Schichten« die Hauptschuld, eben weil sie sich der Aufgabe »geistiger Führung« verweigerten. 1871 sei es ihnen ein Leichtes gewesen, der Bismarckschen Verfassung zuzujubeln. »Aus der dunklen Tiefe der schwersten Niederlage, die je ein Volk in der Geschichte erlebt hat«, eine zukunftsfähige neue Verfassung zu erarbeiten, die Reichseinheit zu erhalten und den Weg für die »Reorganisation unseres Vaterlandes« zu ebnen, sei ungleich schwieriger. Dass der Verfassungsausschuss der Nationalversammlung den dafür erforderlichen Mut aufgebracht habe, verdiene höchste Anerkennung und breite Zustimmung.[16]

Die bekam er dann auch, doch die große Begeisterung blieb aus. Auf dem Weimarer Nationaltheater, wo die Abgeordneten fast sechs Monate lang getagt hatten, wurde die schwarz-rot-goldene Fahne gehisst, das »Symbol einer neuen Zeit«, wie die Lokalzeitung vermerkte. Vor dem Gebäude hatten sich viele Menschen versammelt, warteten aber vergeblich auf die offizielle Verkündung der Verfassungsannahme. »Die Minister fuhren ab und schließlich zerstreute sich die Menge.«[17] Ähnlich sang-

---

15 Gusy, Reichsverfassung, S. 77.
16 Verhandlungen, Bd. 328, S. 2072, 2074.
17 Weimarische Landeszeitung v. 2.8.1919, zit. in Polzin, Rezeption, S. 168.

Postkarte von Schwarzburg zur Verfassungsunterzeichnung, 1919

und klanglos verlief die Unterzeichnung der Urkunde durch den Reichspräsidenten und das Kabinett am 11. August. Ebert, der sich damals zu einem Erholungsurlaub im thüringischen Schwarzburg aufhielt, bekam die Urkunde per Kurier übersandt. Die Presse nahm kaum Notiz davon, es gab nicht einmal ein offizielles Foto.[18]

Erst als Ebert zehn Tage später auf die Verfassung vereidigt wurde, stellte sich ein moderat temperiertes Gefühl von Feierlichkeit ein. Wie der in Künstler- und Politikerkreisen gleichermaßen umtriebige Harry Graf Kessler im Tagebuch festhielt, war die Bühne des Weimarer Theaters mit Fahnen und Blumen reich geschmückt.

18 Walter Mühlhausen, Reichspräsident Friedrich Ebert und die Unterzeichnung der Reichsverfassung in Schwarzburg am 11.8.1919, in: Landkreis Saalfeld-Rudolstadt: Jahrbuch 1995. Geschichte und Gegenwart, S. 24–29.

Die Orgel spielte und Alles drängte sich im schwarzen Rock zwischen den Blattpflanzen wie bei einer besseren Hochzeit. Das Haus war dicht besetzt bis auf die Deutsch-Nationalen und Unabhängigen Bänke, die ostentativ leer blieben. Einige Sekretäre und Stenografen verteilten sich als Statisten auf die Plätze.

Während der Reichspräsident den Eid leistete und eine Ansprache hielt, verkaufte man auf dem Theaterplatz die *Berliner Illustrirte Zeitung*, deren Titelbild Ebert und Reichswehrminister Gustav Noske in Badehose zeigte, was nicht nur Kessler als unpassend und despektierlich empfand. Doch auch ohne diese Störung war er von der Veranstaltung nicht überzeugt. Alles schien ihm »sehr anständig, aber schwunglos« und ohne das der Situation angemessene Pathos. »Dieses kleinbürgerliche Theater als Abschluss des gewaltigen Krieges und der Revolution! Wenn man über die tiefere Bedeutung nachdachte, hätte man weinen mögen.«[19]

Weniger enttäuscht urteilte der sozialdemokratische *Vorwärts*. Nur »wer mit dem Herzen an den großen Spielen hängt, die das Kaiserreich dem schaulustigen Volk zu geben liebte«, finde die Weimarer Feier »arm«. Aber die Republik vertrage eben »keinen Pomp und Prunk«, denn sie appelliere »nicht an die Sinne und den Instinkt, sondern an den Verstand und die tieferen sittlichen Kräfte«. Allerdings brauche auch sie für wichtige Ereignisse »äußere Formen«. Danach werde noch gesucht.[20]

Für diese Suche engagierte die Regierung einen Experten, den Kunsthistoriker und Museumsdirektor Edwin Redslob, und betraute ihn mit der »künstlerischen Formgebung des Reiches«. Gemeinsam mit Arnold Brecht, Abteilungsleiter im Reichsinnenministerium, plante der neu ernannte Reichskunst-

---

19 Harry Graf Kessler, Das Tagebuch, Bd. 7, hg. v. Angela Reinthal, Stuttgart 2007, S. 265 (Eintrag v. 21.8.1919). Zum Titelbild der *Illustrirten Zeitung* s. https://museenkoeln.de/portal/bild-der-seiwoche.aspx?bdw=2000_06.
20 Vorwärts v. 22.8.1919, S. 1.

wart 1921 die erste Verfassungsfeier der Republik. Beide Männer wussten um die Fragilität des neuen Staates, der, wie Brecht meinte, »nicht einmal von der Hälfte des Volkes« geliebt und anerkannt werde. Größeres Ansehen genieße hingegen die Verfassung, der ein paradoxer Spagat gelungen sei: »Der eine sah in ihr die Erfüllung der Revolution, der andere die Besiegelung des Endes der Revolution.« Die meisten Bürger und Bürgerinnen zollten ihr Respekt; für viele sei sie »ein wirklicher Gegenstand der Liebe und des Stolzes«. Deshalb liege es nahe, den 11. August als Verfassungstag zu feiern und ihn als »Ansatzpunkt für eine äußere Formgebung im staatlichen Leben zu benutzen«.[21]

Die Entscheidung für einen Verfassungstag schlug drei Fliegen mit einer Klappe. Zum einen beantwortete sie die im Aus- und Inland gestellte Frage nach einem deutschen Nationalfeiertag. Zweitens nutzte sie die Feier der Verfassung, wie vom Oldenburgischen Staatsministerium empfohlen, »um in Anknüpfung an die Bedeutung des Tages die deutsche Republik dem Herzen des deutschen Volkes näher zu bringen und damit zu ihrer Stärkung beizutragen«.[22] Drittens sollte der Verfassungstag in der Bevölkerung positive Gefühle für das Staatsgrundgesetz selber wecken, das den Bürgerinnen und Bürgern keineswegs so lieb und teuer war, wie Brecht es rückblickend darstellte. Zwar gab es damals noch keine Demoskopie. Doch fehlt jegliche empirische Evidenz, wonach die Deutschen ihre Verfassung mehrheitlich wertschätzten oder gar liebten. Der angehende Romanistikprofessor Victor Klemperer, der der neuen Regierung »von ganzem Herzen« zustimmte und, wie er immer wieder betonte, das »Weimarer Verfassungswerk liebe«, befand

---

21 Arnold Brecht, Aus nächster Nähe. Lebenserinnerungen 1884–1927, Stuttgart 1966, S. 361f.; zu Redslob s. Winfried Speitkamp, »Erziehung zur Nation«. Reichskunstwart, Kulturpolitik und Identitätsstiftung im Staat von Weimar, in: Helmut Berding (Hg.), Nationales Bewußtsein und kollektive Identität, Frankfurt 1994, S. 541–580.
22 Fritz Schellack, Nationalfeiertage in Deutschland von 1871 bis 1945, Frankfurt 1990, S. 157f.

sich mit dieser warmen Zuneigung eher am Rande eines breiten Meinungsspektrums.[23]

Dass wertschätzende, womöglich gar liebevolle Verfassungsgefühle wichtig für die Stabilisierung der Republik waren, rückte erst nach und nach ins Bewusstsein der Akteure. Gerade jene, die »nicht an die Sinne und den Instinkt, sondern an den Verstand« appellieren und sich dadurch von der politischen Kultur des Kaiserreichs absetzen wollten, taten sich schwer damit. Zudem war nicht klar, wie sich solche Gefühle einstellten oder gezielt erzeugen ließen. Der Staatsrechtler Karl Loewenstein, der die Weimarer Verhältnisse aus eigener Erfahrung kannte, bevor er Deutschland 1933 verlassen musste, urteilte retrospektiv, »rationale« Mittel allein reichten dafür nicht aus. Um ein durch die Verfassung integriertes »Gemeinschaftsbewußtsein« zu schaffen, bedurfte es seiner Meinung nach einer »zielbewußten, wenn auch unaufdringlichen Handhabung des nationalen Symbolismus« und einer »konsequent aufgebauten Jugendbildung«.[24]

Auf beiden Feldern war die Weimarer Republik tatsächlich aktiv, teils amtlich und von oben, teils zivilgesellschaftlich und von unten. »An ihren Festen erkennt man die Völker«, behauptete 1927 der sozialdemokratische Reichstagsabgeordnete Otto Landsberg und warb dafür, den Verfassungstag zu einem weit ausstrahlenden nationalen Festtag zu machen.[25] Der Auftakt dazu war allerdings holprig verlaufen; Vorschläge, den 11. August zum offiziellen Feiertag zu erheben, scheiterten entweder am Widerstand rechter Parlamentsfraktionen oder an der Zurückhaltung der Regierung. Noch 1920 untersagte Letztere eine allgemeine Beflaggung, weil das nicht in eine Zeit »nationaler Erniedrigung« passe. Auch 1921 zögerten Reichspräsident und

---

23 Victor Klemperer, Man möchte immer weinen und lachen in einem. Revolutionstagebuch 1919, Berlin 2015, S. 25.
24 Loewenstein, Wesen, S. 57f.
25 Bernd Buchner, Um nationale und republikanische Identität. Die deutsche Sozialdemokratie und der Kampf um die politischen Symbole in der Weimarer Republik, Bonn 2001, Zitat S. 318.

Kanzler lange, bis sie schließlich einer bescheidenen Feier zustimmten, um nicht den »rein verneinenden Kräften im öffentlichen Leben« nachzugeben.[26]

Die Feier fand in der Berliner Staatsoper statt; geladen waren Politiker und Abgeordnete, Vertreter von Verbänden, Kunst und Wissenschaft. »Damen und Uniformen«, notierte die *Vossische Zeitung*, »fehlen fast ganz, die Toilette dieser Herrenversammlung ist schlicht und unfestlich, vom Gehrock bis zum Straßenanzug, ein Bild in Grau und Schwarz.« Reichskanzler Josef Wirth hielt eine Rede, umrahmt von klassischer Musik. Die Stimmung war »kühl«, nach kurzer Zeit ging man wieder auseinander, von der Öffentlichkeit weitgehend unbemerkt. Zwar hatte der *Vorwärts* seine Leser und Leserinnen aufgerufen, sich an diesem »größten nationalen Feiertag« ein Beispiel an Frankreich, Dänemark und den USA zu nehmen und Flagge zu zeigen. Doch blieb der schwarz-rot-goldene Fahnenschmuck eher kümmerlich; nicht einmal alle Amtsgebäude hatten die Reichsfarben aufgezogen, was die sozialdemokratische Zeitung als »stille Demonstration gegen die Republik« wertete. Die erklärte Absicht des Reichskunstwarts, mit starken Motiven für den Reichs- und Verfassungsgedanken zu werben und die »Phantasie des Volkes« zu beflügeln, war beim ersten Versuch kläglich gescheitert.[27]

Daran trugen weder Redslobs Arrangement noch die Phantasielosigkeit der Deutschen Schuld. Vielmehr hatten Regierung und Behörden gebremst, aus Sorge um die innenpolitische Lage. »Unser Ideal«, so Wirth in seiner Rede, wäre es gewesen, »an einem frohen Sommertag *das ganze Volk zum Fest des freien Volksstaates* zu vereinigen, bei Spiel und guten Reden den

---

26 Schellack, Nationalfeiertage, Zitate S. 158f.
27 Vossische Zeitung v. 11.8.1921, Abendausgabe; Buchner, Identität, S. 331 (Reichsinnenminister Adolf Köster, SPD, erinnerte die »kühle Stimmung«); Vorwärts v. 10.8.1921, Abendausgabe, S. 3; ebd. v. 11.8.1921, Abendausgabe, S. 1; Edwin Redslob, Die staatlichen Feiern der Reichsregierung, in: Gebrauchsgraphik 2 (1925), S. 51–60, v.a. 51f.

Bund des Volkes zu besiegeln«. Allerdings seien die »großen demokratischen Leitgedanken, die uns heute zusammengeführt haben«, leider noch nicht »Gemeingut des ganzen deutschen Volkes« geworden. Aber man hoffe auf Überwindung der

> *ungeheuren brennenden Gegensätze* in unserem Volke, zwischen seinen Klassen, zwischen Besitz und Arbeit, zwischen denen, die nur rückwärts schauen und über die alte Herrlichkeit trauern, und denen, die stürmisch und leidenschaftlich – vielleicht manchmal allzu stürmisch – nach vorwärts drängen.[28]

Derweil organisierten die rückwärts schauenden und »verneinenden Kräfte« ihre eigenen Fest- und Protesttage. Am Jahrestag der Unterzeichnung des Versailler Vertrages marschierten sie mit schwarz-weiß-roten Fahnen auf, und am 18. Januar pflegten sie die Erinnerung an die Reichsgründung 1871. Im Kaiserreich war der Tag kaum begangen worden, doch 1922 schlug ihn die DVP offiziell als »Nationalfeiertag des deutschen Volkes« vor. Der Verband der Deutschen Hochschulen beschloss 1921, am 18. Januar einen Dies academicus zu feiern, und markierte so seine Distanz zur Republik. Studenten zogen unter dem Applaus konservativer Parteien und lokaler Kriegervereine mit Fackeln durch die Universitätsstädte. In diesen Kreisen empfand man, wie die monarchistische *Neue Preußische Zeitung* 1922 schrieb, den 11. August als »aufoktroyierten Feiertag«, der keine »Begeisterung wecken kann«. Denn

> wie Schwarz-weiß-rot das Symbol der endlich errungenen deutschen Einheit bleiben wird, so der 18. Januar als einzig möglicher Tag, den zu feiern die Nation auch heute noch einen Grund hätte.[29]

28 Vossische Zeitung v. 12.8.1921, Morgenausgabe.
29 Thomas Lorenz, »Die Weltgeschichte ist das Weltgericht!« Der Versailler Vertrag in Diskurs und Zeitgeist der Weimarer Republik, Frank-

Verfassungsfeier 1922 im Sitzungssaal des Reichstags

Demgegenüber brauchte es im akademischen Milieu fast schon persönlichen Mut, sich zur Verfassung und zu Schwarz-Rot-Gold zu bekennen. Ihn brachte 1922 der Rektor der TU Dresden Harry Gravelius auf, als er bei der ministeriell angeordneten Verfassungsfeier in seiner Universität das Wort ergriff. Das Publikum umfasste »höchstens 50 Personen. Kein Student. Etwa 8-10 Professoren, die Sekretäre der Kasse etc., die Arbeiter u. Diener des Hauses«. Victor Klemperer, einer der wenigen anwesenden Professoren, fand das »jämmerlich« und die Rede des Rektors »tapfer«.[30]

furt 2008, S. 404f.; Schellack, Nationalfeiertage, S. 161 (zum DVP-Antrag 1922; die DNVP wiederholte ihn 1925); Ralf Poscher (Hg.), Der Verfassungstag, Baden-Baden 1999, S. 23; Juliane Ossner, Die Reichsgründungs- und Verfassungsfeiern in Wetzlar und Gießen 1921 bis 1933, in: Hessisches Jahrbuch für Landesgeschichte 49 (1999), S. 151–177; Neue Preußische Zeitung v. 11.8.1922, Morgenausgabe, S. 1f.
30 Victor Klemperer, Leben sammeln, nicht fragen wozu und warum, hg. v. Walter Nowojski, Berlin 1996, Bd. 1, S. 608.

Zu einer breiten prorepublikanischen Bewegung kam es erst 1924 mit der Gründung des Reichsbanners Schwarz-Rot-Gold. Es verstand sich zunächst als Bund republikanischer Kriegsteilnehmer und öffnete sich später auch für Ungediente. Die Initiative ging von Sozialdemokraten und Gewerkschaftern aus, fand aber auch Anklang im Zentrum und in der DDP. Flagge zeigte das Reichsbanner vor allem am 11. August, um »das Wort von der Republik ohne Republikaner« Lügen zu strafen. Fünf Jahre nach Inkrafttreten der Reichsverfassung lud der Verband zur »ersten Truppenschau der Republik und Demokratie« nach Weimar und bestand dort nach eigenem Bekunden »die Feuerprobe der Öffentlichkeit«. Auch an vielen anderen Orten, kleineren und größeren, war er präsent und warb erfolgreich neue Mitglieder.[31]

So in Holzminden, einer Gemeinde mit etwa 12.000 Einwohnern. Im August 1924 zählte das Reichsbanner dort bereits 400 Mann, fast dreimal so viel wie der seit Ende 1918 bestehende rechtsnationalistische Wehrverband Stahlhelm. Am 10. August, einem Sonntag, marschierte es, begleitet von SPD, Zentrum, DDP, Gewerkschaften und Sportvereinen, mit Musik, Vereinsstandarten und schwarz-rot-goldenen Fahnen auf dem städtischen Marktplatz auf. Dort redete der aus Berlin angereiste Harry Graf Kessler, nachdem er zuvor am Ehrenmal für die Gefallenen des Krieges eine Ansprache gehalten hatte. Kriegserfahrungen und Nachkriegsverfassung waren für Kessler, inzwischen DDP- und Reichsbanner-Mitglied, direkt aufeinander bezogen. Kern der Weimarer Reichsverfassung seien die »brüderliche Gleichheit«, der »Fortfall des Klassenprivilegs« und die »Verantwortlichkeit Aller für das Vaterland und die Allgemeinheit«. Eben das habe auch »den wirklichen *Geist von 1914*« ausgemacht. Dessen wahre Hüter seien deshalb »nicht die Monarchisten und

---

31 Der Reichsbanner v. 1. u. 15.8.1924; Sebastian Elsbach, Das Reichsbanner Schwarz-Rot-Gold. Republikschutz und Gewalt in der Weimarer Republik, Stuttgart 2019. Schon 1926 hatte das Reichsbanner nach eigenen Angaben über 3 Millionen Mitglieder (Das Reichsbanner v. 15.8.1926).

Stahlhelmer, sondern ihr, Ihr Republikaner (ungeheure Begeisterung)«. Als Kessler die Menge zum Gelöbnis aufforderte, »diese Grundsätze und Ziele der deutschen Verfassung und Republik immerdar gemeinsam« zu schützen, ertönte ein »donnerndes Hoch und wieder Hoch der vielen Tausende, die den Platz füllen«. Von dieser überwältigenden Resonanz beflügelt, zog der »rote Graf« zufrieden Bilanz: »Die Republik hat durch die heutige Feier hier sicher gewaltig an Ansehen gewonnen.«

Allerdings hielten sich die »gebildeten Kreise« auffallend zurück; so seien nur wenige Gymnasiasten im Festzug mitgegangen. »Sogar die Söhne von Sozialdemokratischen und demokratischen Eltern«, berichtete ein Schuldirektor, »hätten sich nicht gemeldet, aus Feigheit, weil es nicht für vornehm gelte«. Auch in seinem Hotel bemerkte Kessler manches Rückwärtsgewandte: Die zur Feier des Tages gehisste Fahne war keine schwarz-rot-goldene, sondern eine braunschweigische, und im Frühstücksraum hingen Portraits des im November 1918 abgedankten Herrscherpaars sowie »Hindenburg als bunter Öldruck; von Ebert keine Spur«.[32]

Wer sich von der Republik distanzieren wollte, musste nicht unbedingt zu derart ostentativen Zeichen greifen; keine Fahne herauszuhängen, war Signal genug. Zurück in Berlin, fiel Kessler auf, dass alle staatlichen Gebäude, aber so gut wie keine Privathäuser, Hotels oder Banken geflaggt hatten: »Der befestigte Grundbesitz, die Finanz, die Luxusgeschäfte dokumentieren damit ihre andauernde Feindschaft oder Gleichgültigkeit gegen die bestehende Staatsform.« Gleichzeitig demonstrierten Gewerkschaften und SPD im Lustgarten

---

32 Kessler, Tagebuch, Bd. 8, hg. v. Angela Reinthal u. a., Stuttgart 2009, S. 391, 393–395 (Einträge v. 9. u. 10. 8. 1924). Auch das Reichsbanner stellte immer wieder einen Bezug zwischen Krieg und Verfassung her. S. dazu Nadine Rossol, Performing the Nation in Interwar Germany. Sport, Spectacle and Political Symbolism 1926–36, New York 2010, Kap. 3; dies., Repräsentationskultur und Verfassungsfeiern der Weimarer Republik, in: Detlef Lehnert (Hg.), Demokratiekultur in Europa, Köln 2011, S. 261–279, v. a. 269.

für die Verfassung, die Republik und den Völkerfrieden. Es müssen mehr als 100.000 Menschen dagewesen sein, über denen gemischt die roten und schwarz-rot-gelben Fahnen in grosser Zahl wehten.[33]

Im Reichstag fand derweil der übliche Staatsakt statt, gefolgt von Beethovens Neunter und einem abendlichen Fackelzug vor dem Reichspräsidenten. Der Ablauf hatte sich seit 1922 eingespielt; er war zwar betont »sachlich« und »männlich ernst«, sollte aber auch, anders als der »kühle akademische Aktus« von 1921, eine »das Volksganze angehende Festlichkeit« sein. Dies geschah nicht mehr nur symbolisch und vermittelt, sondern konkret, physisch, sinnlich. »Musik und militärisches Schauspiel«, so der Reichskunstwart, verknüpften die Staatsfeier mit den »Volksmengen« in der Stadtmitte.[34] 1923 setzte man eine weitere Feier in Frankfurt an, wo 75 Jahre zuvor die deutsche Nationalversammlung zusammengetreten war. Die Republik stellte sich und ihre Verfassung damit bewusst in eine längere

---

33 Kessler, Tagebuch, Bd. 8, S. 395 f. (Eintrag v. 11.8.1924); ähnlich die Einträge v. 11. u. 14.8.1927, in: ebd., Bd. 9, hg. v. Sabine Gruber u. Ulrich Ott, Stuttgart 2010, S. 130 f. Dort, wo geflaggt wurde, wurden schwarz-rot-goldene Fahnen und Wimpel immer wieder entwendet, aus Vorgärten ebenso wie von Bussen und Bahnen, Schulgebäuden und öffentlichen Plätzen (Rossol, Performing, S. 67 f.).

34 Zur 1922er Feier s. Brecht, Nähe, S. 394–396; Redslob, Feiern, S. 52–55. Statt wie 1921 in der Oper fand die abendliche Feier im staatlichen Schauspielhaus statt, wo der Dichter und Nobelpreisträger Gerhart Hauptmann sprach und klassische Musik gespielt wurde. Auf dem Schillerplatz vor dem Schauspielhaus trafen währenddessen die Fackelzüge der Arbeiterschaft ein. »Die Marseillaise erklingt und auf der Freitreppe erscheint der Reichspräsident, von schwarzrotgoldenen Fahnen umweht. Lautloses Schweigen herrschte in der ungeheuren Masse, die den Platz besetzt hielt.« Der Schauspieler Heinrich George deklamierte einen von Fritz von Unruh verfassten pathetischen Prolog, dem Ansprachen Eberts und Wirths folgten. Anschließend stimmte man gemeinsam die dritte Strophe des Deutschlandliedes an, das der Reichspräsident am gleichen Tage zur Nationalhymne erklärt hatte. »Wie auf einen Schlag sang dann die Menge die Internationale, weil sie das richtige Empfinden dafür hatte, daß nur der, der sein Vaterland aufrichtig liebt, die Liebe der anderen Völker zu ihren Ländern zu begreifen und zu schätzen vermag« (Vorwärts v. 12.8.1922, S. 1).

Gedenkfeier an die deutsche Nationalversammlung 1848
in Frankfurt am 18. Mai 1923

demokratische Tradition. Auch hier suchte man eine »populäre Wirkung« zu erzielen, indem die akademisch gehaltene Feier in die »volkstümliche« auf dem Römerberg überging.[35]

Mit den Auftritten des Reichsbanners seit 1924 erfuhr das »volkstümliche« Element eine starke Aufwertung. Der Verfassungstag war fortan immer weniger amtlich und immer mehr »Volkstag«.[36] Zwar gelang es trotz mehrerer Anläufe nicht, ihn zum arbeitsfreien Nationalfeiertag zu erheben und erwerbstätigen Bürgern und Bürgerinnen damit eine aktive Teilnahme zu ermöglichen. Lediglich in Baden (seit 1923) und Hessen (seit

35 Redslob, Feiern, S. 53–56; ders., Von Weimar nach Europa. Erlebtes und Durchdachtes, Berlin 1972, S. 176. Zu den Bezügen Weimars auf 1848 s. Daniel Bussenius, Eine ungeliebte Tradition. Die Weimarer Linke und die 48er Revolution 1918–1925, in: Heinrich August Winkler (Hg.), Griff nach der Deutungsmacht. Zur Geschichte der Geschichtspolitik in Deutschland, Göttingen 2004, S. 90–114; Richter, Nachwirkungen.
36 Der Reichsbanner v. 15.8.1925.

1929) war der 11. August gesetzlicher Feiertag. Die bayerische Regierung hingegen verbot jegliche öffentliche Aufzüge und Demonstrationen. Das hinderte den liberaldemokratischen Nürnberger Bürgermeister allerdings nicht, dem Reichsbanner zu erlauben, seine Reichsverfassungsfeier 1926 mitsamt Arbeiterradfahrerbund, Gesang- und Turnvereinen in der Stadt abzuhalten. Andernorts widersetzte sich ein deutschnationaler Bürgermeister dem Ansinnen, eine solche Feier für seine Mitarbeiter auszurichten, die daran, wie er zu Protokoll gab, nicht interessiert seien.[37]

Beide Formen lokaler Resistenz wurden von Gegnern und Befürwortern der Republik aufmerksam notiert und kommentiert. Gegenüber Behörden und Zeitungsredaktionen pochten sie darauf, dass amtliche Verfügungen zum Verfassungstag buchstabengetreu umgesetzt wurden. Daran zeigt sich, welch starke Gefühle die Verfassung zu mobilisieren vermochte und wie tief das Engagement für oder gegen sie in die Gesellschaft eingedrungen war. Zugleich aber bestand die soziale und politische Spaltung fort. Der »Bund des Volkes«, den sich Reichskanzler Wirth 1921 erhofft hatte, lag noch in weiter Ferne. Zwar gewannen die Republikaner an Boden; selbst jene, die sich aus Vernunft und ohne Herzblut zur Republik bekannten, stellten sich entschieden hinter die Verfassung.[38] Dazu gehörte auch Thomas Mann, der 1929, zum 10. Jahrestag der Reichsverfassung (und wenige Monate vor der Verleihung des Literaturnobelpreises), in der Zeitung des Reichsbanners schrieb, er stehe auf der Seite derer,

---

37 Der Reichsbanner v. 15.8.1926; Vorwärts v. 12.8.1929, S. 2; Rossol, Repräsentationskultur, S. 265.
38 Schiffer, Leben, S. 212. Schiffers Einsatz für die Verfassung stieß gleichwohl an Grenzen; er fand die offiziellen Veranstaltungen am Verfassungstag »sehr peinlich« und weigerte sich, dabei »die Weiherede zu halten« (215f.).

die in der demokratisch-sozialen Republik die Staatsverfassung erkennen und anerkennen, in der das deutsche Volk, geachtet von Völkern, die es nicht länger durch klirrende Anachronismen seines Kostüms befremdet und schreckt, in die historische Zukunft gehen soll.[39]

Doch auch die Gegner der Verfassung meldeten sich immer wieder lautstark zu Wort. Auf der Linken waren es die Kommunisten, die der SPD Verrat an der Revolution vorwarfen und eine Räterepublik nach sowjetischem Muster errichten wollten. Sie störten sozialdemokratische Kundgebungen zum Verfassungstag und lieferten sich Prügeleien mit Reichsbannerleuten. Den »moskowitischen ›Klassenkämpfern‹« standen ihre »nationalsozialistischen Genossen« nicht nach. Schon 1924 wurde die Berlinerin Milly Zirker auf dem Heimweg von der Verfassungsfeier von Hakenkreuzlern »angepöbelt«; mit den Wahlerfolgen der NSDAP seit 1930 häuften sich solche Angriffe.[40]

Bürgerliche Kreise, die Gewalt fürchteten und verabscheuten, wählten andere Mittel, um ihre republikfeindlichen Einstellungen zur Schau zu stellen. 1928 analysierte ein Mitarbeiter der *Lichtbild-Bühne*, wie die Kinowochenschauen der Ufa den Verfassungstag in Szene setzten. Alle blendeten mit dem Giebel des Reichstags auf, schwenkten dann über zum Paradermarsch der Reichswehrkompagnie und zeigten die schwarz-weiß-rote Kriegsflagge mit Eisernem Kreuz. Die schwarz-rot-goldene Fahne der Republik auf dem nebenstehenden Mast geriet nicht ins Blickfeld der Ufa-Operateure. Nirgends fand sich auch nur

---

39   Der Reichsbanner v. 10.8.1929.
40   Kessler, Tagebuch, Bd. 8, S. 395; Der Reichsbanner v. 9.8.1930; Leserbrief von Milly Zirker v. 14.8.1924, in: Vossische Zeitung v. 17.8.1924, Beilage. S. auch Manuela Achilles, With a Passion for Reason. Celebrating the Constitution in Weimar Germany, in: Central European History 43 (2010), S. 666–689, v.a. 685.

eine Andeutung von dem Umfang der Massendemonstrationen, von den Massen, die vor dem Reichstag dem neuen Deutschen Reich huldigten, von der Reichsregierung, ihren Ministern und sonstigen Vertretern der Republik, von den Strassen Berlins im schwarzrotgoldenen Flaggenschmuck, von dem gewaltigen Fackelzug der fünfzigtausend.[41]

Die schwarz-weiß-rote Optik der Filme trug, so der Journalist, die Handschrift des neuen Ufa-Eigentümers, des DNVP-Vorsitzenden Alfred Hugenberg mit seinem rechtsnationalistischen politischen Programm.

Ähnlich eindimensional ging es an vielen Schulen zu. Die Verfassung hatte der staatsbürgerlichen Bildung eine wichtige Rolle bei der Vermittlung politischen Wissens und republikanischer Neigung zugedacht, was die Kultusministerien einiger Länder durch entsprechende Erlasse bekräftigten. Manche Pädagogen erprobten denn auch neue Konzepte, um »die Jugend mit einer auf Kenntnis und Einsicht gegründeten Achtung vor dem Wert von Weimar zu erfüllen«. Selbstverständlich könne man nicht erwarten, so ein Hallenser Schulrat 1925, »daß jeder die neue Verfassung liebe, aber wen nicht Haß verblendet, der wird sie achten müssen«. Den Schulabgängern ein Exemplar in die Hand zu drücken, genüge dafür nicht. Die Lektüre habe sehr viel früher zu beginnen, damit die Jugendlichen durch Erläuterung einzelner Artikel mit Inhalt und »Wesen« der Verfassung vertraut würden.[42]

Pädagogisch und didaktisch geradezu vorbildlich übersetzte das 1922 gegründete Scharfenberg-Internat in Berlin die Grundsätze der Verfassung in sein selbstverwaltetes Schulleben. Am Verfassungstag 1928 verglich der Neuphilologe mit Ober-

---

41 Der Film im Dienste der Lüge. Wie Hugenberg die Verfassungsfeier zeigt, in: Berliner Volkszeitung v. 19.8.1928, S. 2.
42 Matthias Busch, Staatsbürgerkunde in der Weimarer Republik, Bad Heilbrunn 2015, Zitat S. 209 (Schulrat Brenne aus Halle); Hermann Josef Scheufgen, Verfassungsfeier, Paderborn 1930, S. 21.

Verfassungstag in der Schulfarm auf der Insel Scharfenberg, 1928

stufenschülern die deutsche Verfassung mit der englischen und französischen. »Der Altphilologe besprach mit seinen Lateinern das klassische römische Beamtentum und die Organisation der deutschen Reichsbehörden.« Der Geschichtslehrer wiederum unternahm mit den jüngeren Schülern einen Ausflug nach Schwarzburg, wo Ebert die Verfassung 1919 unterzeichnet hatte. Abschließend versammelten sich alle verfassungsanalog zur Abendaussprache und wählten strikt demokratisch ihren leitenden Ausschuss.[43]

Allerdings gestaltete sich die Schulwirklichkeit längst nicht überall so republikanisch, partizipativ und geschichtsbewusst. Verfassungstage wurden oft gar nicht oder ganz anders began-

---

43 Jens Nydahl (Hg.), Das Berliner Schulwesen, Berlin 1928, S. 173f. Auch der sozialdemokratische Landesschulrat Hans Espe aus Bückeburg betonte 1928 die Aufgabe der Schule, die Grundlagen eines demokratischen Bürgerbewusstseins zu legen, indem sie die Kinder »zur *Verantwortlichkeit, Kameradschaftlichkeit, Rücksichtnahme auf andere, Fähigkeit zum Selbstregieren und Sichunterordnen unter eine freiwillig gewählte Führerschaft*« erzöge (Hans Espe, Die Erziehung der Jugend zum neuen Staat in der Schule, in: Schulreform 7 (1928), S. 628–643, Zitat 639).

gen. Viele Schulen besaßen nicht einmal eine schwarz-rot-goldene Fahne, die sie zu diesem Anlass hissen konnten, »aus bösem Willen oder aus Gleichgültigkeit«, wie ein Schulrektor 1930 mutmaßte. Wenn sie überhaupt stattfand, verlegte man die Feier gern in die einzelnen Klassen, damit sie bei den Kindern »ohne lebendige Eindrücke und ohne lebendige Wirkung« blieb. Dort, wo alle Schüler zu einem gemeinsamen Festakt zusammenkamen, mussten sie Reden lauschen, die in Rückblicken auf das 19. Jahrhundert schwelgten und die Gegenwart tunlichst übergingen. Ein Lehrer, der 1930 schriftliche Schüleräußerungen zur Verfassungsfeier auswertete, fand darin »Erlebnisleere« und »Unzufriedenheit« und schlug vor, die Schüler durch Tanz, Theater und gemeinsames Singen stärker in die Feier einzubeziehen.[44]

1928 kam es am Berliner Werner-Siemens-Realgymnasium zu einem Eklat. Nachdem der Festredner 25 Minuten lang fast ausschließlich über Turnvater Jahn gesprochen hatte, dessen Geburtstag sich zum 150. Mal jährte, protestierten Oberstufenschüler und brachten ihre »Entrüstung« über das zum Ausdruck, was sie als gezielte Negation und Verachtung der Verfassung empfanden. Anschließend luden sie »alle Schüler und Schülerinnen, die eine republikanische Verfassungsfeier in ihren Schulen fordern, und alle Verfechter der republikanischen Schule« zu einer Nach-Verfassungsfeier im Plenarsitzungssaal des Reichswirtschaftsrats ein. Das wiederum kritisierten konservative Zeitungen als »Republikanisierung«, und der evangelische Gesamtelternbund von Groß-Berlin verfasste eine Gegendarstellung. Darüber wurde auf Antrag der DNVP in der Schöneberger Bezirksversammlung und sogar im Preußischen

---

44 Karl Karstädt, Verfassungstag und Schule, in: Die Verfassungsfeier der Deutschen Republik in der Schule, Langensalza 1930, S. 10–13 (der Verf. war Schulrektor im sachsen-anhaltinischen Barby und Mitglied des Reichsbanners); Busch, Staatsbürgerkunde, Zitat S. 238. Konrad Ludwig, Reichstagsabgeordneter der SPD, entwarf 1927 ironisch-sarkastisch den Verlauf einer typischen, von reaktionären Schulmännern manipulierten Feier, die der Wirklichkeit sehr nahe kam (Sollen die Verfassungsfeiern so sein?, in: Deutsche Republik 1 (1927), S. 662f.).

Landtag debattiert. Hier stellte sich der vernunftrepublikanische Kultusminister Becker hinter die Schüler und rechtfertigte ihr Verhalten als »spontanen Ausdruck ihrer Liebe zum neuen Staat«.[45]

Becker nahm diesen Vorfall zum Anlass, Schulen und Lehrer – die als Beamte einen Eid auf die Verfassung geschworen hatten – noch einmal und sehr ausführlich auf Ausgestaltung und Ablauf der Verfassungsfeiern hinzuweisen.[46] Er intervenierte auch, wenn Schüler sich antirepublikanisch äußerten. In Goslar etwa rissen Gymnasiasten, die sich 1929 bei den am Verfassungstag veranstalteten Reichsjugendwettkämpfen ausgezeichnet hatten, ostentativ die schwarz-rot-goldenen Schleifen von den Siegerkränzen und traten sie mit Füßen. Ihren Schulen, die ihre »oft genug eingeschärfte Pflicht positiver staatsbürgerlicher Erziehung« offensichtlich nicht erfüllt hatten, wurde daraufhin das Recht entzogen, die Reifeprüfung vom eigenen

---

45 Thomas Koinzer, Die Republik feiern. Weimarer Republik, Verfassungstag und staatsbürgerliche Erziehung an den höheren Schulen Preußens in der zweiten Hälfte der 1920er Jahre, in: Bildung und Erziehung 58 (2005), S. 85–103, hier 89–92; Berliner Volks-Zeitung v. 19.8.1928, Morgenausgabe, S. 2; Vossische Zeitung v. 8.11.1928, Morgenausgabe, S. 3. Ein ähnlicher Skandal ereignete sich 1930 an der Berliner Universität, wo Hermann Schumacher, Professor der Nationalökonomie, am Verfassungstag eine Festrede über Marktprobleme hielt, was die liberale Presse »unwürdig« fand. Republikanische Studentengruppen organisierten daraufhin eine eigene Verfassungsfeier, auf der der sozialdemokratische Staatsrechtslehrer Hermann Heller über »Freiheit und Form in der Reichsverfassung« sprach (Poscher, Verfassungstag, S. 32f.). Den preußischen Universitäten hatten erst die neuen Hochschulsatzungen von 1928 aufgegeben, Verfassungsfeiern auszurichten.
46 Zentralblatt für die gesamte Unterrichts-Verwaltung in Preußen 71 (1929), S. 188f. Beckers Runderlass vom 23.5.1929 enthielt die Zusammenfassung und Ergänzung vorgängiger Anordnungen zur schulischen Feier des Verfassungstags in 15 Punkten. Er empfahl einen feierlichen äußeren Rahmen mit Fahnen- und Blumenschmuck und eine Beteiligung der Schüler. Die Reden sollten sich auf die Verfassung konzentrieren. Explizit wurde der Lichtbildvortrag erwähnt, den die Reichszentrale für Heimatdienst zur Verfügung stellte. Ein Erlass vom 10.6.1929 verwies auf die von der Reichszentrale zusammengestellten Reden, Zitate, Gedichte, Daten zur Ausgestaltung von Verfassungsfeiern (ebd., S. 209f.).

Lehrerkollegium abnehmen zu lassen; außerdem stellte die Hannoveraner Schulbehörde eine »Umgestaltung« des Lehrkörpers in Aussicht.[47] Als im gleichen Jahr Potsdamer Schüler bei einer zentralen Schulverfassungsfeier das Lied »Hakenkreuz am Stahlhelm« intonierten, legte das Kultusministerium den Schulen nahe, in Zukunft auf gemeinsame Feiern, »besonders unter freiem Himmel«, zu verzichten.[48]

Das war insofern bedauerlich, als gerade die Open-Air-Atmosphäre den Verfassungsfeiern einen luftig-fröhlichen Anstrich geben sollte. Für Schüler und Schülerinnen waren die Freiluftfeste mit Spiel und Sport sehr viel erlebnisreicher als eine Lehrerrede in der Aula. Der 1920 geborene Robert Becker erinnerte sich noch als alter Mann an den 11. August 1929 (einen Sonntag) auf den Offenbacher Sportplätzen:

> Dort gab es Jubel, Trubel, Spiele und Veranstaltungen – alles zu Ehren der Verfassung. Nicht nur bekam jeder eine Brezel, sondern auch einen Sonderdruck der republikanischen Reichsverfassung und der hessischen Verfassung vom Dezember 1919.[49]

Auch Erwachsene bevorzugten im sommerlich heißen August Aktivitäten in frischer Luft. Verfassungsfeiern im Freien konnten jedenfalls deutlich mehr Menschen mobilisieren und zur Mitwirkung einladen.[50]

---

47 Busch, Staatsbürgerkunde, Zitate S. 234.
48 Koinzer, Republik, S. 94 f.; Zentralblatt, S. 353 f. (Erlass v. 23.11.1929).
49 Joachim H. Knoll, »Heil Dir im Siegerkranz«. Nationale Feier- und Gedenktage als Formen kollektiver Identifikation, in: Zeitschrift für Religions- und Geistesgeschichte 57 (2005), S. 150–171, Zitat 167.
50 Ossner, Reichsgründungs- und Verfassungsfeiern, vergleicht die Städte Wetzlar (Domplatz) und Gießen (Stadttheater). S. auch den Beschluss des preußischen Staatsministeriums vom 29.6.1929 und die Empfehlung an die Gemeinden, »außerhalb der amtlichen Verfassungsfeier« (die in Innenräumen stattfand) »durch Anregung geeigneter Veranstaltungen in der Bevölkerung für eine möglichst volkstümliche Feier des Verfassungstages Sorge

Ihren Höhepunkt erreichte diese partizipative Form just 1929. Im Jahr zuvor hatte der sozialdemokratische Reichsinnenminister Carl Severing im Reichstag erneut für den 11. August als Nationalfeiertag geworben, »des eingedenk, dass das Volk, das seine Verfassung ehrt, sich damit selbst ehrt«. Dagegen verwies die DVP auf den die Bevölkerung weiterhin spaltenden Charakter der Verfassung; das Zentrum machte geltend, der Tag falle in die Ernte- und Ferienzeit; die KPD votierte für den 1. Mai als »Kampftag gegen diese Verfassung und diese Republik«, und der NSDAP-Abgeordnete Joseph Goebbels schlug hämisch und auf Hugo Preuß anspielend das jüdische Purimfest als Nationalfeiertag vor.[51]

Severing ließ sich von der parlamentarischen Abstimmungsniederlage nicht abhalten, den zehnten Jahrestag der Verfassung groß zu feiern. Zusammen mit Reichskunstwart Redslob bereitete er den Tag sorgfältig vor, um ihn »wirklich zu einer allgemeinen Volksangelegenheit zu machen«. Unter den Linden marschierten vier Stunden lang über 150.000 Reichsbannermänner auf (die Polizei zählte die Hälfte), Harry Graf Kessler mit Philipp Scheidemann an der Spitze. Kesslers Tagebuch ging nicht näher auf die vor dem Schloss gehaltenen Reden ein und betonte stattdessen, wie »sehr hübsch und farbig die Sportabteilungen« gewesen seien.[52] Die Akzentuierung körperlicher Kraft und Dynamik entsprach dem modernen Weimarer Zeitgeist und setzte sich in den nachmittäglichen Jugendfestspielen im Grunewald-Stadion fort. Sie begannen mit dem Einmarsch republikanischer Studentenschaften, zeigten neben sportlichen Spielen und Volkstänzen rhythmische Gesangs-, Bewegungs- und Sprechchöre von über 11.000 Schulkindern und Tausenden

---

zu tragen«, etwa durch »Spiel- und sportliche Veranstaltungen aller Art« (Zentralblatt, S. 246).
51 Buchner, Identität, S. 327–329, Zitate aus der Reichstagsdebatte am 10.7.1928.
52 Schellack, Nationalfeiertage, Zitat S. 225; Carl Severing, Mein Lebensweg, Bd. II, Köln 1950, S. 207; Kessler, Tagebuch, Bd. 9, S. 255f. (Eintrag vom 11.8.1929).

Arbeitersängern und endeten mit einer visuell und emotional packenden Darbietung:

> Drei Gruppen Jugendliche, viele Hundert zusammen, hatten sich als Fahne gruppiert. Jeder Angehörige einer Gruppe trug eine Art Umhang, schwarz die einen, rot und gold die andern. An dem Schaft standen die Fahnenträger, durch ihre Kleidung die deutschen Stämme und Länder darstellend. Zu den Klängen der Musik schwenkte dann die Fahne im weiten Rund vor den Zehntausenden der Anwesenden.

Diese »lebendige Reichsfahne«, »ihr Stoff gleichsam gewirkt aus den Leibern der Jugend«, hinterließ bei den begeisterten Zuschauern einen nachhaltigen Eindruck. Hier wurde die Republik, so der *Vorwärts,* »nicht bloß *gefeiert*«, sondern von den Aktiven ebenso wie von den 50.000 Menschen auf den Rängen empathisch und emphatisch »*erlebt*«.[53]

Viele, die den zehnten Geburtstag der Verfassung mitfeierten, stellten erfreut fest, dass der Kreis der Gäste,

> die nicht nur äußerlich, sondern auch mit ganzem Herzen dabei sind, von Jahr zu Jahr größer geworden ist, daß die Zahl derer, die noch immer grollend oder gleichgültig abseits stehen, mehr und mehr zusammenschmilzt.[54]

Doch schon bald drehte sich die Tendenz. 1930 gab es am 11. August noch einmal ein »großes und unbeschwertes Fest«, in dem, wie es in der *Deutschen Republik* hieß, »das Kämpferische« wohltuend zurücktrat und sich die Freude am »selbst-

---

53 W. M(ay), Massenfeier?, in: Die Jugendbühne 10 (1930), S. 66f., Zitat 67; Vorwärts v. 12.8.1929, S. 1: »Triumph der Republik«.
54 A. Ziechert, Zur Verfassungsfeier 1929, in: Die Jugendbühne 9 (1929), S. 53–58, Zitat 54.

Vor dem Brandenburger Tor, 1929

verständlichen Besitz der Republik« Raum schuf.⁵⁵ Mit der Wirtschaftskrise und dem Aufstieg der Nationalsozialisten aber

55 Georg Risse, Das Volk feiert seine Verfassung, in: Deutsche Republik 3 (1930), S. 1433f.

veränderte sich die Stimmung dramatisch. NSDAP-Gauleiter und Chefpropagandist Goebbels ließ nie einen Zweifel daran, wie sehr er die Weimarer Verfassung und die Feste zu ihren Ehren verachtete. Die Zustimmung hielt er für »amtlich«, das Reichsbanner für einen »Reichsjammer« ohne Disziplin, Schwung und Begeisterung. Der Verfassungstag war »Karneval«, dem er sich 1930 durch einen Ostsee-Urlaub entzog. Zwei Jahre später notierte er selbstgewiss im Tagebuch: »Letzter Verfassungstag! Laßt ihnen die kurze Freude.«[56]

Von Freude war 1932 unter Republikanern keine Spur mehr. Wie der gemäßigte Konservative und ehemalige DNVP-Minister Gottfried Treviranus beobachtete (er hatte der Partei 1929 aus Protest gegen Hugenbergs extremen Rechtskurs den Rücken gekehrt), brachten

> nicht allzu viele Deutsche die rechte Stimmung für eine *Verfassungsfeier* auf. Manche feiern in diesem Jahr die Verfassung wie den letzten Geburtstag eines dem Tod geweihten Familienmitglieds. Andere, die seit zwölf Jahren sich nicht genug tun konnten, auf die offenbaren Mängel und Schwächen dieser Verfassung hinzuweisen, behandeln sie heute schon als endgültig überwunden.[57]

Der linkskatholische Journalist Werner Thormann, der in der Frankfurter Paulskirche die Festrede zum Verfassungstag hielt, erinnerte daran, dass bei der jüngsten Reichstagswahl erstmals die Mehrheit der Wählerinnen und Wähler für Parteien votiert habe, »die das Werk von Weimar ablehnen«. Die NSDAP fuhr am 31. Juli 1932 mit 37,3 Prozent ihr bestes Ergebnis ein und konnte ihren Stimmenanteil gegenüber 1930 mehr als verdoppeln, die KPD kam auf 14,3 und die DNVP auf 5,9 Prozent.

---

56 Die Tagebücher von Joseph Goebbels, hg. v. Elke Fröhlich, München 1987, Teil I, Bd. 1, S. 409f., 588; Bd. 2, S. 221.
57 Gottfried Reinhold Treviranus, Um die Verfassung, in: Vossische Zeitung v. 11.8.1932, Morgenausgabe.

Bedauernd konstatierte Thormann, »daß diese Verfassung dem deutschen Volke unbekannt blieb, daß *ihr Sinn und Gehalt nicht ins öffentliche Bewußtsein* drang«. Die Republik, so sein Fazit, habe »ihre große Bildungsaufgabe versäumt« und es nicht vermocht, »ihrerseits einen Mythos zu bilden«.[58]

Was meinte er damit? Welcher Mythos hätte Weimar gutgetan? Heute würde man von einer Erzählung oder, neudeutsch, einem Narrativ sprechen, das angeblich jeder Staat und jede Nation braucht und das Weimar fehlte: eine aufmunternde heroische Gründungslegende. Das Kaiserreich besaß sie; Politiker, Publizisten, Maler, Historiker hatten sie kreiert und popularisiert. Die Waffenbrüderschaft der deutschen Stämme, so ihre Botschaft, habe den militärischen Sieg über Frankreich erkämpft und ein geeintes Reich geschaffen. Bismarcks Verfassung habe die Reichseinheit, die schon 1848/49 von der Paulskirchenversammlung angestrebt worden sei, in feste Institutionen und rechtsstaatliche Grundsätze gefasst und den Bürgern ein hohes Maß an politischen Mitwirkungsrechten gewährt. Auf diesem Fundament habe sich das Kaiserreich in den über 40 Jahren seines Bestehens militärisch, wirtschaftlich und kulturell zu einem weltweit geachteten und beneideten Machtfaktor entwickelt. Diese Version der Geschichte, millionenfach unters Volk gebracht und in Schulen, nationalen Vereinen und Medien verbreitet, hatte sich in den Köpfen und Herzen der meisten Bürger eingenistet. Dass sie dort auch nach dem Zusammenbruch der Monarchie weiterlebte, bezeugten Carl Heinrich Becker und viele seiner Zeitgenossen.

Demgegenüber hatte es die Weimarer Republik sehr viel schwerer, mit einer kraftvollen Gründungs- und Heldenerzählung aufzuwarten. Weder der gänzlich unheroische militärische und politische Zusammenbruch 1918 noch die Revolution und der ihr folgende Bürgerkrieg taugten zur nachträglichen Mythi-

---

[58] Petra Weber, Goethe und der »Geist von Weimar«. Die Rede Werner Thormanns bei der Verfassungsfeier in der Paulskirche am 11. August 1932, in: Vierteljahrshefte für Zeitgeschichte 46 (1998), S. 109–135, Zitate 125, 132.

sierung. Dennoch hätte man stärker ins Bewusstsein heben können, dass sich sogar die revolutionären Arbeiter- und Soldatenräte mehrheitlich für ein parlamentarisches System entschieden und auf die rasche Einberufung einer verfassunggebenden Nationalversammlung drängten. Damit wäre man dem antilinken Affekt bürgerlicher Kreise entgegengetreten und hätte die Verfassung als ein milieuübergreifendes Gemeinschaftsprojekt präsentiert. Auch die Monate, als die Nationalversammlung in Weimar tagte, während in Berlin bürgerkriegsähnliche Zustände herrschten, hätten sich dafür geeignet, die auf die strukturelle Einhegung solcher Konflikte angelegte Verfassungsarbeit zu würdigen. Mit ein wenig Phantasie hätte man zudem die Zukunftsorientierung auf einen sozialen Volksstaat mit jenem »Pathos einer Echo weckenden Verkündigung« ausstatten können, das der DDP-Abgeordnete Theodor Heuss 1927 vermisste.[59]

Ein solches Framing hätte darüber hinaus geholfen, die rechten Legenden von »Dolchstoß« und »Erfüllungspolitik« zu kontern, die die innenpolitische Situation nachhaltig belasteten und vergifteten. Wenn, wie der liberale Reichstagsabgeordnete Wilhelm Külz 1922 betonte, die »Zwangsverfassung von Versailles« den »Geist« von Weimar überschattete, wäre es umso dringlicher gewesen, das Verfassungswerk stolz ins politische Schaufenster zu stellen, anstatt wie Reichskanzler Wirth 1921 darauf zu warten, dass sein »Geist« allmählich von selber in das Bewusstsein des Volkes einsickerte.[60]

Dass die Möglichkeiten einer positiven Verfassungserzählung ungenutzt blieben, hatte nicht zuletzt damit zu tun, dass

---

59 Laut Heuss fehlte dem 11. August nicht nur »die Erschütterung durch einen eindrucksvollen Geschichtsvorgang«, der »in eine wuchernde Legende« hätte eingehen können. »Es fehlt ihm auch das Pathos einer Echo weckenden Verkündigung, das heimlich Bildhafte eines Geschehnisses, an dem die Phantasie sich entzünden kann« (Theodor Heuß, Verfassungstag, in: Deutsche Republik 1 (1927), S. 616f., Zitat 617).
60 Polzin, Rezeption, Zitat S. 187 (Külz). Auch der *Vorwärts* sah die Ursache für die geringe Akzeptanz der Republik 1921 in »Versailles« (Vorwärts v. 11.8.1921, Abendausgabe, S. 1).

kaum ein politischer Akteur sich eindeutig mit der Verfassung identifizieren mochte. Selbst ein Sozialdemokrat wie Landsberg, der sich immerhin zu seiner Verfassungsliebe bekannte, fügte beinahe entschuldigend hinzu, diese Liebe mache keineswegs blind für die Mängel ihres Objekts.[61] Von rechts bis links meinten viele, 1919 sei lediglich ein »Stückwerk« entstanden, das sich »noch keineswegs bewährt oder gar bessere Verhältnisse geschaffen« habe. Begriffe wie »Kompromiss«, »Notdach«, »Notbehelf« oder »Notbau« waren negativ konnotiert und hoben das Provisorisch-Unfertige hervor. Wer sie gebrauchte, markierte seine Reserve und Distanz zur Verfassung und ließ erkennen, dass er sich etwas ganz anderes, Vollkommeneres wünschte.[62] Der Hinweis, die Verfassung müsse sich erst noch bewähren, bevor man sie anerkennen und achten könne, deutete gleichfalls auf Vorbehalte hin. »Schon im Ton« der Frage, »was das Deutschland der Weimarer Verfassung *geleistet*« habe, entdeckte Reichsinnenminister Severing 1929 zu Recht »eine *negierende* Antwort«.[63]

Was aber wäre nötig gewesen, um den Ton zu ändern? Wie und wodurch hätte die Republik ein bejahendes, anerkennendes, optimistisches »Verfassungsgefühl« her- und auf Dauer stellen können? Die Behauptung, sie habe es nicht versucht, ist

---

61 Buchner, Identität, Zitat S. 342.
62 Oberst a. D. Buddecke, Verfassung und Politik, in: Jenaische Zeitung v. 28.8.1922 (mit den Begriffen »Kompromiß«, »Notbehelf«, »Stückwerk«); von »Notbau« sprach C.M., Und doch Verfassungstag!, in: Vossische Zeitung v. 11.8.1932, S. 2. Der linke Journalist Carl von Ossietzky riet dem »deutschen Demokrat« 1920, sich nicht »so kindisch« über die angeblich »freieste Verfassung der Welt« zu freuen, sondern lieber danach zu fragen, was die Republik bislang für das »demokratische Bewußtsein« und gegen das »geistige Elend« getan habe (Berliner Volks-Zeitung v. 3.1.1920, Morgenausgabe, S. 1). Der »lederne Amtsstil« der Verfassungsfeiern stieß ihn ab (Zum Geburtstag der Verfassung, in: Die Weltbühne v. 6.8.1929, S. 189–191). Jan-Hendryk de Boer u. Manon Westphal, Der Kompromiss in Geschichte und Gegenwart, in: Neue Politische Literatur 68 (2023), S. 140–170.
63 Vorwärts v. 12.8.1929, S. 1.

falsch.[64] Mit den Feiern am 11. August tat sie einen beherzten, im internationalen Vergleich ungewöhnlichen Schritt, die Verfassung zu würdigen und dafür zu werben. Auch wenn es nie zum Nationalfeiertag reichte, war der Verfassungstag doch die einzige offizielle, Jahr für Jahr wiederkehrende Gelegenheit, die Republik und ihr Staatsgrundgesetz ins Zentrum der Aufmerksamkeit zu rücken. Dass man sich anfangs zierte und vor »Pomp und Prunk« zurückschreckte, hatte seinen Grund nicht nur in der Rücksichtnahme auf jene, die abseitsstanden. Es verdankte sich auch dem erklärten Wunsch nach einer neuen politischen Kultur, die die Staatsbürger, anders als im Kaiserreich, nicht durch »Spiele« und pathosreiche Zeremonien beeindruckte und einband, sondern durch den Appell an den »Verstand«.[65]

Hier tat sich eine paradoxe Spannung auf. Denn die Sozialdemokratie, 1919 die Partei mit dem größten Wählerzuspruch, brachte eine jahrzehntelange Übung und Erfahrung mit, wie sie Mitglieder und Wähler durch Feste, Symbole und kommunikative Netze integrieren und mobilisieren konnte. Sie wusste, wie sie Menschen gefühlsmäßig anzusprechen hatte, um sie für ihre Politik zu gewinnen. In die Regierungsverantwortung gelangt, schreckte die Parteiführung indes davor zurück, dieses Wissen einzusetzen und daraus Kapital zu schlagen. Lieber delegierte sie die Aufgabe an ihre Basis, die sich seit 1924 an die Vorwärtsverteidigung der Verfassung begab. Damals waren die härtesten wirtschaftlichen und politischen Schlachten nach Kriegsende geschlagen, die Verhältnisse stabilisierten sich. Die Republik hatte Aufstände und Putsche ebenso überlebt wie

---

64 »Solange jene Weimarer Verfassung theoretisch bestand, wurde nichts getan, ihr Geltung zu verschaffen. Das Volk kannte sie nicht« (Tagesspiegel v. 11.8.1949, S. 1f.). Diese Fehlaussage spiegelte die nach 1945 häufig negative Wahrnehmung der Weimarer Verfassung, deren Mängel man für das Scheitern der Republik verantwortlich machte. S. dazu aber Christoph Gusy, 100 Jahre Weimarer Verfassung. Eine gute Verfassung in schlechter Zeit, Tübingen 2018.
65 Vorwärts v. 22.8.1919, S. 1.

Ruhrbesetzung und Hyperinflation und schien einen ruhigeren Entwicklungspfad einzuschlagen.

Mit der Aktivierung zivilgesellschaftlicher Gruppen und Organisationen, meist aus dem sozialdemokratischen Milieu, teils aus katholischen und linksliberalen Kreisen, erhöhten sich die Chancen, die Verfassung in breiteren Bevölkerungsschichten bekannt und beliebt zu machen. Zugleich intensivierte sich die emotionale Ansprache. Dass man den Bürgerinnen und Bürgern »etwas rein Gedankliches« wie das Staatsgrundgesetz nur dann nahebrachte, wenn man auch ihr »Herz« dafür »erwärmen« konnte, war fortan unbestritten.[66] Das Reichsbanner appellierte an die Kameraden, sogleich in der eigenen Familie mit der Erwärmung anzufangen: »Macht eure Kinder stolz auf den 11. August! Schmückt sie mit den Farben der Republik in gefälligen Bändchen.«[67] Mütter sollten Kuchen backen und die Kinder im Sonntagsstaat kleiden, damit der Verfassungstag zugleich »Spiel, Familienfeier, Religion und politische Kundgebung« werde und »nicht nur im Denken der Menschen, sondern auch in ihrem Fühlen, nicht nur im Kopf, sondern auch im Herzen« seinen Platz finde.[68]

Um die Herzen der Schülerinnen und Schüler kümmerten sich zur selben Zeit republikfreundliche Pädagogen. Setzte der staatsbürgerkundliche Unterricht auf kognitive Fähigkeiten und das »Mittel des Verstandes«, sahen Lehrer im »Erlebnis« schulischer Verfassungsfeiern die Gelegenheit, durch das »Mittel des Gefühls« zu wirken, Kinder und Jugendliche »mit Liebe« für den Staat zu erfüllen und dessen »demokratische Form stark gefühlsmäßig« zu unterfüttern. Leider, so der sozialdemokratische Landesschulrat Hans Espe 1928, habe die Republik »bei der sich

---

66 Eduard Weitsch, 11. August. Zehn Reden zur Verfassungsfeier in Schulen, Breslau 1928, S. 35.
67 Karstädt, Verfassungstag, S. 12.
68 Der Reichsbanner v. 15.8.1926.

häufenden und drängenden Kleinarbeit der ersten Zeit nicht an diese wichtige Erziehungsarbeit gedacht«.[69]

Auch Reichskunstwart Redslob betonte immer wieder, »welchen Wert die in unserer Gegenwart so oft verkannten gefühlsmäßigen Momente haben«. Er stemmte sich damit gegen einen rationalistischen Zeitgeist, der nach Meinung vieler in Wirtschaft, Sport und Kultur mehr und mehr zur Geltung kam.[70] In der Politik mit ihrer prononciert polarisierenden Lagerbildung herrschte allerdings kein Mangel an agitatorischer Leidenschaft und Gefühlsintensität. Sehnten sich die einen, in Erinnerung an den »Geist von 1914«, nach einer warmen Volksgemeinschaft und einem alle Gegensätze überwölbenden Volksstaat, setzten andere auf maximale Konfrontation, bei der der Andersdenkende als hassenswerter Feind und Verräter erschien. Hier einen Mittelweg zu bahnen und für das »auf Volk und Staat gerichtete Fühlen« demokratieverträgliche Formen zu finden, war eine echte Herausforderung.[71]

Die seit 1924 an Popularität gewinnenden Verfassungstage wollten genau das versuchen. Anfänglich rein regierungsamtliche Feiern mit geringer Ausstrahlung über Berlin hinaus, entwickelten sie sich immer mehr zu populären Veranstaltungen, an denen Millionen Menschen im ganzen Land mitwirkten. Während sich die kommunistische Linke fernhielt oder gezielt störte, gab das rechtsbürgerliche Lager seine scharfe Frontstellung gegen die Republik *peu à peu* auf und probte vorsichtig-tastende Annäherungsschritte. Ein Moment, der die potenzielle

---

69 Busch, Staatsbürgerkunde, Zitat S. 199; Espe, Erziehung, S. 638f.
70 Redslob, Feiern, S 56. Zur »Rationalisierung« als Kennzeichnung der 1920er Jahre s. Ute Frevert, Rationalität und Emotionalität im Jahrhundert der Extreme, in: Martin Sabrow u. Peter Ulrich Weiß (Hg.), Das 20. Jahrhundert vermessen, Göttingen 2017, S. 115–140, v.a. 120–130.
71 Thomas Mergel, Führer, Volksgemeinschaft und Maschine. Politische Erwartungsstrukturen in der Weimarer Republik und dem Nationalsozialismus 1918–1936, in: Wolfgang Hardtwig (Hg.), Politische Kulturgeschichte der Zwischenkriegszeit 1918–1939, Göttingen 2005, S. 91–128; May, Massenfeier, S. 67.

Versöhnung sinnfällig zum Ausdruck brachte, war die Vereidigung Paul von Hindenburgs als Reichspräsident 1925. Der bekennende Monarchist, Personifikation des Kaiserreichs und seiner adlig-militärischen Führungsschicht, war aus der Wahl im zweiten Anlauf knapp als Sieger hervorgegangen. Am 12. Mai legte er den Eid auf die republikanische Verfassung ab.

Redslob hatte diesen spannungsreichen Akt im Reichstag minutiös geplant und den Tisch des Parlamentspräsidenten »gleichsam in einen Altar« verwandelt, den die schwarz-rot-goldene Reichsfahne bedeckte.[72] Die Tribünen des Plenarsaals – sie fassten 400 Menschen – waren schon eine Stunde vor der Zeremonie »überfüllt«, wie Harry Graf Kessler vermerkte. Kurz nach dem Eintritt Hindenburgs und des sozialdemokratischen Reichstagspräsidenten Paul Löbe stimmten kommunistische Abgeordnete Hochrufe auf die Sowjetrepublik an und verließen dann im Gänsemarsch den Saal. Rechts und links »eingeklemmt« von Schwarz-Rot-Gold, schwor Hindenburg »Treue der Verfassung« – was zahlreiche der Monarchie verbundene Beamte vor ihm mit dem Argument verweigert hatten, Treue gebe es nur in einer Beziehung zwischen Personen.[73]

»Auffallend« fand Kessler, der sich im Wahlkampf klar gegen Hindenburg und für den Zentrumspolitiker Wilhelm Marx positioniert hatte, den »über Erwarten starken Nachdruck«, den der neue Reichspräsident in seiner anschließenden Erklärung »auf den *republikanischen* und *demokratischen* Charakter der Verfassung, und insbesondere auf die *Volkssouveränität* legte«. Selbst wenn das nur Taktik sei, um das In- und Ausland für sich zu gewinnen, festige sie die Republik, die nun auch in konservativen Kreisen »hoffähig« werde: »Etwas von der Verehrung für ihn wird unvermeidlich darauf abfärben.« Schon jetzt seien die Reichsfarben, die fortan Hindenburgs persönliche Standarte

---

72 Redslob, Feiern, S. 58.
73 Vanessa Conze, Treue schwören. Der Konflikt um den Verfassungseid in der Weimarer Republik, in: Historische Zeitschrift 297 (2013), S. 354–389, v.a. 367, 370f.

schmückten, »viel sichtbarer als bisher. Die Wilhelmstrasse, die sonst nur sehr bescheiden u. notdürftig einige schwarz-rot-goldene Fähnchen zu zeigen wagte, schwimmt heute in Schwarz-Rot-Gold.« Kessler schloss seine Tagebuchnotizen an jenem Dienstag in nachdenklich-optimistischer Stimmung: »Wenn die Republikaner ihre Wachsamkeit u. Einigkeit nicht aufgeben, kann die Wahl Hindenburgs für die Republik und den Frieden sogar noch ganz nützlich werden.«[74]

Vier Jahre später ließ die Regierung zum 10. Jahrestag der Verfassung eine 5-Reichsmark-Gedenkmünze prägen, deren Vorderseite das Profil des Reichspräsidenten zeigte; auf der Rückseite sah man eine Schwurhand und die Schrift »Treu der Verfassung«. Bis 1929 hatte Hindenburgs Treue zur Verfassung gehalten, und die politischen Lager jenseits der Extreme schienen sich aufeinander zuzubewegen. Mit dem kometenhaften Aufstieg der Nationalsozialisten jedoch, die 1932 mehr Wahlstimmen bekamen als die einstigen Weimarer Koalitionsparteien SPD, Zentrum und DDP zusammen, wurde die Treue brüchig, und die Republik sah sich auf nie dagewesene Weise herausgefordert. Die positiven Verfassungsgefühle, die sich durch Feste und Feiern, Bildung und Information bei vielen Bürgerinnen und Bürgern eingestellt hatten, hielten der furiosen Propaganda und dem Heilsversprechen Adolf Hitlers nicht lange stand. Immer mehr Menschen wanderten ins Lager derer ab, die der Republik und ihrem politischen Personal das Vertrauen entzogen und auf einen radikalen Regimewechsel setzten.

Als Hindenburg Hitler im Januar 1933 zum Reichskanzler ernannte, war das Ende der Weimarer Republik besiegelt. Zwar

74 Kessler, Tagebuch, Bd. 8, S. 685f. Laut Hagen Schulze, Weimar. Deutschland 1917–1933, Berlin 1982, S. 297, hatte Hindenburg die Verfassung erst kurz vor der Vereidigung gelesen und sie gar nicht so schlecht gefunden. Sein Bekenntnis zur Republik während der Vereidigung richtete sich nach innen ebenso wie nach außen, wo man über seine Wahl besorgt war. Die französische Zeitung *Le Temps* schrieb am Tag nach der Wahl, Deutschland habe damit die Maske abgelegt, die manche an seine »sentiments républicains et démocratiques« habe glauben lassen (Le défi allemand, in: Le Temps v. 28.4.1925).

Gedenkmünze zum 10. Jahrestag der Verfassung, 1929

schwor auch der neue Kanzler der Verfassung Treue. Aber er gab, wie allseits bekannt, keinen Pfifferling darauf. Ab sofort leisteten auch Beamte ihren Eid nicht mehr auf die Verfassung, sondern auf »Volk und Vaterland«. Nach Hindenburgs Tod 1934 änderte sich die Eidesformel erneut. Wie im Kaiserreich dem Monarchen gelobte man nun dem die höchsten Staatsämter vereinigenden »Führer«, ihm »treu und gehorsam« zu sein; von der Verfassung war nicht einmal mehr die Rede.

Offiziell abgeschafft wurde sie allerdings auch nicht. Das mag den Kurator der Universität Halle im Mai 1933 bewogen haben, beim preußischen Kultusminister Bernhard Rust anzufragen, »ob die Verfassungsfeier fernerhin stattfinden und gegebenenfalls in welchem Rahmen sie erfolgen soll«. Die Antwort kam postwendend: »Selbstverständlich« sei es »in einer Zeit vollständiger Verfassungsneubildung unmöglich«, wie bisher eine Verfassungsfeier zu veranstalten. »Diese Sachlage«, fügte Rust indigniert hinzu, »ist so selbstverständlich, daß es einer Anfrage nicht bedurft hätte«.[75]

---

75 Poscher, Verfassungstag, Zitat S. 34f. S. auch Peter Hoeres, Repräsentation und Zelebration. Die Symbolisierung der Verfassung im ausgehenden 19. und 20. Jahrhundert, in: Der Staat 53 (2014), S. 285–311, v.a. 298ff.

Statt den Reichstag, der seit dem Verbot aller anderen Parteien im Juli 1933 nur noch aus Nationalsozialisten und deutschnationalen Gästen bestand, mit der Aufgabe zu betrauen, die »Verfassungsneubildung« in Angriff zu nehmen, betrieb das Regime den »Aufbau einer Führerverfassung«. Sie bedurfte, wie der NS-Jurist Herbert Krüger darlegte, keiner Kodifikation. Ihr Inhalt, das Verhältnis von Führer und Gefolgschaft, erschloss sich nicht durch geschriebenes Recht, denn Führer und Volk stünden »auf unzähligen unsichtbaren und unfaßlichen Leistungen miteinander in Verbindung«.[76] »Führer befiehl, wir folgen Dir« war im Dritten Reich nicht bloß eine Liedzeile, sondern Ausdruck einer propagandistisch verbreiteten und weithin akzeptierten emotionalen Beziehung, die jedes einzelne Mitglied der Volksgemeinschaft mit Hitler unterhielt. Dafür brauchte es keine gesatzten Regeln: Die Liebe zum Führer stellte die Liebe zur Verfassung, an der in den 1920er Jahren so beharrlich gearbeitet worden war, unmissverständlich in den Schatten.

---

76 Herbert Krüger, Der Aufbau der Führerverfassung, in: Deutsches Recht. Zentral-Organ des Bundes Nationalsozialistischer Deutscher Juristen 5 (1935), S. 210–212. Krüger, der schon 1933 der SS beitrat, wurde 1940 ordentlicher Professor an der Heidelberger Universität. Nachdem er 1945 seinen Lehrstuhl an der Reichsuniversität Straßburg verlor, setzte er seine Karriere als Staatsrechtsprofessor in der Bundesrepublik fort, seit 1955 an der Hamburger Universität. Schon 1950 publizierte er wieder über Verfassungslehre, nun ohne NS-Jargon.

V. Gesamtdeutsch oder gedoppelt? Mit oder ohne Volk? Verfassungskonkurrenzen 1946/49

Im Mai 1945, als die Wehrmacht kapitulierte und alliierte Truppen das Land besetzten, stand Deutschland ohne geliebten Führer und ohne gelebte Verfassung da. Zwar hatten sich Emigranten und Widerstandskämpfer schon länger Gedanken über eine postfaschistische politische Ordnung gemacht. An Ideen zur Gründung einer zweiten Republik mangelte es nicht. Doch die Siegermächte des Zweiten Weltkriegs traten erst einmal aufs Bremspedal. Auf ihrer Potsdamer Konferenz im Sommer 1945 kamen die USA, Großbritannien und die Sowjetunion überein – Frankreich wurde erst später in den Kreis aufgenommen –, »bis auf weiteres« keine zentrale deutsche Regierung zuzulassen. An ihrer Stelle übte ein Alliierter Kontrollrat in Berlin die höchste Gewalt aus. Er setzte sich aus den vier militärischen Oberbefehlshabern zusammen, die einzeln in ihrer jeweiligen Besatzungszone und gemeinsam in allen »Deutschland als Ganzes betreffenden Fragen« das Sagen hatten.

»Deutschland als Ganzes«: Das war damals eher theoretisches Konstrukt als Realität. Je schärfer sich die politisch-ideologischen Spannungen zwischen Stalins Sowjetunion auf der einen Seite und den drei westlichen Regierungen auf der anderen konturierten, desto schwächer und poröser wurde das Konstrukt. Niemand verabschiedete sich offiziell davon, alle legten Lippenbekenntnisse zur staatlichen Einheit des vierfach geteilten Landes ab. Vor allem die Deutschen selber hielten, im Osten wie im Westen, eisern daran fest, die Teilung rückgängig machen zu wollen. Nicht zuletzt die Pläne und Deliberationen zu einer neuen Verfassung, hier wie dort unter intensiver wechselseitiger Beobachtung und Konkurrenz, galten einer gesamtdeutschen Lösung. Zugleich war allen Beteiligten klar, dass die ost-westliche Verfassungsarbeit zunächst einmal das Gegenteil bewirken und den Zustand der Teilung auf unbestimmte Zeit verlängern würde.

Dabei war der erste Schritt zur politischen Reorganisation – die Bildung von Ländern in den Besatzungszonen – eher unverdächtig. Den Anfang machten die Amerikaner, die Ende Juni 1946 Wahlen zu verfassunggebenden Landesversammlungen anberaumten. Kurz darauf traten diese Versammlungen in Stuttgart, München und Wiesbaden zusammen und erarbeiteten Verfassungen für Württemberg-Baden, Bayern und Hessen. Mit dem Einverständnis der US-Militärregierung wurden diese Verfassungen in Volksabstimmungen bestätigt. Auf ihrer Grundlage konstituierten sich alsdann Regierungen und Parlamente der jeweiligen Länder.[1]

In der Sowjetischen Besatzungszone (SBZ) fanden im Oktober 1946 Landtagswahlen statt, aus denen die Sozialistische Einheitspartei (SED), zu der sich KPD und SPD im April zusammengeschlossen hatten, überall als stärkste Partei hervorging. Christdemokraten und Liberale zusammen blieben knapp dahinter zurück. Aber schon im Sommer drängte Walter Ulbricht als kommunistischer Chefstratege auf eine gesamtdeutsche Offensive. Während sich die Sowjetische Militäradministration

---

1 Barbara Fait, »In einer Atmosphäre von Freiheit«. Die Rolle der Amerikaner bei der Verfassunggebung in den Ländern der US-Zone 1946, in: Vierteljahrshefte für Zeitgeschichte 33 (1985), S. 420–455. Zur britischen Zone Volker Koop, Besetzt. Britische Besatzungspolitik in Deutschland, Berlin 2007, zur französischen Jochen Thies u. Kurt von Daak, Südwestdeutschland Stunde Null. Die Geschichte der französischen Besatzungszone 1945–1948, Düsseldorf 1979. Zu den Länderverfassungen Bernhard Diestelkamp, Verfassunggebung unter Besatzungsherrschaft in Westdeutschland 1945–1949, in: Heinz Mohnhaupt (Hg.), Rechtsgeschichte in den beiden deutschen Staaten (1988–1990), Frankfurt 1991, S. 650–674; Frank R. Pfetsch, Ursprünge der Zweiten Republik. Prozesse der Verfassungsgebung in den Westzonen und in der Bundesrepublik, Opladen 1990.

(SMAD) bedeckt hielt, beauftragte Ulbricht den Juristen Karl Polak, die föderalistischen Tendenzen im Westen publizistisch zu attackieren und eine Verfassung für ganz Deutschland zu entwerfen. Polak, der als Jude 1933 in die Sowjetunion emigriert war und dort an der stalinistischen Verfassung von 1936 mitgearbeitet hatte, nahm den Auftrag an.[2] Im August 1946 schickte Ulbricht den Text an die SMAD. Als eine Antwort ausblieb, hakte er einen Monat später nach. Es reiche nicht mehr, wie bisher »nur Kritik an den Verfassungen im Westen zu üben«, weil der Osten damit ins Hintertreffen gerate.[3]

Inzwischen hatte der amerikanische Außenminister James Byrnes mehrfach dafür plädiert, möglichst bald eine vorläufige gesamtdeutsche Regierung aus den Ministerpräsidenten aller Länder zu bilden und sie zu beauftragen, eine Bundesverfassung zu entwerfen. Nach Genehmigung des Entwurfs durch den Alliierten Kontrollrat sollte dann eine frei gewählte Nationalversammlung die endgültige Verfassung erarbeiten und dem Volk zur Abstimmung unterbreiten. Dieses Szenario verstärkte den Druck auf die SED, »in einem eigenen Projekt unseren eigenen Standpunkt« darzulegen. Das tat sie gut zwei Wochen nach Byrnes' Stuttgarter Rede im September 1946. In einer im *Neuen Deutschland* abgedruckten Grundsatzerklärung entwickelte die Partei ihre Vorstellungen für die gesamtdeutsche Zukunft und stellte eine Liste von »Grundrechten des deutschen Volkes« zur Diskussion. Die im Anschluss veröffentlichten Zuschriften waren allesamt positiv: Frauen bedankten sich für die versprochene Gleichberechtigung, Pfarrer sahen die Unabhängigkeit der Kirchen gewahrt. Zwischen den Zeilen aber schien durch, dass der »offene Meinungsaustausch«, den die SED in Aussicht ge-

---

2 Michael F. Scholz, Verfassungsdiskussionen in der Sowjetischen Besatzungszone 1946/47 und die KPD-Remigranten, in: Claus-Dieter Krohn u. Martin Schumacher (Hg.), Exil und Neuordnung, Düsseldorf 2000, S. 253–278.
3 Heike Amos, Die Entstehung der Verfassung in der Sowjetischen Besatzungszone/DDR 1946–1949. Darstellung und Dokumentation, Münster 2006, Zitat S. 53f. (Ulbricht).

stellt hatte, nicht ganz nach Wunsch verlief. Im doppelten Konjunktiv gab etwa der Rektor der Berliner Universität Johannes Stroux sein Statement ab:

> Hätten wir Deutsche schon mehr Vertrauen in unsere Zukunft und in die Möglichkeiten unserer neuen sozialen und politischen Ordnung, so müßte die Verkündigung der »Grundrechte des deutschen Volkes« uns alle aufs tiefste aufrühren und unsere leidenschaftliche Diskussion entfachen.[4]

Offenbar tat sie das nicht – wobei es keineswegs nur an Vertrauen in die Zukunft fehlte. Auch die erlebte Gegenwart ein Jahr nach Kriegsende bot den meisten Menschen wenig Anlass, sich leidenschaftlich für Verfassungsprinzipien zu engagieren. Viele Männer befanden sich in Kriegsgefangenschaft oder waren vermisst, Millionen Flüchtlinge aus den Ostgebieten suchten eine Bleibe, in den ausgebombten Städten türmten sich die Trümmerberge, die Grundversorgung mit Lebensmitteln, Wohnraum, Heizmaterial gelang, wenn überhaupt, nur lückenhaft. Hinzu trat die Angst vor allgegenwärtigen Repressalien der Besatzungsmacht. Selbst wenn die Vergewaltigungsorgien der Roten Armee inzwischen eingedämmt waren, blieb die Ungewissheit, wer als nächstes »feindliches Element« in den Speziallagern des NKWD verschwinden würde. Das war nicht die Zeit, in der man sich von abstrakten politischen Debatten »aufs tiefste aufrühren« ließ.

Dennoch beharrte die SED darauf, die Verfassungsarbeit fortzusetzen und den Westen zu zwingen, »sich mit unseren Gedankengängen zu beschäftigen«.[5] Eine parteiinterne Kommission unter dem Vorsitz des vormaligen Sozialdemokraten Otto Grotewohl machte sich Polaks Entwurf zu eigen und leitete ihn an den Parteivorstand weiter, der darüber Mitte November

---

4 Neues Deutschland v. 8. 10. 1946, S. 2.
5 Marcus Howe, Karl Polak. Parteijurist unter Ulbricht, Frankfurt 2002, Zitat S. 65 (Grotewohl).

1946 beriet. Dass sich der Text in großen Teilen wie die Weimarer Reichsverfassung las, fanden viele irritierend. Auch der sächsische Landesvorsitzende Wilhelm Koenen, zwischen 1920 und 1932 Reichstagsabgeordneter der KPD, berichtete von Genossen, die das verwunderte. Er selber aber habe sich »innerlich darüber gefreut, daß sogar hier dieser Eindruck entstand, und ich halte es für die Psychologie und für die Agitation draußen für nicht schlecht, wenn dieser Eindruck entsteht«. In Wirklichkeit gebe es »verdammt starke fundamentale Unterschiede«, vor allem die Ablehnung der Gewaltenteilung, den Verzicht auf einen Präsidenten und die zentralistische Tendenz.[6]

Polak hatte sich tatsächlich über weite Strecken eng an den Weimarer Text gehalten und die Artikel über individuelle Freiheitsrechte oder zur Rolle der Kirchen fast wörtlich übernommen, ergänzt durch soziale Rechte auf Arbeit, Erholung und Urlaub. Das bedeutete eine klare politische Vorentscheidung, die sowohl die SED als auch die Besatzungsmacht akzeptierten. Anders als in den übrigen Staaten, die 1944/45 unter sowjetische Vorherrschaft gerieten und allesamt Verfassungen nach stalinistischem Muster verabschiedeten, musste man im geteilten Deutschland behutsamer vorgehen.[7] Sollte eine gesamtdeutsche Verfassung auch in den Westzonen zustimmungsfähig sein, schien es ratsam, an nationale Traditionen anzuknüpfen. Dafür kam nur das Weimarer Verfassungswerk in Frage, das vielen noch aus eigener Erfahrung vertraut war. Auch Stalin befand, die neue deutsche Verfassung dürfe nicht zu kommunistisch ausfallen. Statt »Leute abzustoßen«, müsse man »die ganze Bevölkerung« dafür gewinnen und »eine psychologische Grundlage für die Herstellung der Einheit Deutschlands« schaffen.[8]

---

6 Amos, Entstehung, Zitate S. 68 (Koenen).
7 Paul Friedrich u. Holger Geisler, Die Verfassung der DDR vom 7. Oktober 1949 im Spiegel des politischen und rechtlichen Willensbildungsprozesses, in: Mohnhaupt, Rechtsgeschichte, S. 675–702, hier 696.
8 Amos, Entstehung, Zitat S. 152 (Stalin).

In diesem Sinn, und mit konstanter Blickrichtung gen Westen, startete die SED eine aufwendige Kampagne zur Popularisierung ihres gesamtdeutschen Verfassungsentwurfs. Sein Text wurde 400.000mal gedruckt, Grotewohls Broschüre dazu erschien in 250.000 Exemplaren. Die Tagespresse berichtete, Flugblätter erläuterten einzelne Artikel (»Frauen sind gleichberechtigt«), es gab Ansprachen im Rundfunk und Kurzfilme im Kino. Auch »interessierte Kreise im Westen« erhielten Post aus Ostberlin, doch die meisten beantworteten sie nicht.[9]

In den westlichen Besatzungszonen war die Skepsis gegenüber den Entwicklungen in der SBZ stetig gewachsen. Die aus Sicht der SPD erzwungene Vereinigung der linken Parteien zur SED hatte unter Sozialdemokraten die Alarmglocken schrillen lassen. In der CDU und bei den Liberalen spürte man den zunehmenden Druck, unter dem die Schwesterparteien östlich der Elbe standen und der sie Schritt für Schritt in »Blockparteien« unter SED-Kuratel verwandelte. Nur die KPD, die bei den westlichen Landtagswahlen 1946/47 immerhin zwischen knapp 5 und 14 Prozent der Stimmen bekam, zeichnete die Zustände im Osten in rosigen Farben.

Mit eigenen gesamtdeutschen Verfassungsplänen hielten sich die West-Parteien merklich zurück. Zum einen sahen sie wenig Sinn darin, solche Pläne unter den Bedingungen der Besatzung und angesichts divergierender Positionen bei den Besatzungsmächten zu schmieden. Zum anderen konnten sie nicht damit rechnen, dafür große Zustimmung in der Bevölkerung zu erhalten. Schon die Wahlen zu den verfassunggebenden Länderversammlungen trafen auf vergleichsweise wenig Resonanz. In Württemberg-Baden lag die Wahlbeteiligung bei 67,5 Prozent; fast jeder und jede dritte Wahlberechtigte, bedauerte der Karlsruher Zeitungsverleger Wilhelm Baur, seien aus »Mutlosigkeit und Resignation« nicht zur Wahl gegangen und hätten sich »in die politische Uninteressiertheit zurückgeflüchtet«. Dass mit

9 Ebd., S. 72 ff.

Abstimmung über die Landesverfassung 1946:
Wahlinstruktionen der *Badischen Neuesten Nachrichten*

der künftigen Länderverfassung, »mitten in einer Zeit der Wirrnisse, des seelischen Durcheinanders und der ungeheuersten wirtschaftlichen Not«, ein neues demokratisches Gemeinwesen entstehe, sei vielen entweder nicht bewusst oder gleichgültig.[10]

Als fünf Monate später über die Zusammensetzung des Stuttgarter Landtags und die Annahme der Verfassung abgestimmt

10 Badische Neueste Nachrichten v. 23.11.1946; Pfetsch, Ursprünge, S. 37.

wurde, gingen zwar mehr Menschen zur Wahl. Sie interessierten sich aber weniger für die Verfassung als für die Zusammensetzung des künftigen Landtags, denn die für das Plebiszit abgegebenen Stimmen blieben weit hinter den Parteistimmen zurück. Selbst Personen, bei denen, wie Baur meinte, »politischer Sinn vorauszusetzen gewesen wäre«, hätten sich kaum »oder zumindestens völlig unzureichend mit dem Inhalt der Verfassung vertraut gemacht«. An fehlenden Informationen konnte das nicht gelegen haben; Baurs *Badische Neueste Nachrichten* hatten fast täglich über die Verfassungsberatungen berichtet.[11]

Sie hatten das auch deshalb getan, weil, so die Annahme, eine hohe Bürgerbeteiligung am Volksentscheid das »für allen Fortschritt zum Besseren nötige Maß an Vertrauen und Ansehen bei den anderen, auf deren guten Willen wir angewiesen sind, fördert und vermehrt«.[12] Die anderen: Das waren die Militärgouverneure und ihre Verwaltungsstäbe, von deren Entscheidungen alles abhing. In dem Maße, in dem ihr Vertrauen in die Demokratiefähigkeit der Deutschen wuchs, würde sich, davon war nicht nur CDU-Mitglied Baur überzeugt, ihre Politik ändern und mehr Raum für Selbstbestimmung und Selbstregierung gewähren. Die Ergebnisse der Verfassungsplebiszite rechtfertigten solche Hoffnungen nur bedingt. Bei Zustimmungsraten zwischen 87 (in Württemberg-Baden) und 53 Prozent (in Rheinland-Pfalz) blieb das Quorum, also der Anteil der Ja-Stimmen an der Zahl der Stimmberechtigten, überall unter 50 Prozent.[13]

Allerdings schauten die westlichen Besatzungsmächte nicht nur und nicht einmal in erster Linie auf den Demokratiepegel der Deutschen, als sie seit 1947 die Gründung eines Weststaats in ihren Zonen vorbereiteten. Wichtiger war die politische Großwetterlage, die immer stärker von den Konflikten mit der Sowjetunion bestimmt wurde und in einen Kalten Krieg mün-

11   Badische Neueste Nachrichten v. 26.11.1946, S. 2.
12   Ebd. v. 23.11.1946.
13   Otmar Jung, Daten zu Volksentscheiden in Deutschland auf Landesebene (1946–1992), in: Zeitschrift für Parlamentsfragen 24 (1993), S. 5–13.

dete, der mehr als einmal in einen heißen umzuschlagen drohte. Auch und gerade in der Deutschlandpolitik gingen die Vorstellungen weit auseinander. Wünschte die Sowjetunion eine zentralistische Struktur, plädierten die Westmächte, allen voran die USA und Frankreich, für einen bundesstaatlichen Aufbau. Über Wirtschaftsfragen konnte man sich ebenso wenig einigen, wie die Moskauer Außenministerkonferenz im Frühjahr 1947 und ihre Londoner Nachfolgerin im Winter zeigten.

In dieser verfahrenen Situation rief die SED auf Weisung Moskaus zu einem »deutschen Volkskongreß für Einheit und gerechten Frieden« auf, der Anfang Dezember, zeitgleich mit der Londoner Konferenz, in Ostberlin tagte und die sowjetischen Positionen demonstrativ bekräftigte. Im März 1948 trat er unter der Losung »Von der Paulskirche bis zum Volkskongreß« erneut zusammen; von den 2.000 Delegierten kam jeder vierte, überwiegend KPD-Mitglieder, aus den Westzonen. Der vom Kongress gewählte Volksrat definierte sich vollmundig als »einzige nationale Repräsentation des deutschen Volkes« und stellte sich, exakt hundert Jahre nach der Revolution von 1848, in die bürgerliche Tradition der Frankfurter Nationalversammlung – auch dies ein Wink mit dem Zaunpfahl gen Westen. Unter dem Vorsitz Grotewohls richtete der Volksrat einen Verfassungsausschuss ein und führte die Diskussion fort, die die SED im Vorjahr hatte auslaufen lassen. Stalin gab sein Plazet und sah darin einen »Hebel für die Vorbereitung der Massen auf die Einheit Deutschlands«. Allerdings würde dies ein »langwieriger Prozeß sein« und »einige Jahre« in Anspruch nehmen. »Agitation und Propaganda« dürften deshalb nicht nachlassen.[14]

Daran ließ es die SED nicht fehlen. Wie schon 1946 lancierte sie Broschüren in riesigen Mengen, gab Plakate in Auftrag und organisierte Wander- und Fotoausstellungen. Schulen und Universitäten wurden angewiesen, sich mit den Verfassungsgrund-

---

14 Petra Weber, Getrennt und doch vereint. Deutsch-deutsche Geschichte 1945–1989/90, Berlin 2020, S. 138–140; Amos, Entstehung, S. 144ff., Zitat 152 (Stalin).

In Ostberlin tagt der Deutsche Volkskongress, 1947–1949

sätzen eingehend zu beschäftigen. Rundfunkprogramme und Kinofilme komplettierten den Maßnahmenkatalog. Politisches Interesse für die Verfassung zu wecken, so Karl Polak, unterschied 1948 von 1919. In Weimar sei das Volk nicht beteiligt

worden (was stimmte) und habe sich unter anderem deshalb von der Republik entfremdet (fraglich).¹⁵

15 Amos, Entstehung, S. 153, Zitate 166 (Polak).

Volksferne warf die SED auch den westdeutschen Verfassungsberatungen vor, die am 10. August 1948 auf der Insel Herrenchiemsee im bayerischen Alpenvorland begannen. Vorangegangen war ein dramatisches Tauziehen zwischen Besatzungsmächten, Ministerpräsidenten und Parteivorständen. Am 1. Juli hatten die drei Militärgouverneure den elf Länderchefs den Beschluss ihrer Regierungen mitgeteilt, die Westdeutschen sollten eine bundesstaatliche Verfassung ausarbeiten, auf der eine »mit den Mindestanforderungen der Besetzung und der Kontrolle« zu vereinbarende Selbstregierung aufbauen könnte. Die Ministerpräsidenten waren davon alles andere als begeistert. Manche fürchteten, die Gründung eines Weststaats würde die Tür zu einer gesamtstaatlichen Lösung zuschlagen. Andere nahmen Anstoß an einer Verfassunggebung unter dem Vorbehalt der Besatzungsmächte; ohne eigene Souveränität könne man allenfalls ein provisorisches Organisationsstatut verabschieden.[16] Wie stark diese Kontroverse in außenpolitische Konflikte eingebettet war, spiegelte sich im Vorwurf des amerikanischen Gouverneurs Lucius Clay, die Westdeutschen würden mit ihrer Obstruktion »den Russen einen Trumpf in die Hand« spielen. Nicht zuletzt unter dem Eindruck der sowjetischen Berlin-Blockade und des eindringlichen Plädoyers Ernst Reuters, Berlins künftigem Oberbürgermeister, für die Gründung eines Weststaats gaben die Ministerpräsidenten nach und beriefen den Verfassungskonvent ein.[17]

Dessen Mitglieder, allesamt Juristen männlichen Geschlechts, wurden von den Länderparlamenten in das Vor-Gremium delegiert. Kurz hatte man auch darüber nachgedacht, ostdeutsche Repräsentanten hinzuzuziehen, diesen Gedanken aber verworfen, weil man an deren Legitimation zweifelte und eine Diskussion über den Verfassungsentwurf der SED vermeiden wollte.

16 Petra Weber, Carlo Schmid 1896–1979. Eine Biographie, München 1996, S. 330–350; Michael F. Feldkamp, Der Parlamentarische Rat 1948–1949. Die Entstehung des Grundgesetzes, Göttingen 2019, S. 19–35.
17 Weber, Getrennt, S. 142 ff., Zitat 143 (Clay).

Schmuckblatt zur Erinnerung an den Verfassungskonvent
vom 10. bis 24. August 1948 auf Herrenchiemsee

Stattdessen einigten sich die Experten innerhalb von 14 Tagen auf einen eigenen Entwurf mit insgesamt 149 Artikeln. Er bildete die Grundlage der Beratungen, die am 1. September 1948 im Bonner Parlamentarischen Rat über die Abfassung eines »Grundgesetzes« begannen. Die von den Länderparlamenten ernannten Ratsmitglieder – 61 Männer, vier Frauen, die fünf Berliner Abgeordneten besaßen kein Stimmrecht – waren im Durchschnitt 55 Jahre alt; fast alle blickten auf politische Erfahrungen in der Weimarer Republik zurück. SPD- und CDU/CSU-Mitglieder hielten sich zahlenmäßig die Waage, für die kleineren Parteien waren elf Sitze reserviert. Zum Präsidenten wählten sie Konrad Adenauer, damals Vorsitzender der CDU in der britischen Zone. Die inhaltliche Arbeit lag hauptsächlich in den Händen des Sozialdemokraten Carlo Schmid, der als Tübinger Professor für Öffentliches Recht über juristischen Sachverstand verfügte, aber auch politische Kompromisse schließen konnte.

Hatte man anfangs mit einer kurzen Beratungszeit gerechnet, saßen die Abgeordneten am Ende doch mehr als neun Monate beisammen. Erst am 8. Mai 1949, genau vier Jahre nach der deutschen Kapitulation, fand die Schlussabstimmung statt. Dass es so lange dauerte, sich auf einen Text zu einigen, lag weniger an konträren Parteipositionen. Sie gab es zwar, doch fanden die Fachausschüsse dafür meist einvernehmliche Lösungen. Größere Probleme bereiteten die Interventionen der Militärgouverneure. Diese ließen keinen Zweifel daran, dass sie einer zentralistischen Struktur niemals zustimmen würden. Schon im November 1948 schickten sie einen Warnschuss, Anfang März 1949 kam es zum offenen Eklat: Die Alliierten lehnten den ihnen vorgelegten und vom Rat bestätigten Grundgesetzentwurf ab. Sie störten sich vor allem an dem aus ihrer Sicht unausgewogenen Bund-Länder-Verhältnis, das dem Bund zu viele Rechte (Gesetzgebung, Finanzverwaltung) einräumte.

Der alliierte Einspruch löste eine ernste Krise aus. Während die bayerische CSU jubelte, drängte der SPD-Parteivorstand unter Kurt Schumacher, die Verfassungsberatungen abzubrechen und das unwürdige Schauspiel »mit gebeugten Knien und gekrümmten Rücken« zu beenden. Auch im Rat fragten sich Abgeordnete der SPD und CDU, ob man »überhaupt noch mitmachen« könne. Wie sollte ein Kompromiss aussehen, der die

Großes Publikumsinteresse bei der konstituierenden Sitzung des
Parlamentarischen Rates am 1. September 1948

Funktionsfähigkeit des neuen Staates mangels finanzpolitischer und legislativer Kompetenzen nicht von vornherein in Frage stellte? Ob sich die ausgesprochen schroff auftretenden Militärgouverneure überhaupt auf einen Kompromiss einlassen oder bei ihrer harten Haltung bleiben würden, war ebenfalls ungewiss.[18]

18 Weber, Carlo Schmid, S. 351–374, Zitate 383 (Schumacher), 375 (Schmid); Feldkamp, Rat, S. 122 ff., 131 ff., 163 ff. Carlo Schmid sprach im Radio Frankfurt davon, die Interventionen der Alliierten liefen auf eine »Atomisierung der deutschen Republik auf allen wichtigen Lebensgebieten« hinaus (Badische Neueste Nachrichten v. 23.4.1949).

In dieser hochdramatischen Situation kam erneut Post aus Ostberlin. Schon im Februar hatte die SED einigen Mitgliedern des Parlamentarischen Rates einen Plan des einflussreichen SMAD-Beraters Wladimir Semjonow zugeleitet, der ein geeintes, entmilitarisiertes und neutrales Deutschland als Alternative zur Weststaatsgründung in Aussicht stellte. Auch der Volkskongress forderte die Aussetzung der Bonner Verfassungsberatungen, da sie auf die Spaltung der Nation hinausliefen und zudem sehr viel undemokratischer angelegt seien als im Osten. Schließlich finde in der Bevölkerung der SBZ eine rege Aussprache über die jeweiligen Entwürfe statt, während der Bonner Rat unter Ausschluss der Öffentlichkeit tage.[19]

Ersteres stimmt, Letzteres nur halb. Tatsächlich berieten die Fachausschüsse des Parlamentarischen Rates unter sich, doch wurde zum Ende jedes Tages eine Pressekonferenz anberaumt. Plenarsitzungen waren generell öffentlich und entsprachen damit der journalistischen Forderung, der Öffentlichkeit möge »durch eingehende Unterrichtung Gelegenheit gegeben« werden, sich von den Verhandlungen »ein genaues *Bild*« zu machen.[20] Das lag auch im Interesse vieler Abgeordneter. Nicht nur Ernst Reuter wünschte sich eine »umfassende Berichterstattung«: »Vom ersten Tage an muß diese neue Verfassung zu einer Sache gemacht werden, die dem Volke und nicht nur den Parlamentariern am Herzen liegt.«[21] Besonders den Berlinern war Publizität wichtig. Während die von der SED dominierte Volkskongressbewegung ihre »Deutsche Verfassung« ab Oktober 1948 überall zur Diskussion stellte, sei aus Bonn, tadelte der sozialdemokratische

---

19 So Grotewohl in einem ADN-Interview Mitte Februar 1949 (Amos, Entstehung, S. 291).
20 Badische Neueste Nachrichten v. 4.9.1948, S. 2. Die Zeitung hatte schon über den Verfassungskonvent fast täglich und meist auf der ersten Seite berichtet. *DER SPIEGEL* lobte die mustergültige Organisation am Bonner Tagungsort inklusive der »20 Telephonzellen der Zeitungsleute« (DER SPIEGEL v. 4.9.1948, S. 3).
21 Ernst Reuter, Der Parlamentarische Rat, in: ders., Artikel, Briefe, Reden 1946 bis 1949, hg. v. Hans J. Reichhardt, Berlin 1974, S. 475 (der Artikel erschien am 6.9.1948).

Politiker Otto Suhr, kaum etwas zu hören. Angesichts der anstehenden Wahlen für die Berliner Stadtverordnetenversammlung brauche man deutlich mehr »dramatic action«. Carlo Schmid berief daraufhin eine Plenarsitzung ein und bekräftigte, »daß ohne eine sehr weite Beteiligung der deutschen Öffentlichkeit an unseren Beratungen unser Volk an unserem Werk nicht das Interesse nehmen wird, das ihm gebührt«.[22]

Dass man, wie der Christdemokrat Adolf Süsterhenn sekundierte, dem »weitgehenden Desinteressement« der Bevölkerung an der Verfassungsarbeit entgegenwirken müsse, war leichter gesagt als getan. Manche Chefredakteure schätzten das, was in Bonn passierte, als eher unbedeutend ein und zogen ihre Reporter bald wieder ab. Über den Parlamentarischen Rat zu berichten, erschien als »schöner Zeitvertreib für Historiker und Staatsrechtler«, blende aber die wirklich drängenden Fragen aus: »Wie Karl Arnold und Heinrich Lübke in Düsseldorf mit den Ernährungssorgen und den Demontageplänen fertig würden«, erinnerte sich ein damals für den Berliner *Kurier* schreibender Journalist 30 Jahre später, »hatte für uns als Berichterstatter klaren Vorrang«.[23] Selbst wohlmeinende Kollegen mit historischem oder staatsrechtlichem Interesse standen vor dem Problem, die Bonner Ereignisse so zuzuspitzen, dass daraus »dramatic action« wurde. Viele der im Rat behandelten Punkte waren eher unkontrovers, strittige Sachfragen aber oft zu kompliziert, um einfach und knackig vermittelt zu werden. Wie sollte man das, was *DER SPIEGEL* als »Grundproblem« identifizierte – »gemäßigter oder extremer Föderalismus« –, in griffige Formeln packen? Oder die Unterschiede zwischen einem »Bundesrat« und einem »Senat«, wie ihn Schmid bevorzugte, so aufbereiten, dass dem Lesepublikum die jeweiligen Folgen für den Staatsaufbau klar vor Augen standen? Zu einer solchen kleinteiligen

---

22 Der Parlamentarische Rat 1948–1949. Akten und Protokolle, Bd. 9, München 1996, S. 176, 179, 187 (Süsterhenn). Die Sitzung fand am 20.10.1948 statt.
23 Dieter von König, Der lange Arm der Verfassungsväter, in: Deutsches Allgemeines Sonntagsblatt v. 27.8.1978, S. 3.

Übersetzungsarbeit waren die meisten Pressevertreter weder bereit noch fähig. Auch *DER SPIEGEL* tratschte lieber über die Rolle, die der Parlamentarische Rat und seine Mitglieder im rheinischen Karneval spielten, oder schnappte eins von Schmids »berühmten Bonmots« auf.[24]

Dass es der Rat in die Büttenreden rheinischer Karnevalisten schaffte und zum beliebten Objekt des politischen Narrenwitzes wurde, zeugt immerhin davon, dass seine Arbeit doch nicht so unscheinbar und uninteressant war, wie oft behauptet. Auch die Presse berichtete relativ häufig und druckte Meinungsartikel seiner Mitglieder ab. Der Nordwestdeutsche Rundfunk als größte Sendeanstalt in den Westzonen installierte am Tagungsort sogar ein Studio und strahlte wöchentlich die Sendung »Aus der Arbeit des Parlamentarischen Rates« aus.[25] Wer sich also über die Verfassungsberatungen informieren wollte, konnte das auf vielfältige Weise tun.

Darüber hinaus gab es die Möglichkeit, sich mit Eingaben an den Rat zu wenden, wovon zahlreiche Bürgerinnen und Bürger Gebrauch machten. 5.131 solcher Eingaben, bilanzierte *DER SPIEGEL* im Mai 1949, seien in Bonn eingegangen. Viele betrafen das Wahlrecht und die Bundesflagge. Meistens brachten Einzelpersonen ihr Anliegen vor oder schickten aufmunternde Gedichte. Aber es meldeten sich auch Verbände wie die »Hauptstelle der Männer-Seelsorge der deutschen Diözesen«, die die Sonntagsruhe in der Verfassung festgeschrieben wissen wollte.[26] Gustav Zimmermann von der SPD folgerte aus der großen Zahl an Eingaben, »das Echo des Parlamentarischen Rates« sei doch »sehr stark« und die Bevölkerung nehme durchaus Anteil. Der CDU-Abgeordnete Hermann von Mangoldt fand vieles »recht interessant« und schickte jedem Absender ein Dankschreiben. Der Vorschlag, die Presse regelmäßig über die

---

24 DER SPIEGEL v. 18.2.1949, S. 5, u. 26.2.1949, S. 3f.
25 Erhard H.M. Lange, Die Würde des Menschen ist unantastbar. Der Parlamentarische Rat und das Grundgesetz, Heidelberg 1993, S. 63.
26 DER SPIEGEL v. 19.5.1949, S. 5.

Karneval in Bonn 1949: Carlo Schmid als Büttenredner

Zahl der Eingaben zu unterrichten, stieß hingegen auf Widerspruch: »Tun Sie das bloß nicht«, warnte Theodor Heuss als FDP-Fraktionsführer, denn »dann wird das mitgeteilt und alle Leute sehen ein, daß sie bis jetzt etwas versäumt haben«.[27]

Zu manchen Themen äußerten sich besonders viele Menschen, teils aus eigenem Antrieb, teils im Kampagnenschwarm. Wie schon in der Weimarer Republik mobilisierte die katholische Kirche, im Rheinland stark verwurzelt, ihre Anhänger

---

27 Parlamentarischer Rat, Bd. 5/1, Boppard 1993, S. 146f., 484. Heuss' Aversion gegen Eingaben rührte aus seiner Erfahrung im Petitionsausschuss des Weimarer Reichstags: »Da ist einem soviel Dreck ins Haus geschickt worden, daß ich keineswegs dafür sein würde, hier nun über jede Eingabe, die kommen wird, berichten zu lassen. Wir wollen doch nicht ... noch Querulanten ausbilden« (ebd., S. 147).

für das sogenannte Elternrecht. Was 1919, unmittelbar nach der Revolution, nicht gelungen war, wollte man jetzt, in eher konservativ gestimmten Zeiten, durchsetzen: die Verankerung der Bekenntnisschule als Regelschule in der Verfassung. Die CDU/CSU machte sich diese Forderung zu eigen, und die zwei Abgeordneten des Zentrums kämpften bis zuletzt dafür. Sozialdemokraten und Liberale aber blieben bei ihrer strikten Ablehnung und ließen sich auch durch 2.600 Eingaben und mehrere zehntausend Zuschriften auf Sammellisten und Kartenvordrucken nicht davon abbringen.[28]

Mehr Erfolg hatte die von der sozialdemokratischen Abgeordneten Elisabeth Selbert angestoßene Aktion für Artikel 3 Absatz 2. Ursprünglich sollte er, fast wortgleich mit der Weimarer Verfassung, lauten: »Männer und Frauen haben dieselben staatsbürgerlichen Rechte und Pflichten.« Dagegen setzte sich Selbert, eine der vier »Mütter« des Grundgesetzes, zur Wehr und plädierte für einen allgemeinen, nicht auf Staatsbürgerliches beschränkten Verfassungsgrundsatz. Als ihr die Kollegen (und Kolleginnen) darin nicht folgen wollten, wandte sie sich an die Presse, sprach im Rundfunk und startete, mit der Hilfe von SPD-Frauen, überparteilichen Frauenorganisationen, Kommunalpolitikerinnen und weiblichen Berufsverbänden, eine öffentliche Kampagne. Am Ende schloss sich der Parlamentarische Rat Selberts Formulierung an: »Männer und Frauen sind gleichberechtigt.«[29]

Hier wiederholte sich das schon aus Weimar bekannte Muster: Immer dann, wenn ein Thema von wortmächtigen Lobbygruppen öffentlich aufgegriffen und skandalisiert wurde, gewann es Popularität, die auf die Verfassungsarbeit insgesamt ausstrahl-

---

28 Feldkamp, Rat, S. 74ff., 128; DER SPIEGEL v. 19.5.1949, S. 5.
29 Barbara Böttger, Das Recht auf Gleichheit und Differenz. Elisabeth Selbert und der Kampf der Frauen um Art. 3.2 Grundgesetz, Münster 1990, S. 191–214; Karin Gille-Linne, Verdeckte Strategien. Herta Gotthelf, Elisabeth Selbert und die Frauenarbeit der SPD 1945–1949, Bonn 2011, S. 404–414 (Eingaben und Protestschreiben).

te. Ansonsten kümmerten sich die Menschen im Land um drängendere Probleme ihres schwierigen Alltags. Das galt im Westen ebenso wie im Osten, mit dem Unterschied, dass die SED ungleich kampagnenstärker auftrat als alle westlichen Organisationen zusammen und dass man sich diesem Aktivismus schwerer entziehen konnte. Weder Zeit noch Geld noch Papierknappheit spielten eine Rolle, wenn die Partei ihre Ziele durchsetzen wollte. Das betraf seit 1948 verstärkt wieder die Verfassungsfrage, in der sich die SED erneut als Sachwalterin gesamtdeutscher Interessen gegen die westdeutschen »Spalter« positionierte. In mehreren Wellen ließ man Broschüren, Flugblätter, gedruckte Reden auf das Land regnen, organisierte Aussprachen, Schulungsstunden und Diskussionsrunden. Seit Oktober 1948, parallel zu den Bonner Beratungen, legte die Agitation noch einmal zu.

Doch richtig begeistern ließen sich davon nicht einmal Parteimitglieder. Schon Ende 1946 berichtete der Berliner SED-Landesvorstand, es sei schwierig, »mit den Genossen über die Verfassung zu diskutieren, weil sie der falschen Ansicht sind, das wäre etwas für Intellektuelle und Juristen«.[30] Zwei Jahre später tadelte Grotewohl, »die Genossen glauben, die Verfassung ist vom Volksrat einstimmig angenommen«, womit sich die Sache erledigt habe. Dem sei aber nicht so, die Verfassungsfrage gehöre »mit in den Mittelpunkt der Auseinandersetzung«. Leider fehlten in den Schulen kompetente Lehrer, die erklären könnten, welche Bedeutung die Verfassung für Staat und Gesellschaft habe. Auch brauche es kurze Flugblätter nach dem Muster: »Deutsche Arbeiter« oder »deutsche Hausfrauen: Der Bonner Entwurf bringt dir das und der Verfassungsentwurf des Deutschen Volksrates bringt dir jenes.«[31]

Wie die Arbeiter und Hausfrauen darauf reagierten, ist

---

30 Julia Schulze Wessel, Mächtiger Autor – Ohnmächtiger Interpret. Die Verfassunggebung in der Deutschen Demokratischen Republik, in: Hans Vorländer (Hg.), Die Deutungsmacht der Verfassungsgerichtsbarkeit, Wiesbaden 2006, S. 363–378, Zitat 367.
31 Amos, Entstehung, Zitate S. 261 f.

nicht verbürgt. Wenn aber schon die eigenen Genossen kaum Engagement zeigten und gemahnt werden mussten, waren die Adressaten der Propaganda vermutlich noch weniger empfänglich dafür. Immerhin fanden jedoch bis Februar 1949 rund 9.000 Versammlungen mit über einer Million Teilnehmenden zum Verfassungsentwurf statt, von dem zuvor 240.000 Exemplare verteilt worden waren. Es gab etwa 500 Änderungsvorschläge; die wichtigsten flossen in den finalen Text ein. Das bestätigte den Anspruch der SED, das Volk solle, anders als im Westen, »*seine* Verfassung, die Verfassung eines *einheitlichen* Deutschlands, schöpferisch von unten auf erarbeiten und gestalten«.[32]

In beiden Teilen dieses Deutschlands beharrte man also darauf, für das Ganze zu sprechen, und machte dem anderen Teil eben dieses Recht streitig. Der Parlamentarische Rat hatte sich, gegen anfängliche Widerstände, dem Appell Jakob Kaisers (der Ende 1947 von der SMAD als Vorsitzender der Ost-CDU abgesetzt worden war) angeschlossen, er möge treuhänderisch auch für die Landsleute im Osten handeln, denen, wie es in der Präambel des Grundgesetzes hieß, »mitzuwirken versagt war«. Sich mit den Verfassungsvorschlägen des Volksrates zu beschäftigen, lehnten die Bonner Parlamentarier rundheraus ab; sie kannten sie, weigerten sich aber, sie zu würdigen, solange die SED das Ruder führte. Gesprächsangebote wiesen sie zurück, da sie den Volksrat nicht als »Verhandlungspartner« akzeptierten; er sei, so Kaiser, »weder eine deutsche, noch ist er eine demokratische Einrichtung«.[33] Auch in der westdeutschen Presse wurde die Verfassungsarbeit im Osten kaum beachtet oder kommentiert.

---

32 Ebd., S. 264; Max Nierich, Deutsche Verfassung, in: Neues Deutschland v. 7.8.1948, S. 1.
33 Weber, Getrennt, S. 143f.; Amos, Entstehung, Zitat S. 296; Feldkamp, Rat, S. 156ff.

Wandzeitungen erklären den Ostdeutschen ihren Verfassungsentwurf, Februar 1949

Die Versuche der KPD, das zu ändern, stießen auf breites Desinteresse und gezielte Abwehr.

Auf der Gegenseite war es ähnlich, aber zugleich anders. Zwar ließ die SED keine Gelegenheit verstreichen, die Arbeit des Parlamentarischen Rates scharf zu kritisieren, der, so Grotewohl im Oktober 1948, keine Verfassung »eines souveränen Staats« schaffe, sondern »nur die eines Vasallenstaates«. Zugleich verortete die Partei die eigene Verfassungsarbeit demonstrativ in der bürgerlichen Tradition Frankfurts und Weimars und bot damit eine gemeinsame Plattform an. In diesem Sinn schickte der Volksrat seine Entwürfe an die Fraktionen westdeutscher Landtage, an alle juristischen Fakultäten und 131 Zeitungen – wo sie meist kommentarlos zur Seite gelegt wurden. Mit Bedauern nahm Grotewohl im Februar 1949 zur Kenntnis, dass aus den Westzonen »nur wenige Äußerungen« eingegangen seien, während man sich selber intensiv (wenngleich mit negativem Ergebnis) mit »Anregungen aus der Bonner Verfassung« beschäftigte.[34]

Diese frühe Asymmetrie der Aufmerksamkeit sollte bis zum Ende der deutschen Teilung 1990 andauern: Der Osten hatte ein größeres Interesse am Westen als umgekehrt. Gewiss nutzten beide Seiten die jeweils andere als Kontrastfolie und Negativbeispiel. Doch für die SBZ/DDR waren die Westzonen und die Bundesrepublik stets viel präsenter und wichtiger, politisch wie ökonomisch. Das sah nicht nur die SED so, sondern auch und vor allem das »Volk«, das sie für sich und ihren Staat begeistern wollte.

Was aus der historischen Rückschau klar zu erkennen ist, war den Zeitgenossen allerdings nicht im gleichen Maß bewusst. Der Versuch der SED, eine gesamtdeutsche Verfassung mit starken demokratischen Elementen an die Stelle der westdeutschen Version zu setzen, war psychologisch keineswegs ungeschickt, da er den allseitigen Wunsch nach nationaler Einheit bediente. Als Ostberlin und Moskau dann noch mit der Option eines neutralen vereinten Deutschlands winkten, um Sand ins Getriebe der Weststaatsgründung zu streuen, hörten und schauten auch die westlichen Militärgouverneure aufmerksam hin. Konnten sie sich tatsächlich auf die Westdeutschen verlassen, oder mussten sie damit rechnen, dass diese bei nächster Gelegenheit auf die nationalen Sirenengesänge aus dem Osten hereinfallen würden? War die Sehnsucht nach Einheit vielleicht doch größer als das Bedürfnis nach Freiheit? Würde die von der KPD gegründete Arbeitsgemeinschaft für eine gesamtdeutsche Verfassung breitere Resonanz finden?[35]

---

34 Amos, Entstehung, S. 216, 274 (Zitat Grotewohl), 279 ff.
35 Zu der KPD-Initiative, die von den West-Alliierten genau beobachtet wurde und Unterstützung auch bei Sozialdemokraten und Linkskatholiken fand, s. Otmar Jung, Grundgesetz und Volksentscheid, Opladen 1994, S. 257 f. Die AG organisierte ab Januar 1949 Kundgebungen mit Parolen wie »Nein gegen das Bonner Grundgesetz« und »Fordert mit uns eine Volksabstimmung über den Bonner Verfassungsentwurf«. Ihre erste

Nicht zuletzt dieses Misstrauen war schließlich dafür verantwortlich, dass die Westmächte in der Verfassungsfrage nachgaben, den vom Parlamentarischen Rat angebotenen Föderalismus-Kompromiss akzeptierten und auf eine rasche Verabschiedung des Grundgesetzes drängten, die sie mit ihrem Veto lange blockiert hatten.[36] Unter größter Eile hielt der Parlamentarische Rat seine letzten Sitzungen ab und stimmte am 8. Mai 1949, kurz vor Mitternacht und nach achtstündiger hitziger Debatte, über sein Werk ab. Theodor Heuss war nicht der Einzige, der sich zwischen Kritik und Lob »seelisch gespalten« fühlte, als er ebenso wie 52 andere Abgeordnete aus CDU, SPD und FDP mit Ja votierte. Zwölf Abgeordnete waren dagegen, unter ihnen fast alle CSU-Mitglieder, die noch mehr Föderalismus verlangten. Thomas Dehler, FDP, warf ihnen Verantwortungslosigkeit vor, worauf Josef Schwalber entgegnete, die CSU sei »trotz unserer Einwendungen gegen das Grundgesetz dem neuen Staat und Gesamtdeutschland aus tiefstem Empfinden verpflichtet«. Derweil verkündete der Vorsitzende der Bayernpartei, das bayerische Volk werde das Bonner »Schundgesetz« niemals anerkennen.[37]

Das bayerische Volk wurde allerdings ebenso wenig nach seiner Meinung gefragt wie das nordrhein-westfälische, niedersächsische oder hessische. Stattdessen stimmten die Landtage darüber ab; alle außer dem in München votierten positiv. Ursprünglich hatten die Besatzungsmächte auf einer Volksabstimmung bestanden, waren aber auf den entschiedenen Widerstand der Ministerpräsidenten und Parteivorstände gestoßen. Obwohl sich Heinrich von Brentano und Thomas Dehler im Parlamentarischen Rat leidenschaftlich für ein Plebiszit starkmachten

---

Sitzung hielt sie am 7.11.1948 in Bad Godesberg (Neues Deutschland v. 9.11.1948, S. 2).
36 Weber, Getrennt, S. 145; Weber, Carlo Schmid, S. 377ff.
37 Parlamentarischer Rat, Bd. 9, Zitate S. 531 (Heuss), 605 (Dehler), 616 (Schwalber); Badische Neueste Nachrichten v. 10.5.1949, S. 1. Trotz Ablehnung in Bonn und München akzeptierte der bayerische Landtag das Grundgesetz auch für Bayern als rechtsverbindlich, sofern es von zwei Dritteln der Länder ratifiziert würde.

und darin die demokratische Krönung des Verfassungswerks erblickten, folgten ihnen die anderen Abgeordneten nicht. Die Erfahrungen in den Ländern und ihrem enttäuschenden Quorum sprachen ebenso dagegen wie die Sorge vor einer kommunistischen Agitation, die von Ostberlin nach Kräften unterstützt worden wäre.[38] Auch die Militärgouverneure lenkten ein und genehmigten das Grundgesetz. Zur feierlichen Übergabe des Dokuments hatten sie Delegierte des Parlamentarischen Rates und die Ministerpräsidenten ins Kasino des Frankfurter IG-Farben-Hochhauses gebeten und ließen ihnen dort, wie *DER SPIEGEL* wusste, »beinahe VIP-Behandlung zuteil werden«. Gemeinsam leerte man 30 Flaschen Champagner und vier Flaschen französischen 5-Sterne-Cognac.[39]

Wesentlich frugaler ging es bei der Unterzeichnung und Verkündung des Grundgesetzes am 23. Mai 1949 in der Bonner Pädagogischen Akademie zu, wo der Parlamentarische Rat in einer Atmosphäre von »Licht, Klarheit und Zweckmäßigkeit« neun Monate lang getagt hatte. Umweht von schwarz-rot-goldener Trikolore und Länderfahnen und begleitet von gedämpftem Orgelklang setzten die Ratsmitglieder, Minister- und Landtagspräsidenten ihre Unterschrift unter den schlicht und zurückhaltend gestalteten Text. Lediglich die KPD-Abgeordneten unterschrieben nicht und brachten damit ihren Protest gegen die Spaltung Deutschlands zum Ausdruck. Zum Abschluss erhoben sich die Anwesenden von ihren Sitzen und sangen, da eine offizielle Nationalhymne noch fehlte, das alte Volks- und Studentenlied »Ich hab mich ergeben mit Herz und mit Hand, dir, Land voll Lieb' und Leben, mein deutsches Vaterland«.[40] Am Tag darauf

---

38 Zur Kontroverse um das Referendum s. Jung, Grundgesetz, v.a. S. 209–215, 221f., 268, 272–280.
39 DER SPIEGEL v. 19.5.1949, S. 6.
40 Ebd. v. 26.5.1949 u. 4.9.1948, S. 3; Horst Bredekamp, Politische Ikonologie des Grundgesetzes, in: Michael Stolleis (Hg.), Herzkammern der Republik. Die Deutschen und das Bundesverfassungsgericht, München 2011, S. 9–35, v.a. 14, 20.

Unterzeichnung des Grundgesetzes am 23. Mai 1949

trat das Grundgesetz mit seiner Veröffentlichung im Bundesgesetzblatt in Kraft.

Auch in der SBZ trieb man zur Eile. Am 30. Mai nahm der neu gewählte Volkskongress den Verfassungsentwurf des Volksrats mit 2.087 Ja- und einer Nein-Stimme an. Nachdem der Westen die 1945 erfolgte Teilung staatsrechtlich bekräftigt hatte, zog der Osten nach. Geltung erlangte die ursprünglich gesamtdeutsch angelegte »Verfassung der Deutschen Demokratischen Republik« am 7. Oktober 1949, dem Tag der Staatsgründung. Beide Verfassungstexte weisen allerdings explizit über den aktuellen Zustand hinaus: Beschrieb Artikel 1 der DDR-Verfassung Deutschland als »unteilbare Republik«, hoffte die Präambel des Grundgesetzes, das deutsche Volk werde sich dereinst in freier Selbstbestimmung eine neue, gemeinsame Verfassung geben. Bis dahin blieb man bei dem das Provisorische betonenden Begriff »Grundgesetz«. Wie lange das Provisorium anhalten würde, wusste niemand zu sagen.[41]

Wäre die Bevölkerung damals danach gefragt worden, hätten die meisten wohl nur mit der Schulter gezuckt. Zwar nahm man die Tatsache der deutschen Teilung mit Schmerz und Bedauern zur Kenntnis, zumal sie viele Familien direkt betraf. In einer Umfrage reagierten 1951 zwei von drei Westdeutschen positiv auf die erneute Initiative der DDR, in absehbarer Zeit eine »demokratische friedliebende gesamtdeutsche souveräne Regierung« zu bilden und freie Wahlen für eine Nationalversammlung abzuhalten.[42] Zugleich kannte man sich im eigenen Provisorium noch kaum aus. Auf die Frage, ob sie für oder gegen die Bildung eines westdeutschen Staates seien, antworteten im März 1949 51 Prozent, sie seien dafür, 23 waren dagegen, 13 gleichgültig und ebenso viele unentschieden. 40 Prozent erklärten, ihnen sei die zukünftige westdeutsche Verfassung egal (31 Prozent der Männer, 48 Prozent der Frauen), jeder und jede Dritte zeigten sich »mäßig interessiert«, und lediglich 21 Prozent (31 Prozent der Männer, 12 Prozent der Frauen) beschrieben sich als »sehr interessiert«.[43] Die Mehrheit wusste nicht einmal, dass es das Grundgesetz überhaupt gab. Bei einer Umfrage in der amerikanischen Zone bejahten Ende Juli 1949 nur 42 Prozent die Frage, ob der Parlamentarische Rat ein solches Dokument fertiggestellt habe. 38 Prozent verneinten sie, und 20 Prozent antworteten mit

---

41 Stalin betrachtete auch die DDR zunächst nur als Provisorium bis zur Errichtung eines neutralen, entmilitarisierten deutschen Staates. Die SED war davon weniger begeistert, fürchtete sie doch, in einer auf freien Wahlen basierenden gesamtdeutschen Regierung – darauf bestand der Westen – den Kürzeren zu ziehen.

42 Tilman Mayer, Adenauer und die patriotischen Frondeure in der Entstehungsphase der Bundesrepublik – Erkenntnisse durch historische Demoskopie, in: ders. (Hg.), »Macht das Tor auf«. Jakob-Kaiser-Studien, Berlin 1996, S. 95–113, hier 102f. Zu Grotewohls Initiative 1950 s. Weber, Getrennt, S. 149–153.

43 Elisabeth Noelle u. Erich Peter Neumann (Hg.), Jahrbuch der Öffentlichen Meinung 1947–1955, Allensbach 1956, S. 157.

»weiß nicht«. Selbst die Minderheit derer, die davon gehört oder gelesen hatten, kannte seinen Inhalt zumeist nicht.[44]

Die Arbeit an der Verfassung und ihr Ergebnis waren demnach an vier von fünf Westdeutschen vorbeigegangen. Mangelnde Information kann nicht der Grund dafür gewesen sein; Zeitungen und Rundfunk, damals die einzigen Medien, hatten regelmäßig berichtet. Doch vielen blieb die Bedeutung dessen, was in Bonn diskutiert wurde, unklar. Dass hier das Fundament für das künftige bürgerschaftliche Zusammenleben gelegt wurde, dass mit den Grundrechten eine historisch einmalige, alle drei Gewalten bindende Kraft entstanden war, dass das Verhältnis zwischen Bund und Ländern eine neue Balance erfuhr, dass das Regierungssystem strukturell andere Akzente setzte – ohne mächtigen Präsidenten wie in Weimar und ohne Notverordnungsrechte, aber mit gestärkter Verantwortung des Parlaments: All das hatten die meisten Menschen nicht mitbekommen. Sie waren entweder mit sich selber beschäftigt und hatten genug zu tun, die Herausforderungen des Nachkriegsalltags zu bewältigen. Oder sie wahrten bewusst Distanz zur Politik, nachdem sie mit der Massenmobilisierung des Nationalsozialismus am Ende schlechte Erfahrungen gemacht hatten. Verglichen mit den 1920er und frühen 1930er Jahren beteiligten sich deutlich weniger Menschen an den zwischen 1946 und 1948 im Westen stattfindenden Landtagswahlen. Vor allem Jüngere blieben skeptisch und der Wahlurne fern.

Dabei sollte es doch gerade darum gehen, einen Staat zu gründen, »der von der großen Masse der jugendlichen und jungen Menschen mit Begeisterung bejaht und fortgebildet wird«. Das wünschte sich zumindest der sozialdemokratische Politiker Hermann Brill im Verfassungskonvent von Herrenchiemsee. Er fand es wichtig, auf die »Verfassungsstimmung« im Land zu achten und zu wissen, wie das Volk »die uns gestellte Aufgabe sieht«. Brill, der Jahre in nationalsozialistischen Kon-

---

44 Lange, Würde, S. 63.

zentrationslagern verbracht hatte, war sich sicher: »Im deutschen Volk lebt eine tiefe Sehnsucht nach einem freiheitlichen Leben.«[45] Auch Carlo Schmid traute dem »Aktiv-Bürger« viel zu. Dagegen setzte der CSU-Abgeordnete Gerhard Kroll angesichts der »peinlichen Erfahrungen« von 1933 keine großen Hoffnungen darauf, dass das Volk »seine demokratischen Freiheiten schützt«.[46] Andere erinnerten an die Leichtigkeit, mit der linke und rechte Demagogen in den 1920er Jahren Volksabstimmungen manipulieren konnten, und warnten auch deshalb davor, plebiszitäre Elemente ins Grundgesetz aufzunehmen.

Die DDR-Verfassung enthielt diese Elemente, und die SED betonte immer wieder, wie wichtig die Partizipation der »Werktätigen« im Staat sei. Sie wusste auch, wie sie Menschen zur Mitwirkung bewegen konnte, mit Propaganda, kollektivem Druck und individueller Einschüchterung. Die zahlreichen »Volksaussprachen« über die einzelnen Verfassungsentwürfe legten davon ein eindrucksvolles Zeugnis ab. Trotzdem sah die Partei davon ab, das Endprodukt zur allgemeinen Abstimmung zu stellen; ein Volksentscheid über die Verfassung fand nicht statt.[47] Offenbar war die »Verfassungsstimmung« weder im Osten noch im Westen ausreichend positiv und robust, um für ein fulminantes Plebiszit zu taugen.

Die Ende Juli 1949 durchgeführte Meinungsumfrage in der US-Zone bestätigte solche Bedenken. Auf die Frage, ob sie in einer Volksabstimmung für oder gegen die Bonner Verfassung votieren würden, antworteten 28 Prozent der Befragten, sie würden dafür stimmen, 6 Prozent dagegen. Der Rest, ganze zwei Drittel, war unentschieden. Im Stadtstaat Bremen fielen die Antworten ähnlich aus; nur in Berlin hätten 60 Prozent

---

45 Parlamentarischer Rat, Bd. 2, Boppard 1981, S. 71f.
46 Ebd., Bd. 5/1, S. 188f.
47 Anders als Peter Hoeres schreibt (Repräsentation, S. 303), wurde die DDR-Verfassung nicht in einer Volksabstimmung »plebiszitär legitimiert«. Die Bürgerinnen und Bürger stimmten im Mai 1949 lediglich über Kandidatenlisten zum dritten Volkskongress ab (mit etwa 37% ungültigen und Nein-Stimmen). Der Volkskongress nahm anschließend die Verfassung an.

dafür, zwei Prozent dagegen und 38 Prozent unentschieden optiert.[48] Dieser hohe Anteil Unentschiedener entsprach der auch in anderen Umfragen dokumentierten Indifferenz breiter Bevölkerungsschichten, die sich für Verfassungsfragen kaum interessierten. Damit aber hätten sie es Demagogen leicht gemacht, sie in der einen oder anderen Richtung zu beeinflussen.

Nicht alle Westdeutschen teilten diese Sorge. Anfang 1949 nahm der Publizist Dolf Sternberger einen Artikel von Theodor Heuss zum Anlass, dem Parlamentarischen Rat eine »furchtsame, krampfartige Fixierung« auf die Weimarer Republik und die Feinde der Demokratie zu attestieren. Das im Entstehen begriffene Grundgesetz bezeichnete er als einen »Angstbau«, dessen Architekten »das Volk leutselig verachten«. Statt die Wähler ernst zu nehmen und ihnen eine Volksabstimmung zuzumuten, errichte man »Sperren, Wehrbauten, Schleusen und Zugbrücken«. Heuss wies das empört zurück; Sternberger sei ein »Träumer« oder »Soziologe«, der »von den Dingen, mit denen sich die Volksphantasie beschäftigt, wenig berührt wird«. Sternberger konterte, er habe »schockweise Briefe von Hörern meiner Radioreden« erhalten, die »gefährlich deutlich« bemerkt hätten, dass die Parlamentarischen Räte ohne plebiszitären Auftrag handelten.[49]

Ob es Sternbergers kritische Hörerbriefe tatsächlich in dieser Häufigkeit gab, ist ebenso wenig belegt wie die Behauptung des Publizisten, sie seien aus allen Bevölkerungskreisen gekommen, von Intellektuellen, Handwerkern, Arbeitern männlichen wie weiblichen Geschlechts. Die Umfragen von 1949, die die hohe Politikabstinenz der Befragten und vor allem der Frauen dokumentierten, sprechen dagegen. Auch die Entscheidung, auf ein Referendum über das Grundgesetz zu verzichten und stattdessen

---

48 Zu der am 26.7.1949 durchgeführten Meinungsumfrage des Office of Military Government for Germany s. Lange, Würde, S. 63.
49 Dolf Sternberger, Demokratie der Furcht oder Demokratie der Courage?, in: Die Wandlung 4 (1949), S. 3–15, 246–249, Zitate 9, 12, 248; Theodor Heuss, Ein Intermezzo, in: ebd., S. 243–246, Zitate 244.

nur die Landtage abstimmen zu lassen, rief, außer unter Kommunisten, kaum Widerspruch hervor. Sie war zwar demokratietheoretisch problematisch, denn die Landtage waren nicht gewählt worden, um über Bundesangelegenheiten zu befinden.[50] Aber das kümmerte nur wenige und fiel nicht weiter ins Gewicht.

50 Jung, Grundgesetz, S. 255 f.

VI. Gleichgültigkeit, Trotz, Anhänglichkeit: Deutsch-deutsche Verfassungsstimmungen 1949–1989

Auch nach der Staatsgründung war die »Volksphantasie« ganz überwiegend mit anderem beschäftigt. Dass das Grundgesetz, wie die *Frankfurter Allgemeine Zeitung* am 9. Mai 1950 schrieb, den »Charakter des Provisorischen« bereits verloren habe, resultiere »nicht aus einer besonderen Liebe« für die neue Verfassung, sondern aus der nüchternen Erfahrung, dass sie die »Gesetzlichkeit aller Bundesorgane und Bundesbeschlüsse« verbürge. Positiv wahrgenommen würden vor allem die »Stabilität und Stärke« der »Kanzlerregierung«, was die Bundesrepublik maßgeblich von Weimar unterscheide. Allerdings führe dies dazu, dass sich die Bürgerinnen und Bürger für die überraschungsarme Bonner Politik nicht besonders interessierten.[1]

Das galt auch für das Grundgesetz. Als die Allensbacher Meinungsforscher im Mai 1955 die Frage stellten: »Was sagen Sie eigentlich zu unserer heutigen Verfassung«, antworteten 51 Prozent (34 Prozent der Männer, 66 Prozent der Frauen), sie kennten dieses »Staats-Grundgesetz« gar nicht. Fünf Prozent fanden es nicht gut, 14 konnten sich nicht entscheiden und 30 Prozent (42 Prozent Männer, 19 Prozent Frauen) waren damit zufrieden. Ein Jahr später hatte sich daran nichts geändert.[2]

Wer sich für das Grundgesetz interessierte, waren Juristen. Anders als die »Masse des Volkes«, die es, so Otto Suhr im September 1948, »lesen soll«, aber dann doch nicht tat, studierten

---

1 FAZ v. 9.5.1950, S. 2: »Ein Jahr Grundgesetz«.
2 Noelle/Neumann, Jahrbuch 1947–1955, S. 157; dies., Jahrbuch der öffentlichen Meinung 1957, Allensbach 1957, S. 165.

es die Staatsrechtslehrer eifrig und penibel.[3] Schon 1950 begannen sie mit der Kommentierung der einzelnen Artikel. Als ein Jahr später das Bundesverfassungsgericht in Karlsruhe seine Arbeit aufnahm, stieg die Kommentartätigkeit sprunghaft an. Denn das Gericht war fleißig und fällte viele Urteile, von denen manche große öffentliche Wirkung entfalteten.[4] Auch die Bürgerinnen und Bürger begriffen rasch, was sie an diesem neuen Gericht hatten. Jeder und jede konnte Verfassungsbeschwerde einreichen, wenn er oder sie Grundrechte durch staatliches Handeln verletzt sah. Gingen Anfang der 1950er Jahre nur etwa 500 Beschwerden pro Jahr ein, waren es 1980 über 3.100. Zwischen 1951 und 1990 prüfte das Gericht etwa 76.000 Fälle; bei 98 Prozent erkannte es keine »grundsätzliche verfassungsrechtliche Bedeutung« und nahm sie deshalb auch nicht zur Entscheidung an.[5]

Dennoch traten immer wieder viele den »Gang nach Karlsruhe« an in der Hoffnung, dort Recht zu bekommen. Mit den Jahren erwarb sich das Bundesverfassungsgericht ein solches Ansehen und Bürgervertrauen, dass es in Umfragen regelmäßig hohe Sympathiewerte erzielte.[6] Als die Allensbacher Demos-

---

[3] Parlamentarischer Rat, Bd. 5/1, S. 236.
[4] Zwischen 1974 und 1998 fand ungefähr jede zweite Entscheidung des Gerichts Erwähnung in der Presse (Hans Vorländer u. Gary S. Schaal, Integration durch Institutionenvertrauen? Das Bundesverfassungsgericht und die Akzeptanz seiner Rechtsprechung, in: Hans Vorländer (Hg.), Integration durch Verfassung, Wiesbaden 2002, S. 343–374, hier 352).
[5] https://www.bundesverfassungsgericht.de/DE/Verfahren/Wichtige-Verfahrensarten/Verfassungsbeschwerde/verfassungsbeschwerde_node.html; Rainer Wahl, Das Bundesverfassungsgericht der Gründungsphase, in: Florian Meinel (Hg.), Verfassungsgerichtsbarkeit in der Bonner Republik, Tübingen 2019, S. 27–62; Justin Collings, Democracy's Guardians. A History of the German Federal Constitutional Court 1951–2001, Oxford 2015.
[6] Zu den Gründen s. Andreas Voßkuhle, 75 Jahre Grundgesetz. Gibt uns der »Verfassungspatriotismus« Halt?, in: Thomas Mirow (Hg.), Die Deutschen. Wer wir sind. Wer wir sein wollen. Berichte zur Lage der Nation, Hamburg 2024; Gertrude Lübbe-Wolff, Beratungskulturen. Wie Verfassungsgerichte arbeiten und wovon es abhängt, ob sie integrieren oder polarisieren, Berlin 2022.

kopen 1974 erstmals nach der Meinung zu politischen Ämtern und Einrichtungen fragte, gaben ihm nur 8 Prozent eher oder sehr schlechte Noten, 47 Prozent sehr gute oder gute und 28 Prozent bekundeten gemischte Gefühle. In den folgenden Jahrzehnten stiegen die Beliebtheitswerte, während Parlament und Regierung an Zustimmung verloren.[7]

Mit der Tätigkeit des Bundesverfassungsgerichts als »Hüter der Verfassung« rückte auch das, was zu hüten war, stärker ins Bewusstsein westdeutscher Bürgerinnen und Bürger.[8] Wenn es, erstmals in der deutschen Geschichte, ein Gericht gab, das die in der Verfassung verbürgten Grundrechte ebenso schützte wie umfassend interpretierte, bot das einen Anreiz, die Verfassung genauer unter die Lupe zu nehmen. Schließlich musste, wer sich über Rechtsbeugungen oder -verletzungen beschweren wollte, seine oder ihre Rechte erst einmal kennen. Aus Kenntnissen konnten Gefühle entstehen: Dankbarkeit und Stolz, Anerkennung und Anhänglichkeit, vielleicht auch Misstrauen und Enttäuschung. Solche und andere Gefühle stellten sich tatsächlich ein, nicht sofort und nicht bei allen, aber mit der Zeit und bei vielen. Vor allem in politischen Konflikten diente das Grundgesetz je länger, desto mehr als Bezugspunkt. Das begann bereits kurz nach seiner Verkündung.

So wandte sich 1950 das der völkischen Ludendorff-Bewegung angehörende Ehepaar Aretz an Bundespräsident Heuss und bat ihn um Unterstützung für Mathilde Ludendorff. Sie war als Hauptschuldige in einem Entnazifizierungsverfahren verurteilt worden, worin Herr und Frau Aretz eine »Verletzung des Grundgesetzes« erblickten. 1955 beklagte sich ein Mann aus München bei Heuss über die fehlende Toleranz unter Nach-

---

7 Elisabeth Noelle-Neumann (Hg.), Allensbacher Jahrbuch der Demoskopie 1974–1976, Wien 1976, S. 104 (für 1974). Für 1988 s. dies. u. Renate Köcher (Hg.), Allensbacher Jahrbuch der Demoskopie 1984–1992, München 1993, S. 653.
8 Uwe Wesel, Die Hüter der Verfassung. Das Bundesverfassungsgericht: seine Geschichte, seine Leistungen und seine Krisen, Frankfurt 1996.

barn und Arbeitskollegen, obwohl es doch ein Grundgesetz gebe und »somit die schriftliche Garantie, daß man kundtun dürfe, wie man politisch denkt!« Ein Jahr später schrieb der 28-jährige Hans-Peter Kühn:

> Nach Art. 4 GG kann niemand gegen sein Gewissen gezwungen werden, Kriegsdienst mit der Waffe zu leisten. Dieser Artikel war doch das trojanische Pferd in unserer Verfassung. 1949 wurde uns erklärt, daß auf Grund dieses Artikels eine Wehrpflicht in Deutschland nicht möglich sei. Vergangenes Jahr wurde uns erklärt (man ließ die Katze aus dem Sack), daß gerade dieser Artikel die allgemeine Wehrpflicht voraussetzte, da er das Gewissen schütze.[9]

Kühn empörte sich, wie viele andere, über die Wiedereinführung der Wehrpflicht, die der Bundestag 1956 gegen die Stimmen der SPD und vieler FDP-Abgeordneter beschlossen hatte und die, wie nicht nur er meinte, im Widerspruch zu den ursprünglichen Intentionen der Verfassungsväter und -mütter stand. In der Tat waren Verteidigung und Wiederbewaffnung 1948/49 im Parlamentarischen Rat kein Thema gewesen. Zum einen war damals der Krieg mit seinen überall spürbaren Folgen noch sehr nah, zum anderen behielten die Besatzungsmächte außen- und militärpolitisch das Heft in der Hand. Seit dem Korea-Krieg jedoch hatte sich die Lage verändert. Sowohl die Westalliierten als auch die Adenauer-Regierung dachten mehr oder weniger laut darüber nach, Westdeutschland in die seit 1949 aufgebauten militärischen Bündnisstrukturen einzubinden. Mit den Pariser Verträgen erhielt die Bundesrepublik, zu Adenauers großer Genugtuung, 1955 fast alle Rechte eines souveränen Staates zugesprochen. Im Gegenzug verpflichtete sie sich dazu, der Westeuropäischen

---

9 Theodor Heuss. Hochverehrter Herr Bundespräsident! Der Briefwechsel mit der Bevölkerung 1949–1959, hg. v. Wolfram Werner, Berlin 2010, Zitate S. 103 f., 391, 436.

Union und der NATO beizutreten. Damit verbunden waren die Aufstellung und Ausrüstung eigener Streitkräfte.

Gegen das, was zeitgenössisch »Wehrbeitrag« hieß, erhob sich sofort massiver Protest. Der kam nicht nur, wie üblich, aus dem Osten, wo die SED die Wiederbewaffnung als Zeichen eines erneuerten Militarismus anprangerte (und selber heftig aufrüstete). Auch in der Bundesrepublik wollten viele Bürgerinnen und Bürger am Konsens von 1949 festhalten und verwiesen, wie der junge Hans-Peter Kühn, auf das Grundgesetz. Schon im Januar 1951 verabschiedeten die 1.700 Delegierten eines Essener Kongresses ein Manifest, in dem sie die Remilitarisierung als »Bruch des Bonner Grundgesetzes« bezeichneten und eine Volksbefragung darüber ankündigten. Als das Innenministerium die Befragung verbot, weil es darin einen »Angriff auf die verfassungsmäßige Ordnung« sah, konterten die Initiatoren, die Regierung breche nicht nur das Grundgesetz, sondern missachte auch die Länderverfassungen, die plebiszitäre Aktionen durchaus zuließen. Vor Gericht erhielten sie Recht; das Amtsgericht Lemgo verfügte am 11. Juni 1951, »dass der Inhalt der Volksbefragung nicht im Widerspruch zum Grundgesetz steht«. Martin Niemöller, Präsident der Evangelischen Kirche in Hessen und Nassau, verwahrte sich in Briefen an Jakob Kaiser und Theodor Heuss dagegen, die Befragung als kommunistische Aktion zu brandmarken, und betonte, die Mehrheit der Bevölkerung stehe dahinter.[10]

Das war nicht übertrieben. Obwohl der Einfluss der SED auf die Aktion nicht unterschätzt werden darf, reichte der Kreis der Protestierenden weit über die rasant schrumpfende Anhängerschaft der KPD hinaus (sie wurde 1956 auf Antrag der Regierung vom Bundesverfassungsgericht verboten). Er umfasste christliche Gruppen, pazifistische Organisationen und seit

---

10 Eckart Dietzfelbinger, Die westdeutsche Friedensbewegung 1948 bis 1955, Köln 1984, Zitate S. 96, 99, 100–102; Michael Geyer, Der Kalte Krieg, die Deutschen und die Angst. Die westdeutsche Opposition gegen Wiederbewaffnung und Kernwaffen, in: Klaus Naumann (Hg.), Nachkrieg in Deutschland, Hamburg 2001, S. 267–318.

1954 zunehmend auch Sozialdemokraten und Gewerkschafter. Schon früh hatte die SPD bezweifelt, dass sich ein westdeutscher Wehrbeitrag mit dem Grundgesetz vereinbaren ließ, und das Bundesverfassungsgericht 1952 um Prüfung gebeten. Aus sozialdemokratischer Sicht wäre für ein entsprechendes Gesetz die Änderung der Verfassung notwendig gewesen, für die die Regierung mindestens zwei Drittel aller Abgeordnetenstimmen brauchte.[11] Im 1949 gewählten Parlament verfügten die Parteien der konservativ-liberalen Koalition nur über 208 von 402 Sitzen. Die Wahlen von 1953 jedoch bescherten ihnen 344 von 509 Sitzen und machten die Bahn frei für die Ergänzung des Grundgesetzes. Im Februar 1955 ratifizierte der Bundestag die Pariser Verträge; dass der Paulskirchenkongress, der im Monat zuvor gegen die Unterzeichnung mobilisiert hatte, breite Zustimmung und ein riesiges Presseecho erhielt, änderte die Entscheidung der Abgeordneten nicht.[12]

Damit war die erste große Kontroverse der Bundesrepublik ausgestanden; als die CDU/CSU 1957 die absolute Mehrheit im Bundestag erlangte, verbuchte sie dies auch als Plebiszit für ihre Politik der Westintegration. Tatsächlich hatte sich die Stimmungslage gedreht. Sprachen sich Anfang der 1950er Jahre noch 70 Prozent der Befragten gegen die Wiederbewaffnung aus, behielt nach dem 17. Juni 1953 und dem sowjetischen Einmarsch in Ungarn 1956 nur eine Minderheit diese Einstellung bei. Zu ihr gehörte Hans-Peter Kühn. Wenn er sich in seiner Kritik der Wehrpflicht explizit auf das Grundgesetz bezog, zeigt das, dass die Verfassung immerhin Teilen der Bevölkerung lieb und vertraut war. Dazu trug paradoxerweise auch die Agitation jener Kräfte bei, die die westdeutsche Verfassung 1948/49 als illegitim und die Nation spaltend verdammt hatten. Flugblätter,

---

11 Wahl, Bundesverfassungsgericht, S. 42 ff.; Grimm, Historiker, S. 68–75.
12 Michael Werner, Die »Ohne mich«-Bewegung. Die bundesdeutsche Friedensbewegung im deutsch-deutschen Kalten Krieg (1949–1955), Münster 2006, S. 491.

Mit dem Grundgesetz gegen die Wiederbewaffnung:
Flugblätter und Aufkleber

die unverkennbar die Handschrift von KPD und SED trugen, forderten das grundgesetzlich verbürgte Recht auf Kriegsdienstverweigerung ein: »Lass Dir Dein Recht nicht nehmen!« Auch der Hauptausschuss gegen Remilitarisierung, ebenfalls vom Osten beeinflusst, berief sich 1951 zustimmend auf die Verfassung: »Das Grundgesetz sagt: ›Alle Staatsgewalt geht vom Volke aus‹. Darum: Volksbefragung gegen die Remilitarisierung Deutschlands«.[13]

13 Hans Edgar Jahn, Für und gegen den Wehrbeitrag. Argumente und Dokumente, Köln 1957, S. 228, 261.

In der DDR dagegen gab es keinerlei Referenzen auf die Verfassung, keinen Verfassungskommentar und kein Verfassungsgericht, das die von der Volkskammer erlassenen Gesetze auf ihre Verfassungsmäßigkeit überprüfte und Verfassungsbeschwerden der Bürgerinnen und Bürger entgegennahm. Da die ostdeutsche Verfassung im Unterschied zum Grundgesetz, aber auch zur Weimarer Reichsverfassung keine Gewaltenteilung kannte und die Volkssouveränität allein in der von der SED dominierten Volkskammer ansiedelte, erübrigte es sich, die dort verabschiedeten Gesetze auf ihre Kompatibilität mit Verfassungsprinzipien zu hinterfragen. Recht war, was die Volkskammer beschloss. Zugleich aber hielt man aus legitimatorischen Gründen an der Fiktion einer Verfassung als Fundament des Staates fest und suchte sie an veränderte Realitäten anzupassen. So hatte sich mit Auflösung der Länder seit 1952 die ursprünglich festgelegte föderale Struktur überlebt. Auch die Grundrechte bedürften, so Parteijurist Polak 1956, einer Neuformulierung; schließlich hätten die Bürger mittlerweile gelernt, »daß ihre persönlichen Interessen mit denen des Staates identisch sind« und keineswegs, wie in der Bundesrepublik, vor dem Staat geschützt werden müssten. Auch die 1949 gewährten Freiheiten für die Kirchen gingen den SED-Oberen viel zu weit und gehörten eingeschränkt.[14]

Das Signal zur Entstalinisierung, das der XX. Parteitag der KPdSU im Februar 1956 aussandte, wurde jedoch auch in Ostberlin gehört. Im März des Jahres kam die SED zu dem Schluss,

---

14 Amos, Entstehung, Zitat S. 333 (Polak). Christina Morina weist zu Recht darauf hin, dass die Grundrechte in den DDR-Verfassungen von 1949 und 1968 nicht, wie in der Bundesrepublik, als Abwehrrechte, sondern als »*Teilhabe*rechte« formuliert waren (Tausend Aufbrüche. Die Deutschen und ihre Demokratie seit den 1980er Jahren, München 2023, S. 36f.). Stefan Wolle, Traum von der Revolte. Die DDR 1968, Berlin 2008, S. 130, urteilt zugespitzt, die meisten DDR-Bürger hätten erst 1968 erfahren, dass ihr Staat überhaupt eine Verfassung besaß. Die von 1949 habe »nur wenige Leser« gefunden und diente allenfalls »zur allgemeinen Erheiterung«, weil Text und Wirklichkeit so weit auseinanderklafften.

die politische Lage sei derzeit »nicht günstig für die Revision der Verfassung«. Zwar hatte die Volkskammer noch im September 1955 die Artikel 5 und 112 so ergänzt, dass der »militärische Schutz der Heimat« Verfassungsrang erhielt. Im Januar 1956 erfolgte dann mit dem Gesetz über die Schaffung der Nationalen Volksarmee der Schritt zur Remilitarisierung. Von der Einführung der Wehrpflicht aber nahm man erst einmal Abstand. Grotewohl verwies auf »ökonomische Schwierigkeiten«, den »immer noch in großem Umfange vorhandenen Weggang der Bevölkerung der DDR nach Westdeutschland« und »die Stimmung gegen die Schaffung der Armee«. Eine allgemeine Verpflichtung zum Wehrdienst würde der Fluchtbewegung zweifellos Auftrieb geben und sich »negativ auf die Stimmung der Bevölkerung in der DDR, insbesondere auf die Jugend auswirken«. Einen Konflikt mit der Kirche wollte man ebenfalls vermeiden und ließ die Pläne für eine neue Verfassung vorerst in der Schublade.[15]

Wieder herausgeholt wurden sie Mitte 1967, in einer Phase der Stabilisierung, die mit dem Mauerbau sechs Jahre zuvor eingesetzt hatte. Er unterband nicht nur die Flucht in den Westen, sondern ermöglichte auch, seit 1962 alle jungen Männer zur NVA einzuberufen (ohne Recht auf Kriegsdienstverweigerung). In den Worten des Staatsratsvorsitzenden Walter Ulbricht hatte die DDR inzwischen ein Entwicklungsstadium erreicht, das nach einer entschieden sozialistischen Verfassung verlangte. In enger Fühlungnahme mit der sowjetischen Führung erarbeitete die SED einen Entwurf, den sie der Volkskammer vorlegte. Diese gab ihn nach kurzer Debatte zur »Volksaussprache« frei. Er wurde an alle Haushalte verteilt und »in den Betrieben und Werken, in den Institutionen und Hochschulen, in den Genossenschaften und Künstlerateliers, in den Einheiten der Nationalen Volksarmee und in den Wohngebieten« diskutiert. Die Versammlungen und »Bürgervertretungskonferenzen« hatten

---

15 Amos, Entstehung, Zitate S. 338 f. (Grotewohl).

die sozioökonomische und demographische Struktur der Bevölkerung widerzuspiegeln; Frauen und Jugendliche, aber auch Parteilose sollten proportional beteiligt werden. Besonderen Wert legte man darauf, »dass angesehene Bürger aller Klassen und Schichten zu Wort kommen«.[16]

Das taten sie auch, in mehr als 750.000 Veranstaltungen, an denen 1968 angeblich elf Millionen Bürger (bei einer Bevölkerung von etwas mehr als 17 Millionen) teilnahmen. Gerade »Angehörige der Intelligenz« sparten nicht an Zustimmung. »Mit minutenlangem stürmischem Beifall« versicherten 1.200 Wissenschaftler, die sich zu Ehren des 150. Geburtstags von Karl Marx in Ostberlin versammelt hatten, »der sozialistischen Verfassung am 6. April ihr Ja zu geben«. Auch Schriftsteller, meldete das *Neue Deutschland*, sagten »von ganzem Herzen JA«; der Vorstand des Deutschen Schriftstellerverbandes erklärte die neue Verfassung zur »Krönung unseres gemeinsamen Werkes« seit der Befreiung vom Faschismus im Frühjahr 1945. Christa Wolf schob noch eine persönliche Loyalitätserklärung nach: »Für mich gibt es seit langer Zeit keinen Zweifel, daß nur die sozialistische Gesellschaftsordnung imstande ist, der Menschheit eine lebenswerte Zukunft zu erringen.« So wie für sie sei »die Entscheidung, in der Deutschen Demokratischen Republik zu leben und zu arbeiten, für viele Bürger unseres Staates ein Akt bewußter Wahl«. Die neue Verfassung sah sie als »das Ergebnis einer solchen Reife des Bewußtseins von vielen«.[17]

Diese Sicht teilte allerdings nicht einmal die eigene Familie. Ihre 16-jährige Tochter Annette jedenfalls ließ die mütterliche

---

16 Verfassungen und Verfassungswirklichkeit in der deutschen Geschichte, hg. v. einem Autorenkollektiv des Instituts für Geschichte der Deutschen Akademie der Wissenschaften zu Berlin unter Leitung v. Wolfgang Ruge, Berlin/DDR 1968, S. 134; Neues Deutschland v. 2.12.1967, S. 1, 3–5; Giandomenico Bonanni, Neues zur sozialistischen DDR-Verfassung von 1968. Entstehungsgeschichte und das Problem der Grundrechte, in: Jahrbuch für historische Kommunismusforschung 2005, S. 189–215, Zitat 197f.
17 Neues Deutschland v. 27.3.1968, S. 2, 7; ebd. v. 2.4.1968, S. 1; ebd. v. 3.4.1968, S. 4 (Wolf).

Pioniere in Cottbus, 1968

Bewusstseinsreife vermissen, als sie zusammen mit Freunden eine Wandzeitung mit Zitaten von Wolf Biermann, Alexander Dubcek, Ernst Fischer (einem undogmatischen österreichischen Marxisten) und Artikel 9 der 1949er Verfassung über freie Meinungsäußerung im Treppenhaus ihrer Schule anbrachte. Nachdem der Direktor höchstpersönlich die Wandzeitung abgerissen hatte, folgten »inquisitorische Gespräche und Abmahnungen«. Die Jugendlichen wurden als »Konterrevolutionäre« beschimpft und abgestraft. Annette als die Jüngste erhielt einen öffentlichen Verweis und befand sich fortan, so ihr Staatsbürgerkundelehrer, »auf der Abschußrampe«.[18]

Wie der politische Generationenkonflikt in der Familie Wolf verhandelt wurde, ist nicht schriftlich überliefert.[19] Die 34-jährige Schriftstellerin Brigitte Reimann machte ihn mit sich selber aus. Auch sie hatte die Verbandserklärung unterschrieben, aus »formalem Gehorsam«. In ihrem Tagebuch notierte sie kurz darauf: »Kein Interesse mehr am Verband, der in Bürokratie, Langeweile und Obrigkeitsgehorsam erstickt.« Der Vergleich mit den tschechischen Schriftstellern und deren Einsatz für die »Idee einer sozialistischen Demokratie« fiel für die DDR-Kollegen deprimierend aus: »Ich habe geweint, unseretwegen, über uns, aus Zorn. Zornig auch gegen mich selbst – Mitmacher, Schweiger.«[20]

Die neue sozialistische Verfassung erklärte Mitmachen zum staatlichen Gebot: »Arbeite mit, plane mit, regiere mit!« hieß es in Artikel 21. Aus offizieller Perspektive hatte bereits die »Volksaussprache« bewiesen, dass das nicht bloß ein »zukunftsweisender Aufruf« war, sondern die Gegenwart gestaltete. Dabei spielte, sehr viel stärker als 1949, die Frage eine Rolle, wie »die Kollektive und Einzelnen« am besten und wirkungsvollsten zur Entwicklung des Sozialismus und zum »Wohl des Volkes« beitragen könnten. Denn jedes Recht wurde mit einer »hohen moralischen Verpflichtung« gekoppelt. Wer mitwirken durfte, sollte das auch tun; wer das Recht auf Arbeit besaß und arbeitsfähig war, hatte die »ehrenvolle Pflicht«, eine gesellschaftlich nützliche Tätigkeit auszuüben (Artikel 24). Dass diese Botschaft bei den »Massen« angekommen war, bezeugten »Hunderttausende

---

18 Annette Simon, Versuch, mir und anderen die ostdeutsche Moral zu erklären, Gießen 1995, S. 44–46.
19 Nach persönlicher Auskunft Annette Simons haben ihre Eltern sie damals rückhaltlos unterstützt, als die Schulleitung die Initiatoren der Wandzeitung mit Repressionen überzog – obwohl Christa und Gerhard Wolf die Schüleraktion nicht billigten.
20 Brigitte Reimann, Alles schmeckt nach Abschied. Tagebücher 1964–1970, Berlin 1998, S. 210f., 215.

Das Volk gibt sein JA-Wort, Neues Deutschland, 7. April 1968

von Werktätigen in der ganzen Republik mit ihrem Willen zu Taten im sozialistischen Wettbewerb«. So jedenfalls schilderte es der Chemieprofessor Erich Correns vor der Volkskammer. Alle folgten dem Vorbild Berliner Kabelwerker, die sich von der neuen Verfassung zur Übererfüllung der Planvorgaben »angespornt« fühlten. Beim Volksentscheid sei ihnen »die festliche Stimmung eines großen Tages in ihre Gesichter geschrieben« gewesen. Norbert Skibitzki, Vorsitzender der Kombinatsgewerkschaftsleitung, erzählte Reportern, sämtliche Gewerkschaftsgruppen hätten in den letzten Wochen über das Referendum gesprochen und bekundet, »daß wir unserer neuen Verfassung voll und ganz zustimmen«.[21]

Damit waren sie nicht allein. »In freier Entscheidung 94,54 % für die neue Verfassung der DDR«, titelte das *Neue Deutschland* am 7. April 1968. Von über 12 Millionen Stimmberechtigten gaben 98 Prozent ihr Votum ab, wobei die Zustimmung in Berlin, Cottbus und Leipzig leicht unter dem Durchschnitt lag. Bei Stippvisiten in Stimmlokalen trafen Journalisten auf Feiertagslaune und »festtäglich gekleidete Familien, viele mit ihren Kindern«. Draußen sangen FDJ-Chöre, Pioniere reimten »Gebt auch ihr jetzt euer Ja, dann ist für die Zukunft alles klar«. Ausländische Beobachter, darunter 40 französische Lehrer, zeigten sich ebenfalls schwer beeindruckt: »Alles war frohgestimmt«.[22]

Dass die Bürger und Bürgerinnen, anders als 1949, über die Verfassung abstimmen durften, sollte »die gesamte jahrelange Argumentation des Gegners hinsichtlich der demokratischen Legitimität der DDR gegenstandslos« machen.[23] Für »Freude« und »Optimismus« sorgten dabei nicht nur die Jugendorganisationen mit Liedern, Sprechchören und Bastelarbeiten für den Vietnambasar.[24] Auch das Ministerium für Staatssicherheit, 1950 gegründet und mit der engmaschigen Überwachung der Bevölkerung betraut, startete eine Aktion »Optimismus«. In den Wochen vor der Abstimmung führte es entsprechende »Operationen« durch. Die internen Berichte darüber zeichneten aller-

---

21 Verfassungen, S. 134–136; Neues Deutschland v. 27.3.1968, S. 2 (Correns); ebd. v. 7.4.1968, S. 4.
22 Neues Deutschland v. 7.4.1968, S. 3.
23 Bonanni, Neues, Zitat S. 201 (aus einem SED-Dokument v. 16.6.1967).
24 Neues Deutschland v. 7.4.1968, S. 3.

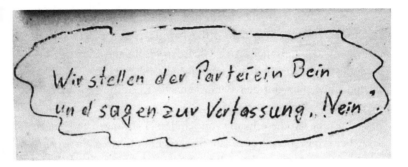

MfS-Akten dokumentieren den Widerstand gegen die neue Verfassung 1968

dings ein weniger freudiges Bild. Im Vorfeld des Volksentscheids habe man »ein außerordentlich hohes Ansteigen der anonymen und pseudonymen Feindtätigkeit« registriert; »Hetzlosungen« seien auf Straßen und Brücken, an Lokomotiven, S-Bahnzüge, Bahnhöfe und Mitropa-Gaststätten »geschmiert« worden, Fahnen wurden abgerissen, Plakate beschädigt. In Hausbriefkästen fanden sich »selbstgefertigte Hetzschriften«, die die Bewohner aufforderten: »Stimmt nicht der Verfassung zu. Uns, – die Jugend, – kriegen sie nicht. Demonstriert! Seid nicht wie der deutsche Michel!« Andere »Hetzzettel« enthielten bloß einen Kreis mit der Aufschrift NEIN: »Auch das ist möglich und erlaubt.« Aus Greifswald kam der Appell an Studenten, in der Kabine abzustimmen; in Halle und Berlin zirkulierten Flugblätter »Weg mit der neuen Verfassung. Wir fordern Rede-, Reise- Pressefreiheit. Weg das Menschengefängnis DDR.«[25]

Wer bei solchen »Hetz«-Aktionen erwischt wurde, kam, wie der junge Kurt Kister aus Weimar, in Haft. Drei 18-jährige Schüler, ebenfalls aus Weimar, hatten Glück. Sie stellten mehrere Dutzend Flugblätter im Kartoffeldruck her, mit nur zwei Worten »SAGE NEIN« und einem N in einem Kreis, und verschick-

25 Bundesarchiv, MfS, HA XX, Nr. 6099, Bl. 434f., 459, 494 (Bericht der Hauptabteilung XX/2 v. 11.4.1968); ebd., ZAIG, Nr. 11186, Bl. 244 (Bericht v. 5.4.1968).

ten sie an Adressen, die sie aus dem Telefonbuch abgeschrieben hatten. »Wir wollten dem offiziellen ›Ja-Geschrei‹ etwas entgegensetzen«, erinnerte sich Christian Hoffmann 2015. Elf der Adressaten nahmen den Brief ohne Absender mit ins Wahllokal und übergaben ihn den Behörden. Die Ermittlungen des MfS verliefen jedoch ergebnislos.[26]

Proteste wie diese, häufig von Schülern, Lehrlingen und jungen Arbeitern initiiert, hatten laut Stasi nicht durchweg ein »staatsfeindliches Motiv«. Trotzdem galt es, »negative« Jugendliche »operativ zu bearbeiten« und »die Wachsamkeit größerer Teile der Bevölkerung« zu erhöhen. Die meisten Menschen nähmen zwar »eine positive Haltung« zur neuen Verfassung ein, doch hätten sich kurz vor dem Volksentscheid kritische Diskussionen auch unter »politisch aktiven Bürgern« in fast allen Bezirken »wesentlich verstärkt«. Sogar Parteigenossen fühlten sich an die »Propaganda von 1933« erinnert und monierten Umfang und Kosten der Werbeaktionen, die aus ihrer Sicht überflüssig waren. Schließlich könne jeder Bürger die »positive Entwicklung unseres Staates selbst einschätzen«. Studenten in Halle, Dresden und Jena lehnten es ab, die von der FDJ geforderten Willenserklärungen abzugeben, und wurden dafür bei der Stasi denunziert. Ein Schriftsteller wollte sein Haus nicht zum Volksentscheid »ausschmücken«, und ein Hennigsdorfer Meister weigerte sich, die Kollegen zur Stimmabgabe zu drängen. Anders als die Familien in Festtagskleidung kündigte ein Arbeiter an, »daß er in Arbeitsklamotten wählen gehen würde« und sich »nicht beflissen fühlt, sich umzuziehen«. Für ihn, rapportierte der Spitzel, »wäre es kein besonderer Anlaß«.[27]

Sehr genau achteten die offiziellen und inoffiziellen Stasi-Mitarbeiter auf kirchliche Kreise, denn hier erwarteten sie den größten Widerstand. Bereits im Juli 1967 meldete das Staats-

---

26 Rathauskurier. Amtsblatt der Stadt Weimar v. 7.3.2015.
27 Bundesarchiv, MfS, ZAIG, Nr. 11186, Bl. 234–236; HA XVIII, Nr. 22949, Bl. 28; BV Potsdam, Vorl. A 85/78, Bl. 282–284 (Bericht eines Stasi-Spitzels »Blitz« v. 4.2.1968).

sekretariat für Kirchenfragen dem SED-Politbüro, in diesem Milieu fürchte man, dass die neue Verfassung »das Wirken der Kirche einschränken könnte«. Obwohl Ulbricht die Ost-CDU ermahnt hatte, religiös orientierte Bürger politisch zu beeinflussen, konnte er nicht verhindern, dass sie sich in der »Volksaussprache« über den Verfassungsentwurf kritisch zu Wort meldeten. Mehr als 3.000 Eingaben, manche mit über hundert Unterschriften, forderten, den Kirchen weiterhin das Recht auf Erteilung von Religionsunterricht an Schulen und auf Seelsorge in Krankenhäusern zu gewähren. Auch kirchliches Eigentum sollte nicht angetastet werden.[28] Die Staatsmedien schwiegen diese Kritik tot und lobten stattdessen, dass so viele Menschen an dem »demokratischen Kolloquium« über die Verfassung teilnahmen und über 12.000 »lebenssprühende« Änderungsvorschläge vorbrachten. Letztere schlugen sich allerdings nicht in Artikel 39 nieder, der, was den rechtlichen Status der Kirchen betraf, lediglich »Vereinbarungen« auf regionaler Basis zuließ. Artikel 20 erwähnte die Freiheit zum religiösen Bekenntnis. Dem häufig geäußerten Wunsch nach einem Wehrersatzdienst aus Gewissensgründen wurde nicht entsprochen.[29]

Viele Pfarrer und Kirchenanhänger reagierten darauf enttäuscht und mit, wie die Stasi notierte, »verstärkter Aktivität«. Evangelische Geistliche hätten in Gottesdiensten und anderen Veranstaltungen öffentlich ihre Ablehnung des Volksentscheids geäußert und »religiös gebundene Bürger« aufgefordert, der Abstimmung fernzubleiben. Katholische Christen wollten teilnehmen, aber mit Nein stimmen. Ein Priester brachte am Heck seines Autos die Losung an: »Viel ist gut in der neuen Verfassung. Viel fehlt in der neuen Verfassung, das nur garantiert als Christ und freier Mensch zu leben. Deshalb sage ich zur Verfassung nein.« Er wurde in Riesa von der Volkspolizei festgenommen, befragt und wieder freigelassen. Stasi-Mitarbeiter

---

28 Bonanni, Neues, S. 190, 209 f.
29 Neues Deutschland v. 27.3.1968, S. 2 (Correns); Bonanni, Neues, S. 199.

im Bezirk Frankfurt/Oder führten sorgfältig Buch: Von den 214 evangelischen Pfarrern, so ihre Bilanz, nahmen 134, also etwa 62 Prozent, am Volksentscheid teil. Aber nur 52 stimmten offen ab, die Mehrzahl machte ihr Kreuz in der Kabine. Von ihnen 43 katholischen Kollegen beteiligten sich nur 14, ein knappes Drittel, zwölf in der Kabine, zwei offen. Generell korrelierte die Zahl von »Kabinengängern« positiv mit der Zahl von Negativvoten. Allerdings stimmten mehrere Personen auch offen mit Nein.[30]

Vermutlich taten das auch Christoph Dieckmanns Eltern in Dingelstedt. Der Pfarrersohn und Journalist erinnerte sich 2003 an sein »erstes Verfassungsgefühl«: »Trotz« gegenüber der offiziellen Propaganda für die Volksabstimmung 1968.

Damals brüllten die Zeitungen, die Litfaßsäulen der DDR über Monate ein Wort: JA! Dieses JA! sei am 6. April der neuen sozialistischen Verfassung zu entbieten. Tagtäglich meldete die *Volksstimme*, mit welch freudiger Ungeduld unsere Menschen dem Tage des JA!-Wortes entgegenhibbelten, um das unverbrüchliche Miteinander von Parteiführung und werktätigen Massen noch vertrauensvoller zu gestalten. Die besten unserer Menschen hatten Selbstverpflichtungen erdacht: Bis spätestens zehn Uhr wollten sie JA! sagen.

Als seine Eltern nachmittags immer noch nicht abgestimmt hatten, »nahten sich zwei Damen von der Bürgermeisterei. Sie schleppten einen Kasten: die fliegende Wahlurne. Das ganze Dorf habe schon gewählt, bis auf Herrn und Frau Pastor. Ob Herr und Frau Pastor nicht gleich hier ihre Zettel …«. Pastor Dieckmann jedoch beschied sie, das Wahllokal habe schließlich bis 18 Uhr geöffnet, das bitte er zu respektieren.

---

30 Bundesarchiv, MfS, ZAIG, Nr. 11186, Bl. 243; HA XX/4, Nr. 1786 (Abschlussbericht der MfS-Bezirksverwaltung Frankfurt/Oder v. 8.4.1968).

Die Damen und die Urne entfleuchten selbdritt. Das Kaffeetrinken nahm seinen geregelten Verlauf. Kurz vor Ultimo begaben sich die Eltern in die Schule und spendeten ihr NEIN, weil die neue Verfassung kirchliche Rechte beschneiden würde.[31]

Fliegende Wahlurnen, Hausbesuche, Strichlisten über »Kabinengänger«: Das sprach nicht unbedingt für eine korrekte »geheime demokratische Abstimmung«, wie sie das *Neue Deutschland* rühmte. »Von Demokratie«, schrieb ein anonym bleibender Potsdamer an Ulbricht, »war bei dem ganzen Vorgang keine Rede«. Vielmehr sei man »mit ganz plumpen Bauernfängermethoden vorgegangen« und habe die Wahllokale so eingerichtet,

dass ängstliche und einfältige Menschen nicht anders konnten als auf bereitgestellten Tischen offen, beinahe unter Aufsicht, ihre Eintragung zu machen. Dieses Täuschungsmanöver wurde anscheinend auf höhere Weisung vorgenommen, denn wir stellten in 9 verschiedenen Wahllokalen die gleiche Einrichtung fest. Vom platten Lande hörten wir, dass dort noch viel rigoroser vorgegangen wurde.[32]

Die DDR-offizielle Lesart, am 6. April 1968 hätten alle Bürgerinnen und Bürger ein »einmütiges Bekenntnis« zu ihrem sozialistischen Staat abgelegt, ist daher mit Vorsicht zu genießen. Auch das war Propaganda, nach innen, für die eigene Bevölkerung, wie nach außen, an die Bundesrepublik gerichtet. In

---

31 Christoph Dieckmann, Verfassungstrotz, in: Unser Grundgesetz. Meine Verfassung. Ansichten von Schriftstellern, hg. v. Karin Hempel-Soos, Köln 2003, S. 35–37 (Dieckmanns Erinnerungen an den 6.4.1968 sind nicht ganz korrekt; der Tag war kein Sonntag, an dem der Vater Gottesdienste abhielt, sondern ein Samstag).
32 Neues Deutschland v. 7.4.1968, S. 3; Siegfried Suckut (Hg.), Volkes Stimmen. »Ehrlich, aber deutlich« – Privatbriefe an die DDR-Regierung, 2. Aufl., München 2016, S. 132 (Brief v. 17.6.1968).

der DDR, hieß es nun, habe das Volk selber »die Verfassung geschrieben« und sie sich mit Herz und Verstand zu eigen gemacht. Demgegenüber mute das, was dem Bonner Grundgesetz widerfahre, geradezu »erbärmlich« an.[33] Auch der Schriftstellerverband hatte sein JA für die Verfassung mit der »Hoffnung und Ermutigung« für alle verknüpft, »die im Westen gegen Notstandsdiktatur und Neofaschismus kämpfen«. Für Christa Wolf bildete die »politische Mündigkeit der Bürger unseres Staates« einen Gegenpol zu den »Manövern« der westdeutschen Regierung, »die Bürger der Bundesrepublik auf die Stufe manipulierter Untertanen zu drücken«.[34]

Mit »Manövern« meinte sie die bevorstehende parlamentarische Verabschiedung der sogenannten Notstandsgesetze. Sie waren nach Auffassung der Adenauer-Regierung notwendig geworden, um die nach 1955 verbliebenen alliierten Vorbehaltsrechte in Krisensituationen abzulösen und der Bundesrepublik volle Souveränität zu gewähren. 1958 erfuhr die Öffentlichkeit davon, dass das CDU-geführte Innenministerium Pläne für eine Notstandsverfassung erstellte. Die SPD war einverstanden, solange es sich um einen äußeren Notstand in Form eines militärischen Angriffs auf bundesdeutsches Territorium handelte; für den Fall eines inneren Notstands durch Bürgerkriege, Aufstände, Naturkatastrophen oder Epidemien aber lehnte sie Änderungen des Grundgesetzes ab. Die Debatten und Auseinandersetzungen zogen sich über mehrere Jahre hin. 1965 schalteten sich nach den Gewerkschaften, die um ihr Koalitions- und Streikrecht auch unter Notstandsbedingungen sowie gegen eine Dienstpflicht kämpften, zivilgesellschaftliche Gruppierungen mit Appellen und Kundgebungen ein. Dem Bonner Kongress »Demokratie vor dem Notstand« im Mai 1965 folgte ein gutes Jahr später der Frankfurter Kongress »Notstand der Demokratie« mit über 20.000 Teilnehmenden.

33 Verfassungen, S. 139, 141; Neues Deutschland v. 27.3.1968, S. 3 (Correns).
34 Neues Deutschland v. 2.4.1968, S. 1; ebd. v. 3.4.1968, S. 4.

Demonstration gegen Notstandsgesetze, Bonn 1967

Beiden ging es darum, die Verfassung in ihrer demokratischen und sozialen »Substanz« zu erhalten. Auf der Abschlussveranstaltung in Frankfurt am 30. Oktober 1966 stand vor der Rednertribüne ein Plakat mit Bundeskanzler Ludwig Erhard als »Manneken Pis«, dessen Strahl auf das Grundgesetz zielte.[35]

Sehr viel stärker noch als bei den Protesten gegen die Wiederbewaffnung rekurrierten die Kritiker der Notstandsgesetze auf das Grundgesetz und verlangten, es »in Geist und Substanz nicht zu ändern«. So äußerten sich die Leiterkonferenz der Kirch-

---

[35] Boris Spernol, Notstand der Demokratie. Der Protest gegen die Notstandsgesetze und die Frage der NS-Vergangenheit, Essen 2008, S. 33, 39; Martin Diebel, »Die Stunde der Exekutive«. Das Bundesinnenministerium im Konflikt um die Notstandsgesetzgebung 1949–1968, Göttingen 2019, S. 142 ff.

lichen Bruderschaften 1963, Mitglieder der Humanistischen Union, Gewerkschafter, Professoren und Studenten. Der Publizist Sebastian Haffner warf der Regierung 1966 im *Stern* vor, »Verfassungsverrat« vorzubereiten, der IG-Metall-Vorsitzende Otto Brenner sah in den Notstandsplänen eine »Aushöhlung der Demokratie« und rief die Delegierten des DGB-Kongresses auf, »das Grundgesetz gegen alle Angriffe und Entstellungen zu sichern«.[36] Demonstranten im beschaulich-kleinstädtischen Lüneburg forderten »Hände weg vom Grundgesetz«, in Bonn skandierte man »SPD und CDU laßt das Grundgesetz in Ruh«.

Sogar der weit linksstehende Sozialistische Deutsche Studentenbund (SDS) war dafür, die Positionen der Verfassung »in der konsequenten Abwehr der Notstandsplanung unermüdlich zu verteidigen«. Transparente zogen Parallelen zum Nationalsozialismus: »Für das Grundgesetz – Gegen NS-Gesetze«; »1933 Ermächtigungsgesetz – 1968 NS-Verfassung«. Die Notstandsgesetze träfen, so SDS-Vorstandsmitglied Hans-Jürgen Krahl 1968, »Vorsorge für einen neuen Faschismus, Vorsorge für Zwangs- und Dienstverpflichtung, für Schutzhaft und Arbeitslager«. Verglichen damit gewann das Grundgesetz »Züge eines systemoppositionellen Manifests«, das von der Bonner Regierung, so der Vorwurf, systematisch ausgehebelt und missachtet wurde. Gerade deshalb musste es von der Linken, in den Worten Hans Magnus Enzensbergers, mit allen Mitteln, auch denen der »Revolution«, beschützt werden.[37]

36 Maren Krohn, Die gesellschaftlichen Auseinandersetzungen um die Notstandsgesetze, Köln 1981, Zitat S. 101 (Bruderschaften); Sebastian Haffner, Bluff mit Verfassungsverrat, in: Stern v. 29.5.1966, S. 10f.; Otto Brenner, Wir brauchen keine Notstandsgesetze! Rede und Materialien, Berlin o.J. [1966].
37 Arnhelm Neusüss, Außerparlamentarische Opposition, in: Die rebellischen Studenten, hg. v. Hans Julius Schoeps u. Christopher Dannenmann, München 1968, S. 47–67, Zitate 60, 66; Wolfgang Kraushaar, Die Furcht vor einem »neuen 33«. Protest gegen die Notstandsgesetzgebung, in: Dominik Geppert u. Jens Hacke (Hg.), Streit um den Staat, Göttingen 2008, S. 135–150, v.a. 139 (Transparente); Detlev Claussen u. Regine Dermitzel (Hg.), Universität und Widerstand, Frankfurt 1968, S. 34–41, Zitat

Demonstration gegen die Notstandsgesetze, Lüneburg 1968

Dass sich linke Organisationen für das Grundgesetz starkmachen und als seine Hüterinnen auftreten würden, hätten sich die Mitglieder des Parlamentarischen Rates 1949 wohl kaum träumen lassen. Selbst wenn der Kampf gegen die Notstandsgesetzgebung und die aus der DDR befeuerte Angst vor einem neuen Faschismus aus heutiger Perspektive übertrieben scheinen, ging es aus Sicht der Außerparlamentarischen Opposition (APO) tatsächlich ums Ganze. Seit die Sozialdemokratie 1966 von der Opposition auf die Regierungsbank gewechselt und in eine Große Koalition mit der CDU/CSU eingetreten war, fiel das Parlament als Korrektiv der Exekutive weitgehend aus. Und obwohl die SPD die Gesetzentwürfe aus den CDU-ge-

---

37 (Krahl); Hans Magnus Enzensberger, Berliner Gemeinplätze, in: Kursbuch 11 (1968), S. 151–169, hier 165.

führten Innenministerien von ihrer staatsautoritären und illiberalen Färbung größtenteils befreien konnte, sah sich die APO weiterhin als einzige Kraft, um der Regierung auf die Finger zu schauen.[38]

In Wirklichkeit teilte sie sich diese Rolle mit den kritischen Medien, die ebenfalls ein scharfes Auge auf das Bonner Geschehen und dessen Verfassungskonformität warfen. Unter Beobachtung stand nicht zuletzt jenes Amt, das seit 1950 mit dem Schutz der Verfassung betraut war und im Innenministerium ressortierte. Schon in der Namensgebung – Bundesamt für Verfassungsschutz – setzte es sich von der in der Weimarer Republik geläufigen Begrifflichkeit (»Republikschutz«, »Überwachung der öffentlichen Ordnung«) ebenso ab wie von der »Staatssicherheit« der DDR. Doch nahmen es die Beamten mit den Verfassungsgrundsätzen, die sie schützen sollten, selber nicht immer genau. 1963 berichteten *SPIEGEL* und *ZEIT* über windige Kooperationen mit alliierten Geheimdiensten in der Telefon- und Briefüberwachung, was eindeutig gegen Artikel 10 GG verstieß. CDU-Innenminister Hermann Höcherl äußerte daraufhin, seine Beamten könnten »nicht den ganzen Tag mit dem Grundgesetz unterm Arm herumlaufen«; *DIE ZEIT* konterte scharf und zutreffend, stattdessen trügen sie die »SS-Blutgruppen-Tätowierung unterm Arm«.[39] Höcherl stand auch in den Notstandsdebatten mit dem Rücken zur Wand, als er Kritikern vorwarf, sie übten sich in »Verfassungsromantik« und kennten die raue Wirklichkeit nicht. Als »Verfassungsminister«, tadelten SPD-Abgeordnete, stehe ihm eine solche »schlechte Vokabel« nicht

---

38 Pavel A. Richter, Die Außerparlamentarische Opposition in der Bundesrepublik Deutschland 1966 bis 1968, in: Ingrid Gilcher-Holtey (Hg.), 1968. Vom Ereignis zum Mythos, Frankfurt 2008, S. 47–74.
39 DER SPIEGEL v. 17.9.1963 (»Gutes Gewissen«). Zur NS-Belastung s. Constantin Goschler u. Michael Wala, »Keine neue Gestapo«. Das Bundesamt für Verfassungsschutz und die NS-Vergangenheit, Reinbek 2015. Zu den Weimarer Vorläufern s. Dirk Edmunds, Vom Republikschutz zum Verfassungsschutz? Der Reichskommissar für Überwachung der öffentlichen Ordnung in der Weimarer Republik, Hamburg 2017.

gut an; immerhin sei das Parlament stolz darauf, durch seine kritischen Nachfragen »die Freiheit und die Sicherheit dieser Demokratie auch für Notzeiten verankern zu können«.[40]
Solche Nachfragen hoben die Existenz und Bedeutung des Grundgesetzes in einer Weise ins öffentliche Bewusstsein, die die hitzigen Auseinandersetzungen aus der ersten Hälfte der 1950er Jahre noch übertraf. Hatte der Verfassungsrechtler Hermann Jahrreiß bereits in seiner Festrede zum zehnten Jahrestag des Grundgesetzes konstatiert, in politischen Meinungskämpfen werde »das Bonner Grundgesetz als Gegner angerufen und als Helfer aufgerufen«, rückte in der an innenpolitischen Konflikten reichen Zeit der späten 1960er und 1970er Jahre der positive Bezug (»Helfer«) in den Vordergrund.[41] Das galt für die schon während der Großen Koalition begonnene Ostpolitik Willy Brandts ebenso wie für die Justizreformen der sozialliberalen Regierung nach 1969. Immer wieder rief die christdemokratische Opposition das höchste Gericht an, über die Verfassungsmäßigkeit der entsprechenden Verträge und Gesetze zu befinden. Mal fielen die richterlichen Entscheidungen zu ihren Gunsten aus (Fristenlösung bei Schwangerschaftsabbruch, 1975), mal dagegen (Grundlagenvertrag mit der DDR, 1973). Stets und fortlaufend aber demonstrierten sie, wie wichtig das Grundgesetz für das gesamte Regierungshandeln war, weit über den Schutz individueller Grundrechte hinaus.
Weniger öffentliche Aufmerksamkeit fand die Dauerdebatte um die Reformbedürftigkeit der Verfassung. Vor allem das Verhältnis zwischen Bund und Ländern erwies sich als immerwährender Zankapfel, nachdem es 1949 auf Betreiben der Besatzungsmächte ausnehmend länderfreundlich gestaltet worden war. Dies

---

40 Deutscher Bundestag, 4. Wahlperiode, 56. Sitzung v. 24.1.1963, S. 2527, 2533.
41 Bulletin des Presse- und Informationsamtes der Bundesregierung, Nr. 93 v. 26.5.1959, S. 907. S. dazu auch Hans Vorländer, Integration durch Verfassung? Die symbolische Bedeutung der Verfassung im politischen Integrationsprozess, in: ders., Integration, S. 9–40, v.a. 23, 31.

habe, konzedierte CDU-Innenminister Gerhard Schröder 1959, speziell im Bereich des Schulwesens »zu vielen Klagen Anlaß gegeben«.[42] 1968 nahmen die Allensbacher Meinungsforscher die Kritik an der alliierten »Aufsicht und Kontrolle« über die Verfassunggebung auf und fragten die Bürgerinnen und Bürger, ob sie meinten, »wir Deutschen sollten uns ein neues Grundgesetz schaffen, das besser unseren Bedürfnissen und Interessen entspricht«. 43 Prozent sagten nein, 26 ja, 31 Prozent waren unentschieden.[43] Das entsprach in etwa den Ergebnissen der vom Parlament eingesetzten Enquete-Kommission Verfassungsreform von 1976. Auch sie sah, trotz neuer Herausforderungen infolge gewachsener Staatsaufgaben, in den meisten Fällen davon ab, Verfassungsänderungen zu empfehlen, und befand die bisherigen Regelungen für »die bestmöglichen«.[44] Die Anteilnahme an ihrer Arbeit, über die »interessierte Öffentlichkeit« der Juristen, Staatsrechtslehrer und Verwaltungswissenschaftler hinaus, hielt sich in engen Grenzen.

Zugleich stiegen die Zustimmungswerte für das Grundgesetz auffällig an, von 43 Prozent der Befragten 1968 auf 70 Prozent 1975. Das betraf alle Berufskreise und soziale Schichten, wobei sich Angestellte, Beamte und Freiberufler deutlich verfassungsaffiner zeigten als Landwirte und Arbeiter. Auch SPD-Anhänger standen Christdemokraten in ihrer Verfassungsliebe nicht mehr nach, im Gegenteil. Erklären lässt sich dieser emotionale Sprung teilweise mit der Aufbruchstimmung, die dem Antritt der sozialliberalen Regierung unter Willy Brandt 1969 und ihrem Programm »Mehr Demokratie wagen« folgte. Die Gruppe derer, die die demokratischen Verhältnisse im Land für »nicht befriedigend« erachteten und ein neues Grundgesetz für »eine wirkliche

---

42   Bulletin, Nr. 91 v. 22. 5. 1959, S. 883.
43   Elisabeth Noelle u. Erich Peter Neumann (Hg.), Jahrbuch der öffentlichen Meinung 1968–1973, Allensbach 1974, S. 225.
44   Deutscher Bundestag, 7. Wahlperiode, Drucksache 7/5924 v. 9. 12. 1976: Schlussbericht der Enquete-Kommission Verfassungsreform; Grimm, Historiker, S. 103 ff.

Demokratie« forderten, verringerte sich von 26 Prozent 1968 auf 10 Prozent 1975, die Gruppe der Unentschiedenen von 31 auf 20 Prozent.[45] Sieben von zehn Befragten sahen, so kann man die Zahlen deuten, in der Verfassung keinen Hemmschuh für »mehr Demokratie«, sondern einen Ermöglichungsfaktor.

Der Wechsel von »Zustandswahrung auf Zukunftsplanung«, den der Verfassungsrichter Dieter Grimm 1994 diagnostizierte, war bereits in den späten 1960er Jahren zu bemerken.[46] Liberale Politiker wie Walter Scheel oder Werner Maihofer sahen im Grundgesetz eine Verheißung und Aufforderung, Bürgerrechte und Bürgerfreiheiten tatsächlich zu verwirklichen; der Schriftsteller Günter Grass wollte »die Verfassung beim Wort nehmen und durchsetzen, was sie verspricht«. Worüber sich Konservative wie der Freiburger Ordinarius Wilhelm Hennis mokierten (»Verfassung als Religionsersatz«), begriffen andere als Impuls und Legitimation eines Demokratisierungselans, der seit Beginn der 1970er Jahre weite Teile der Bevölkerung ergriff.[47] Er blieb nicht auf die Rechts- und Sozialreformen der sozialliberalen Koalitionsregierung beschränkt, sondern erfasste fast alle bundesrepublikanischen Institutionen, von der Familie über die Schule und Universität bis zur Bundeswehr. Er veränderte das Verhältnis der Bürgerinnen und Bürger zu ihrem Staat, ließ sie kritischer werden, stärkte aber auch ihre Bereitschaft zu Engagement und Mitwirkung, weit über die Mitgliedschaft in Parteien hinaus. Die 1970er Jahre wurden zur Hochzeit der Bürgerinitiativen: Sie schossen wie Pilze aus dem Boden, und soziale

---

45 Noelle/Neumann, Jahrbuch 1968–1973, S. 225; Noelle-Neumann, Jahrbuch 1974–1976, S. 72; dies., Jahrbuch 1976–1977, Wien 1977, S. 65. 1968 waren 51 % der CDU/CSU-Anhänger und 43 % der SPD-Anhänger mit dem Grundgesetz so zufrieden, dass sie kein neues wünschten; 1976 hatten sich die Zahlen angeglichen und zeigten 71 % Zustimmung bei CDU/CSU-Anhängern und sogar 74 % bei denen der SPD.
46 Dieter Grimm, Die Zukunft der Verfassung, in: Ulrich K. Preuß (Hg.), Zum Begriff der Verfassung, Frankfurt 1994, S. 277–303, hier 281.
47 Wilhelm Hennis, Verfassung und Verfassungswirklichkeit. Ein deutsches Problem, Tübingen 1968, S. 22.

Bewegungen für Ökologie, Frieden und Frauenrechte fanden, vor allem bei jungen Menschen, regen Zuspruch und Zulauf.

In diesem Kontext bekam auch das Grundgesetz eine andere Valenz und emotionale Aura. 1959 hatte Dolf Sternberger, inzwischen Honorarprofessor für politische Wissenschaft in Heidelberg, angemerkt, die »Lebensprobe« auf das Grundgesetz stehe noch aus: »Man hat sich daran gewöhnt, aber man liebt es nicht.« 20 Jahre später sprach er von einer »lebenden Verfassung«, die sich in Tarifverhandlungen ebenso materialisiere wie in Bürgerinitiativen, Demonstrationen und im »vielstimmigen Simultan-Gespräch der sogenannten öffentlichen Meinung«. Mittlerweile sei die Verfassung, so das Fazit, »aus der Verschattung hervorgekommen, worin sie entstanden war«; unmerklich habe sich »ein neuer, ein zweiter Patriotismus ausgebildet«, der sich aus dem Grundgesetz herleite und ein »Gefühl für das gemeinsame Interesse« oder »allgemeine Beste« ausdrücke.[48]

Für Sternberger war Verfassungspatriotismus ein Gegenangebot, eine Alternative zum Nationalbewusstsein, das den Deutschen durch die staatliche Teilung nach 1945 abhandengekommen sei. Begriffe wie »Vaterland« oder Vaterlandsliebe (deutsch für Patriotismus) hätten ihre Bedeutung, gerade »für jüngere Ohren«, verloren. Das »Gefühlsverhältnis«, das in ihnen aufschien, wollte Sternberger indes erhalten wissen. Es sei wichtig, mahnte er immer wieder, dass Bürgerinnen und Bürger eine »freie, freiwillige Anhänglichkeit« an ihre Verfassung spürten und zeigten, in anderen Worten: »Liebe« und »Zuneigung«.[49]

---

48   Dolf Sternberger, Das Grundgesetz in der Probe des Lebens, in: FAZ v. 20. 5. 1959, S. 8; ders., Verfassungspatriotismus, in: ebd. v. 23. 5. 1979, S. 1. Schon 1970 hatte Sternberger von »Verfassungspatriotismus« gesprochen, ihn aber in der Zukunft verortet (ebd., v. 27. 1. 1970, S. 11; hier auch die Definition als »ein ausreichendes Maß von Gefühl für das gemeinsame Interesse, also altmodisch gesprochen für das allgemeine Beste«).
49   Sternberger, Begriff des Vaterlandes, Zitate S. 38, 49; ders., Verfassungspatriotismus, in: ders., Verfassungspatriotismus, Frankfurt 1990, S. 17–31, Zitate 20, 30f. (Rede von 1982).

Zu derartigen Empfindungen aber waren die 1970er Jahre offenbar nicht mehr oder noch nicht wieder bereit. Selbst wenn eine immer größere Zahl von Menschen das Grundgesetz wertschätzte und sich darauf berief, erwuchs daraus noch kein warmes, geschweige denn heißes Gefühlsverhältnis. Dagegen sprachen nicht zuletzt der ganze politische Stil und Umgangston der Bundesrepublik, ihre »Verfassungskultur«. Anders als die DDR, die Propaganda, Pathos und »kollektive Symbolik« von Anfang an großschrieb und damit vor allem die Jugend zu begeistern suchte, vertrauten die westlichen Demokratien auf die »Überzeugungskraft ihrer politischen Ideen«. Ihre Symbolik, so Karl Loewenstein 1953, war »phantasielos, pedantisch, stereotypisiert«; Begeisterung brauchte und wollte man nicht.[50]

Genauso hielt es die Bundesrepublik mit dem Grundgesetz und seinen Jubiläen, die sich, wie Bundeskanzler Kurt Georg Kiesinger 1969 betonte, »grundsätzlich von denjenigen der Machthaber in Ost-Berlin unterscheiden müßten«. Zum zehnten Jahrestag 1959 fand im Bonner Bundeshaus eine Feierstunde statt, bei der Konrad Adenauer vor Ministern, Gerichtspräsidenten und den Spitzen der Verfassungsorgane an den 23. Mai 1949 als »Wendepunkt unseres Schicksals« erinnerte. Innenminister Gerhard Schröder sorgte sich im Rundfunk um die Situation in der DDR, wo sowjetische Panzer sechs Jahre zuvor Proteste der Bevölkerung blutig niedergeschlagen hatten. Im Vergleich dazu erfüllte ihn die verfassungsmäßige Ordnung in der Bunderepublik mit »Freude«, obwohl er den »Gemeinsinn« vermisste und die politische Abstinenz der jüngeren Generation bedauerte. Ob es »an einprägsamen, vor allem die Begeisterungsfähigkeit der

---

50 Loewenstein, Betrachtungen, Zitate S. 574. Ähnlich ders., Verfassungsrecht, v. a. S. 399, 429. Hier kontrastierte der Autor den »intellektuellen Skeptizismus des Westens« mit der »Propaganda der neuen Erlösungs- und Befreiungsmythologie« im Osten, die aber »die ältere Generation nicht hat vergiften können« (431). Für die jüngere galt das nicht. S. dazu Juliane Brauer, Zeitgefühle – Wie die DDR ihre Zukunft besang. Eine Emotionsgeschichte, Bielefeld 2020.

Jugend ansprechenden Einrichtungen und Symbolen« fehlte, ließ er offen.[51]

Ein klein wenig mehr Entschlusskraft zeigte zehn Jahre später sein Nachfolger Ernst Benda, als er, gerade mit Blick auf die Jugend, einen nationalen Gedenktag vorschlug. Seine Initiative mündete, wenig spektakulär, in der Herausgabe einer Sonderbriefmarke und einer Ausstellung zur Verfassungsgeschichte, die dreieinhalb Wochen lang in der Wandelhalle des Bundestages zu besichtigen war. Wenngleich man damit »auf ein breites Publikum wirken« wollte, schlossen die Öffnungszeiten – von 9.30 bis 16.30 Uhr – den erwerbstätigen Teil der Bevölkerung aus. Immerhin sprach Bundeskanzler Kiesinger in Rundfunk und Fernsehen und verkündete dort »aus voller Überzeugung und mit aller Leidenschaft des Herzens: Nie hat unser Volk eine bessere und gerechtere Verfassung gehabt als diese«. Und er fügte hinzu: »Wer sie als Ganze verdammen wollte, müßte erst beweisen, daß er etwas Besseres bereit hält.«[52]

Dieser Satz war auf »radikale Kräfte« gemünzt, »die das Gewonnene wieder zerstören wollen«. Auch der Innenminister erwähnte »kritische Äußerungen« gegenüber dem Grundgesetz, die in den letzten Jahren zugenommen hätten – wobei er allerdings die Kritik an der Regierungspolitik (Stichwort Notstandsgesetze) mit der am Grundgesetz verwechselte. Zutreffend aber diagnostizierte Benda den »Wunsch des Bürgers« (von der Bürgerin war damals noch nicht die Rede, ebenso wie man ausschließlich von den »Vätern« der Verfassung sprach), »einen umfassenden Einfluß bereits auf das Zustandekommen der ihn betreffenden Entscheidungen zu nehmen«. Dass sich die Jugend »nachdrücklich

---

51 Die Kabinettsprotokolle der Bundesregierung, Bd. 22, 1969: Sitzung v. 25.2.1969; Bd. 12, 1959: Sitzungen v. 25.3. u. 21.5.1959; Bulletin, Nr. 91 v. 22.5.1959, S. 881–884 (Schröder); Nr. 92 v. 23.5.1959, S. 891 (Adenauer); Nr. 93 v. 26.5.1959, S. 902. 1964 war der 23. Mai in keinem Bundesland offiziell gefeiert worden, allerdings waren öffentliche Gebäude beflaggt (FAZ v. 25.5.1964, S. 1).
52 Kabinettsprotokolle, Bd. 21, 1968: 141. Sitzung v. 9.10.1968; Bd. 2, 1969: 158. Sitzung v. 25.2.1969; Bulletin, Nr. 68 v. 28.5.1969, S. 581.

zur Mündigkeit aufgefordert« fühlte, begrüßte der Minister und versprach mehr Transparenz und Öffentlichkeit.[53]

Unter der seit 1969 amtierenden Regierung Brandt fiel das Demokratieversprechen noch vollmundiger aus. In der Bevölkerung fand es breiten Anklang: Bei den Bundestagswahlen 1972 erhielt die SPD 45,8 Prozent der Stimmen und verwies die CDU/CSU erstmalig auf den zweiten Platz der Wählergunst. Auch die FDP, deren rechter Flügel zu den Christdemokraten abgewandert war, konnte mit ihrem auf liberale Bürgerrechte fokussierten Programm zulegen, so dass die Koalition nunmehr eine klare Mehrheit für ihren außen- und innenpolitischen Kurs besaß. Ebenso wie Brandt auf dem SPD-Parteitag 1973 die Losung ausgab »Das Grundgesetz verwirklichen« (und die Gesellschaft demokratisieren), bekannte er sich zur »offensiven Aufgabe«, die Verfassung weiterzuentwickeln und Bürgern mehr Mitbestimmung und Mitverantwortung zu gewähren. Zugleich rief er zu einem »gemeinsamen Fest aller Demokraten« auf: »25 Jahre Grundgesetz, das *ist* Anlaß zum Feiern«. Hatte Bundespräsident Gustav Heinemann zunächst zu einem Gartenfest in der Villa Hammerschmidt einladen wollen, entschied sich das Kabinett für ein »offenes Fest auf dem Bonner Marktplatz« und ersuchte Kommunalpolitiker, solche Volksfeste zum Verfassungstag überall im Land zu organisieren.[54]

Der Anregung kamen zahlreiche Städte und Gemeinden bereitwillig nach, zumal der 23. Mai in jenem Jahr auf einen arbeits- und schulfreien Feiertag fiel. War der Bonner Marktplatz trotz Regen und dank Musik, Theaterspiel und bunten Riesenluftballons »proppenvoll«, bat die Stadt Köln zu einem »volkstümlichen Empfang mit 700 Personen« in der Rathaus-Piazzetta.

---

53 Bulletin, Nr. 67 v. 23. 5. 1969, Zitate S. 569, 571.
54 SPD (Hg.), Parteitag Hannover 1973. Das Grundgesetz verwirklichen. Deutsche Politik und sozialdemokratische Grundsätze. Reden von Willy Brandt, Bonn 1973; Bulletin, Nr. 10 v. 25. 1. 1974, S. 89; Nr. 22 v. 18. 2. 1974, S. 201 f.; Kabinettsprotokolle, Bd. 27, 1974: Sitzungen v. 30. 1. u. 6. 2. 1974.

»Putzfrau und Zahnarzt feierten die Verfassung«, berichtete die *Kölnische Rundschau*, indem sie »sich freuen, tanzen und unterhalten, statt mehr oder weniger ergriffen langatmigen Reden zu lauschen«. In Bielefeld feierte man, ebenfalls im Regen, mit Feuerwerk, Disco und Kirmes – und hatte sogar den Bundespräsidenten zu Gast, der alles »ganz hervorragend« fand, »denn wir haben nicht viel, dem wir uns in breitester Freude zuwenden können«. Auch der Heidelberger Gemeinderat wollte »mitbürgerliche Freude« wecken und richtete eine Stiftung ein, um den Tag der Verfassung alljährlich in Erinnerung zu rufen. Nürnberg lud zu einer Feierstunde auf der Kaiserburg. Dagegen endete die Festveranstaltung der bayerischen Staatsregierung in der Münchner Residenz mit einem Eklat, als der Landtagspräsident, wie schon 1949, die »Nachfahren großpreußischer Hegemoniepläne im Norden« attackierte, was FDP und SPD als »peinlich und taktlos« zurückwiesen.[55]

Kritische Töne, aber mit anderer Stoßrichtung, schlug auch der Chefredakteur der sozialdemokratisch orientierten *Neuen Rhein-Ruhr-Zeitung* an. Der Feier-Aufruf Willy Brandts – der inzwischen wegen der Spionageaffäre um einen Mitarbeiter zurückgetreten war – sei

> verpufft. Weder wird auf Staatskosten getanzt, noch stellt sich jene Fröhlichkeit ein, mit der die Franzosen ihren 14. Juli feiern. Keine Gefühle. Wir Deutschen machen es nüchterner. Die gebrannten Kinder etlicher »Reiche« scheuen das Staatsbekenntnis. Gustav Heinemann spricht in Bonn, die Schulklassen sollen zuhören, danach gibt es schulfrei ... Das Gefühl, das Jubiläum des freiheitlichsten Staates in Deutschlands Geschichte feiern zu können, ja feiern zu müssen, dieses Gefühl stellt sich nicht ein. Auch von Stolz kann kaum

---

55 Bonner Stadtanzeiger v. 18./19. 5. 1974, S. 5; ebd. v. 22./23. 5. 1974, S. 1, 4; Kölnische Rundschau v. 25. 5. 1974; https://historischer-rueckklick-bielefeld.com/2024/05/01/01052024/; Rhein-Neckar-Zeitung v. 24. 5. 1974; Nürnberger Nachrichten v. 23./24. 5. 1974.

die Rede sein. Dieser Staat wird von der breiten Masse seiner Bevölkerung als etwas so Selbstverständliches betrachtet, daß die Gefühle an der Garderobe des Bonner Plenarsaals abgegeben werden.[56]

56 Jens Feddersen, Die junge »Firma«, in: Neue Rhein-Ruhr-Zeitung v. 23./24. 5. 1974. Die NRZ lud ihrerseits zehn 25-Jährige ein, um das 25. Jubi-

Das hätte Edwin Redslob vermutlich ähnlich gesehen und die Schuld daran der Regierung gegeben. Ein Jahr vor seinem Tod 1973 schrieb der ehemalige Reichskunstwart, man habe »in der kühlen Luft Bonns leider vergessen«, an ein regelmäßiges »festliches Bekenntnis zur Staatsform« zu denken – wobei ihm die immer opulenter gefeierten Verfassungstage vor Augen standen, die er in der Weimarer Republik mitgestaltet hatte.[57]

Ob Brandt, wäre er im Amt geblieben, als leidenschaftlicher und charismatischer Politiker den Trend zur Kühle hätte drehen können, ist fraglich; schließlich sind Verfassungsgefühle mangels mitreißender Bilder nur bedingt ansteckend. Doch dass »kollektive Symbolik« wichtig war und blieb, zeigte sich an der freudigen Überraschung, mit der Teilnehmende und Medienleute auf die ungewohnte Einladung reagierten, den 23. Mai 1974 als Verfassungstag »volkstümlich« zu feiern. Das war zwar noch nicht der von Sternberger bereits 1970 angemahnte Verfassungspatriotismus, mit dem sich Bürgerinnen und Bürger die Institutionen der Republik in »Kopf« und »Herz« zu eigen machen sollten.[58] Doch es war ein Anfang, aus der Staatsaktroutine auszubrechen und zivilgesellschaftliche »Anhänglichkeit« und Respekt für die Verfassung zu bezeugen: »Wir sind Grundgesetz«.

Brandts Nachfolger Helmut Schmidt folgte lieber wieder dem bewährten »Vorsatz der Nüchternheit«, wie die *Frankfurter Allgemeine Zeitung* befriedigt vermerkte.[59] Er bemühte sich auch, zusammen mit dem Bundespräsidenten, den giftigen Streit über Verfassungstreue zu befrieden, der Politik und Gesellschaft in der ersten Hälfte der 1970er Jahre zu spalten drohte. Mit dem Thema suchte sich die CDU/CSU, seit 1969 in

läum des Grundgesetzes zu begehen. Der nordrhein-westfälische Kultusminister war Brandts Anregung gefolgt und verfügte in einem Runderlass, alle Schulen sollten auf das Jubiläum aufmerksam machen. Das wurde, ähnlich wie in Weimar, unterschiedlich umgesetzt (Bonner Stadtanzeiger v. 22./23.5.1974).
57 Redslob, Weimar, S. 172.
58 FAZ v. 27.1.1970, S. 11.
59 FAZ v. 25.5.1974, S. 1.

der Opposition, politisch zu profilieren. Ebenso scharf wie sie gegen die aus ihrer Sicht defätistische und prokommunistische Ostpolitik der Regierung Brandt zu Felde zog, warf sie der sozialliberalen Koalition vor, verfassungsfeindliche Gruppen im Land unbehelligt schalten und walten zu lassen. Damit meinte sie vor allem solche »auf der äußersten Linken«; diese reiche, so der CDU-Parteivorsitzende Helmut Kohl 1973, »in die SPD hinein«. Obwohl die Regierung 1972 mit dem sogenannten Radikalenerlass deutlich gemacht hatte, dass Verfassungsfeinde von links und rechts im Öffentlichen Dienst nichts zu suchen hätten, erntete sie regelmäßig den Vorwurf »der Mißachtung, der Nichtachtung und der Verachtung unserer Verfassung und ihrer verfassungsmäßigen Institutionen«. In den Jugendorganisationen von SPD und FDP sahen Christdemokraten radikale Gegner des Grundgesetzes am Werk, von denen sich die Mutterparteien angeblich nicht ausreichend distanzierten. Notfalls müsste, könnte und würde die CDU/CSU deshalb »den Kampf um die Verfassung, um die Bewahrung des Grundgesetzes in seinem Kernbestand auch allein« führen.[60]

Indem die Konservativen gezielt Zweifel an der Verfassungstreue der anderen Parteien streuten, präsentierten sie sich als die einzige politische Kraft, die fest auf dem Boden des Grundgesetzes stand. Zugleich zementierten sie diesen Boden neu und reklamierten die Deutungshoheit über das, was das Grundgesetz war und sein sollte. Wer von ihrer Deutung abwich, galt als »verfassungsfeindlich«, die Jungsozialisten ebenso wie die Jungdemokraten mit ihrer Kampagne von 1974, das Grundgesetz zu »verwirklichen« und »in die Gesellschaft hineinzutragen«.[61] Dabei ging es den Judos, ähnlich wie dem SDS 1968,

---

60 Deutscher Bundestag, 7. Wahlperiode, 79. Sitzung v. 14.2.1974, S. 5011 (Alfred Dregger); Helmut Kohl, Verfassung und Nation als Auftrag der Unionspolitik (1973), in: ders., Der Kurs der CDU, Stuttgart 1993, S. 58, 60.
61 Theo Schiller, Das Grundgesetz in die Gesellschaft hineintragen, in: Was wir wünschen. Junge Bundesbürger über die Zukunft ihres Staates, Köln 1974, S. 225–250 (Schiller war Judo-Vorsitzender); ders., »Das Grundgesetz in die Gesellschaft hineintragen« – ein Impuls von 1974,

keineswegs darum, das Grundgesetz zu diffamieren oder gar abzuschaffen. Anders als in Weimar gab es in der Bundesrepublik der 1960er und 1970er Jahre keine Partei und kaum eine politische Gruppierung, die die Verfassung in Bausch und Bogen ablehnten. Sogar die 1968 gegründete Deutsche Kommunistische Partei (DKP) als Nachfolgeorganisation der verbotenen KPD bekannte sich zur »freiheitlich-demokratischen Grundordnung«, wie sie im Grundgesetz niedergelegt und vom Bundesverfassungsgericht 1952, in seinem Urteil gegen die rechtsextreme Sozialistischen Reichspartei, präzisiert worden war.

Die CDU/CSU-Strategie, solche Bekenntnisse anzuzweifeln, sich selber als Gralshüter des Grundgesetzes hinzustellen und politische Gegner als Verfassungsfeinde zu brandmarken, führte nicht nur zu erbitterten rhetorischen Schaugefechten zwischen Regierungskoalition und Opposition. Sie schärfte auch die öffentliche Wahrnehmung und sensibilisierte sie für die Bedeutung der Verfassung. Dass sich der Anteil derer, die mit den »im Grundgesetz festgelegten demokratischen Verhältnissen« zufrieden waren und kein neues Grundgesetz wollten, in dieser Zeit und unabhängig von der politischen Orientierung so rasant erhöhte – von 43 Prozent der Befragten 1969 auf 70 Prozent 1975 –, hatte auch mit dem breit rezipierten Bonner Streit zu tun. Wenn sich niemand in seiner Verfassungstreue vom politischen Konkurrenten übertreffen lassen wollte, wirkte das offensichtlich auf die Verfassungsgefühle der Bürgerinnen und Bürger zurück. Das Grundgesetz wurde, je länger, desto mehr, mit Werthaltungen identifiziert, die ihm nicht nur, wie in den politischen Konflikten der 1950er und 1960er Jahre, Aufmerksamkeit sicherten, sondern auch das, was Sternberger Anhänglichkeit nannte.

Zugleich ließ der Streit über Verfassungstreue erneut erkennen, wie unterschiedlich man das Grundgesetz lesen und inter-

in: Roland Appel u. Michael Kleff (Hg.), Grundrechte verwirklichen, Freiheit erkämpfen. 100 Jahre Jungdemokrat*innen, Baden-Baden 2019, S. 699–706.

pretieren konnte. SPD und FDP verstanden den Verfassungsauftrag »dynamisch« und wollten, wie Kanzler Brandt Anfang 1974 darlegte, »die Verfassungswirklichkeit aus dem Geist des Grundgesetzes gestalten und fortentwickeln«. Das bedeutete insbesondere, mehr gesellschaftliche Gleichheit und Sozialstaatlichkeit zu schaffen.[62] Dagegen betonte die Opposition das Bewährte und Bewahrenswerte, vor allem die Sicherung individueller Freiheit. 1976 zog sie mit der Parole »Aus Liebe zu Deutschland: Freiheit statt Sozialismus« in den Bundestagswahlkampf und erzielte damit mehr Stimmen als die SPD. Fanden es im Juli 1976 noch 56 Prozent der von Allensbacher Demoskopen Befragten besonders wichtig zu verhindern, »daß sich bei uns ein Sozialismus in der Art der DDR durchsetzt«, waren es im September, kurz vor der Wahl, schon 67 Prozent. Die Kompetenz, eine solche Entwicklung zu unterbinden, trauten die Wählerinnen und Wähler eher den Christ- als den Sozialdemokraten zu.[63]

Im öffentlich ausgetragenen »Kampf um das Grundgesetz« und seine Deutung drehte sich vieles, wenn auch nicht alles, um das Verhältnis zur DDR. Dass die Bundesrepublik deren Existenz mit dem Grundlagenvertrag 1972 faktisch anerkannt hatte, änderte nichts daran, dass sich sämtliche Parteien (außer der DKP) mehr oder minder nachdrücklich von ihr abgrenzten. Je schärfer die Distanzierung ausfiel, desto größer schien, zumindest aus Sicht der CDU/CSU, die Gewähr der Verfassungstreue. Gleichzeitig drängte die SED darauf, die DDR aus ihrer Fixierung auf den Westen zu befreien. Sinnfällig wurde das in einer Verfassungsrevision, die die Volkskammer am 7. Oktober 1974, zum 25. Jahrestag der Staatsgründung, verabschiedete. Anders als 1968 gingen dem weder eine Propagandaoffensive noch eine ausgedehnte »Volksaussprache« voran. Dennoch waren die Änderungen Tagesgespräch, wie das Ministerium für Staats-

---

62 Bulletin, Nr. 10 v. 25.1.1974, S. 90; ebd., Nr. 22 v. 18.2.1974, S. 202 (Brandt); FAZ v. 25.5.1974, S. 1.
63 Noelle-Neumann, Allensbacher Jahrbuch 1976–1977, S. 114.

sicherheit aus allen Teilen des Landes berichtete. Selbst wenn, wie zu erwarten stand, die »zustimmende Tendenz« überwog und der »größte Teil der Bevölkerung, besonders die positiven Kräfte« die Beschlüsse der Volkskammer befürworteten, hörte die Stasi doch überall auch »unklare und negative Meinungen«.

Stein des Anstoßes bildete der veränderte Artikel 1, der die DDR als »sozialistischen Staat der Arbeiter und Bauern« definierte; 1968 hatte es geheißen, sie sei »ein sozialistischer Staat deutscher Nation«. Auch war der Verweis auf die Verantwortung vor »der ganzen deutschen Nation« aus der Präambel gestrichen. Neu hinzugekommen war hingegen Artikel 6 Absatz 2, wonach die DDR »für immer und unwiderruflich mit der Union der Sozialistischen Sowjetrepubliken verbündet« sein sollte. All dies rief Irritationen hervor. Einige Tage vor der Volkskammersitzung sammelten Mitarbeiter des Ministeriums in Berlin-Prenzlauer Berg »selbstgefertigte Hetzschriften« ein, die sich gegen die Änderungen richteten und zu einer Demonstration vor der Botschaft der UdSSR aufriefen. Die Flugblätter lagen in Briefkästen und Bedürfnisanstalten, kursierten aber auch im VEB Werk für Fernmeldeelektronik. Diskussionsbedarf hatten offenbar vornehmlich »Angehörige der Intelligenz« und Studenten. Sie fühlten sich im »Staat der Arbeiter und Bauern« unbehaust und »staatenlos« und vermissten den Rekurs auf die »deutsche Nation«, der sich Ost- und Westdeutsche zugehörig fühlten. Dass dies in der revidierten Verfassung nicht mehr auftauchte, bezeichnete der Liedermacher Wolf Biermann, ein Hauptobjekt der MfS-Beobachtung und »Zersetzung«, als »Vergewaltigung der öffentlichen Meinung« und behauptete, »die Mehrzahl der Bürger der DDR« denke »zur Frage der deutschen Nation anders«.[64]

Zwar notierten die Lauscher und Späher auch Meinungen, wonach »einer Wiedervereinigung mit dem imperialistischen

---

64 BStU, MfS, HA I, Nr. 53: Berichte v. 5., 6. u. 7. 10. 1974 (Bl. 241, 256, 262, 266, 269).

Staat der BRD nicht zugestimmt werden kann, da in der BRD keine gesicherte Arbeit und Zukunft für die Kinder, wie sie in der DDR besteht, gegeben ist«. Viele Menschen jedoch identifizierten sich »mit der These von der ›Einheit der deutschen Nation‹« und nahmen, wie katholische Geistliche, die Tilgung des Nations-Begriffs »mit Empörung auf«: »die Spaltung Deutschlands sei nun verfassungsmäßig fundiert«. Außerdem fanden sie es »nicht richtig, das Verhältnis DDR-Sowjetunion verfassungsmäßig zu verankern«. Der Physiker und Philosoph Robert Havemann, ebenfalls unter dauerhafter Stasi-Observanz, äußerte die Vermutung, dass die »DDR-Spitzenfunktionäre fürchterliche Angst vor dem großen Bruder haben« und alles vermeiden wollten, was in Richtung »einer deutschen Konföderation« zeigen könnte. Ein Ostberliner schlug dem Staatsrat sarkastisch vor, nach der »verfassungsmäßig festgelegten Integration in das sozialistische Lager« möge der »Integrationsgruß« fortan lauten: »Heil Moskau!«[65]

Es hagelte auch Verfahrenskritik, oft garniert mit weiterem Sarkasmus: »Anstelle einer umständlichen Volksabstimmung« sei die Verfassung »durch entwickelten Volkskammerbeschluß« geändert worden. Warum, fragten sich viele, »wurde die Verfassungsänderung so heimlich vorbereitet? Warum keine öffentliche Diskussion bzw. ein Volksentscheid wie im Jahre 1968«? Sogar CDU-Abgeordnete in der Volkskammer stellten sich auf den Standpunkt, »daß die Verfassungsänderung durchaus einen Volksentscheid darüber gerechtfertigt hätte«. Theologiestudenten der Humboldt-Universität unterlegten diese Auffassung mit Artikel 65 Absatz 4 der Verfassung, wonach Entwürfe grundlegender Gesetze der Bevölkerung zur Erörterung unterbreitet werden sollten.[66] Die SED wusste das selbstverständlich. Aber sie entschied sich dagegen, das Experiment von 1968 so

---

65 Ebd., Berichte v. 3., 5. u. 6.10.1974 (Bl. 256, 266f., 284); Suckut, Volkes Stimmen, S. 193, Brief v. 29.9.1974. Der Verfasser unterzeichnete mit Namen und Adresse.
66 BStU, MfS, HA I, Nr. 53: Berichte v. 5. u. 7.10.1974 (Bl. 241, 266, 269).

rasch zu wiederholen. Die plebiszitären Möglichkeiten, die die Verfassung einräumte, blieben fortan, wie viele andere Artikel, totes Papier, wurden aber nie ganz vergessen.[67]

Von einem Verfassungspatriotismus à la Sternberger war man in der DDR damals wesentlich weiter entfernt als in der Bundesrepublik. »Liebe« und »Anhänglichkeit« gebührten im Osten dem Sozialismus, dem »sozialistischen Staat« oder, besonders populär, »unserem sozialistischen Vaterland«. Die Verfassung spielte eine eher marginale Rolle. Zwar zitierten auch hier Bürger und Bürgerinnen in ihren Eingaben und Beschwerden die für sie maßgebenden Regelungen und forderten deren Beachtung ein. Dennoch machte sich niemand Illusionen darüber, dass sich die »Organe« daran halten würden: »Ach ja, die Verfassung«, hieß es in einem namentlich gezeichneten, aber nicht abgedruckten Leserbrief ans *Neue Deutschland* aus dem Januar 1989. »Was in diesem Wunderwerk der Demokratie so alles ›verankert‹ ist. Man könnte statt ›verankert‹ ›auf Eis gelegt‹ sagen.«[68]

Für die Bürgerinnen und Bürger der Bundesrepublik taugte weder der Staat noch das Vaterland als Liebesobjekt, wie überhaupt Liebe aus dem politischen Vokabular weitgehend verschwand.[69] Ob das Grundgesetz die emotionale Leerstelle ausfüllen konnte (und sollte), war umstritten. Sternbergers Appelle in der *Frankfurter Allgemeinen Zeitung* ernteten in den 1970er Jahren kaum Resonanz. Erst als Jürgen Habermas den Begriff seit 1985 aufgriff und gegen das in Stellung brachte, was der seit 1982 amtierende Bundeskanzler Kohl als Normalisierung der deutschen Geschichte und des deutschen Nationalgefühls propagierte, zog er größere Aufmerksamkeit auf sich.[70] Gleich-

---

67 Morina, Aufbrüche, S. 61.
68 Ebd., Zitat S. 39; Anke Fiedler, Medienlenkung in der DDR, Göttingen 2014, S. 334.
69 Frevert, Mächtige Gefühle, S. 220–222; Sternberger, Begriff des Vaterlands.
70 Steffen Augsberg (Hg.), Verfassungspatriotismus. Konzept, Kritik, künftige Relevanz, Hamburg 2024, S. 34–59 (Habermas-Reden v. 1985 und 1987).

wohl blieb er, in den Worten des niederländischen Historikers Maarten Brands, einer der vielen »unpolitischen Seminargedanken« deutscher Intellektueller, unfähig, starke Gefühle oder gar Leidenschaften zu entfachen.[71]

Das sollte er auch gar nicht, weder in Sternbergers Lesart noch in der von Habermas, der ihn dezidiert als »Produkt der Vernunft«, als »in Überzeugungen verankerte Bindung an universalistische Verfassungsprinzipien« definierte.[72] So gefasst, konnte er mit einem an kollektiven Symbolen (Fahnen) und Heldenerzählungen reichen Nationalgefühl selbstverständlich nicht konkurrieren. Gegenüber dem demonstrativen Patriotismus vieler Nachbarländer in Europa fiel er deutlich ab, was angesichts der deutschen Geschichte zwischen 1933 und 1945 auch angemessen schien. Zugleich aber war das Konzept keineswegs so lebensfern und blutleer, wie seine Kritiker meinten. Tatsächlich hatte sich in den politischen Konflikten seit den 1950er Jahren eine praxisgesättigte Wertschätzung des Grundgesetzes entwickelt, die ohne blasse Theorie auskam, dafür aber in der Lebenswelt und den Erfahrungen der Bürgerinnen und Bürger wurzelte. Nicht zuletzt der heftige Streit über die Verfassungstreue der Parteien (»treu, treuer, am treusten«) in den 1970er Jahren machte die Westdeutschen, wie der Politikwissenschaftler Peter Graf Kielmansegg 1979 etwas mokant anmerkte, zu einem »Volk von Grundgesetzbekennern«.[73]

Allerdings blieb es keineswegs bloß bei einem passiven Bekenntnis. Als Parlament und Regierung 1983 eine Volkszählung beschlossen, regnete es Verfassungsbeschwerden, 1.223 an der Zahl. Bürgerinnen und Bürger sorgten sich um ihre Grund-

---

71 Maarten C. Brands, Zwischen Großmanns- und Kleinmannssucht, in: Krzysztof Michalski (Hg.), Identität im Wandel, Stuttgart 1995, S. 176–190, Zitat 183.
72 Christoph Möllers, Das Grundgesetz. Geschichte und Inhalt, 3. Aufl., München 2019, Zitat S. 94.
73 Peter Graf Kielmansegg, Ist streitbare Demokratie möglich?, in: FAZ v. 2.6.1979, S. 9. S. auch Hans Vorländer, Die Verfassung. Idee und Geschichte, 3. Aufl., München 2009, S. 81–83.

rechte, die sie, ganz im Sinne der Verfassungsväter und -mütter, als Abwehrrechte gegen den Staat wahrnahmen. Das erkannte das Bundesverfassungsgericht an, befand aber, dass der von der Volkszählung ausgehende Eingriff in das Persönlichkeitsrecht verhältnismäßig und nicht menschenunwürdig war, ebenso wie das Recht der freien Meinungsäußerung nicht durch die Verpflichtung verletzt wurde, die einzelnen Fragen zu beantworten. Gleichwohl konzedierten die Richter gesetzliche Mängel, gegen die sie, gewissermaßen ungefragt, das neue »Recht auf informationelle Selbstbestimmung« mit Verfassungsrang setzten.[74]

Auch dieses Beispiel zeigt, wie »lebendig« das Grundgesetz war, wie aktiv und selbstbewusst Bürger und Bürgerinnen damit umgingen und wie dynamisch das höchste Gericht seine Regelungen interpretierte. Das heißt nicht, dass die Karlsruher Entscheidungen stets und überall auf Zustimmung trafen. Doch lösten selbst Urteile, die viele Menschen erbosten – wie etwa das Verbot der Fristenlösung bei Abtreibungen 1975 – keine nachhaltige Vertrauenskrise aus. Denn zum einen stellte das Bundesverfassungsgericht immer wieder und erfolgreich seine parteipolitische Unabhängigkeit unter Beweis. Und zum anderen zeigte es, dass das Grundgesetz für mehr als eine Interpretation offen und somit kein totes Papier war.

Wie tief sickerte diese Erkenntnis in die bundesdeutsche Gesellschaft ein, wie viele Menschen teilten sie? Amtsträger und Politiker bemerkten hier Defizite. 1979 forderte Bundeskanzler Schmidt, das Grundgesetz »sollte im Zentrum unserer politischen Bildung stehen, auf den Schulen, den Universitäten, in der Erwachsenenbildung«. Es reiche nicht aus, den Schülerinnen und Schülern am Ende ihrer Schulzeit – wie schon in der Weimarer Republik – ein Exemplar des Verfassungstextes in die Hand zu drücken und zu hoffen, dass sie Inhalt und Bedeutung von selber verstünden. Der 23. Mai könne ebenfalls auf-

---

74 Nicole Bergmann, Volkszählung und Datenschutz. Proteste zur Volkszählung 1983 und 1987 in der Bundesrepublik Deutschland, Hamburg 2009, v.a. S. 36, 52f., 65–67; Grimm, Historiker, S. 247ff.

Keine Fristenlösung bei Abtreibungen:
Protest gegen das Urteil des Bundesverfassungsgerichts, Bonn 1975

wendiger gefeiert werden; immerhin lud die Stadt Bonn 1984, zum 35. Geburtstag des Grundgesetzes, noch einmal zu einem Verfassungsfest ein, wofür ihr Bundeskanzler Kohl dankte.[75]

Mit sehr viel mehr Pomp und politischem Einsatz feierte die DDR ihren »Tag der Republik« am 7. Oktober, allerdings meist ohne Verweis auf die Verfassung.[76] Zwar nahm auch im offiziellen Bonn die Neigung zu, Grundgesetz und Staatsgründung in einem Atemzug zu nennen und Festanlässe zusammenzulegen. Dennoch behielt das Grundgesetz seinen hervorgehobenen Platz im ansonsten eher kargen öffentlichen Festtagskalender der Bundesrepublik. In dem Maße, wie runde und halbrunde Jahrestage seit den 1970er Jahren stärker akzentuiert wurden, griffen auch die Medien das Thema auf. 1964 hatte das ZDF bloß eine viereinhalbminütige Dokumentation ausgestrahlt, 1974 waren es bereits drei. 1989 schließlich gab es rund um den 23. Mai ganze sieben Sendungen über das Grundgesetz; der Festakt in der Bonner Beethovenhalle wurde sogar in ganzer Länge live übertragen.[77]

Wie viele Menschen sich zuschalteten und in welcher »Verfassungsstimmung« sie waren, ist nicht bekannt. Um solche Stimmungsbilder abzurufen, sind Meinungsumfragen hilfreich, so unscharf und situativ eingefärbt sie auch immer sein mochten. 1988 kreuzten die meisten Bundesbürger auf die Frage, worauf sie stolz seien, das Grundgesetz an. Dahinter rangierte, mit geringem Abstand, die Wirtschaft. 1959 war es umgekehrt gewesen; damals hatte sich kaum jemand mit den politischen Institutionen der jungen Bundesrepublik identifiziert und stattdessen Stolz auf das Wirtschaftssystem und dessen Leistun-

---

75 Bulletin, Nr. 64 v. 18.5.1979, S. 597 (Schmidt); Nr. 59 v. 24.5.1984, S. 529 (Weizsäcker), 530 (Kohl).
76 Monika Gibas u. Rainer Gries, Die Inszenierung des sozialistischen Deutschland. Geschichte und Dramaturgie der Dezennienfeiern in der DDR, in: Monika Gibas u.a. (Hg.), Wiedergeburten. Zur Geschichte der runden Jahrestage der DDR, Leipzig 1999, S. 11–40.
77 Ich danke Dr. Veit Scheller vom ZDF-Archiv für diese Auskunft.

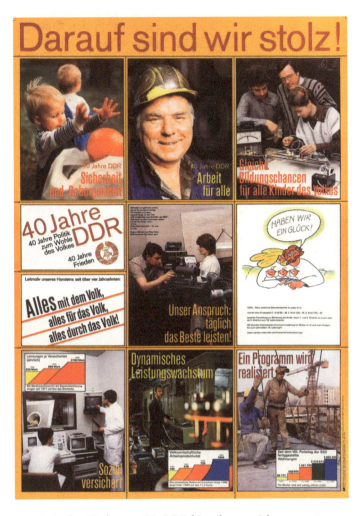

Stolz ohne Verfassung: Die DDR feiert ihren 40. Jahrestag, 1989

gen empfunden.[78] Auch wenn Verfassungspatriotismus, wie Bundespräsident Richard von Weizsäcker 1987 meinte, nicht

78 Werner Weidenfeld u. Karl-Rudolf Korte, Die Deutschen. Profil einer Nation, Stuttgart 1991, S. 132f.

dazu taugen mochte, »Massen zu begeistern«, ließen Umfragen doch erkennen, dass die Mehrheit der Bevölkerung mit der Zeit durchaus eine emotionale Beziehung zu ihrem Grundgesetz entwickelt hatte, die über den von Weizsäcker empfohlenen »nüchternen Gemeinschaftssinn« hinausging.[79]

79 Richard von Weizsäcker, Weltoffener Patriotismus, in: FAZ v. 7.11.1987, S. 29.

VII. Verfassungsgefühle in der wiedervereinigten Nation

Nüchternheit als Markenzeichen der Bonner Republik hob 1989, zum 40. Jahrestag des Grundgesetzes, auch der damalige Bundesratspräsident hervor. Außerdem lobte er die Verfassungsväter und -mütter (mittlerweile erinnerte man sich auch an die weiblichen Mitglieder des Parlamentarischen Rates) für ihre Entscheidung, die »Würde des Menschen« und nicht, wie zuvor, die Würde und Allmacht des Staates in den Mittelpunkt der Verfassung zu stellen. Derweil wies der Bundespräsident auf den Abstand zwischen Verfassungstext und Verfassungswirklichkeit hin und bezog sich dabei speziell auf die Stellung der Frauen. Zugleich mahnte er mit Blick auf Treibhauseffekt und Klimaveränderungen größere Anstrengungen im Umweltschutz an: »Umweltschutz steht für Nachweltschutz. Auch das Grundgesetz steht für solche Einsichten offen.«[1]

Das war vorausschauend gedacht und formuliert. Was jedoch kein einziger Teilnehmer des Bonner Staatsakts im Mai 1989 vorhersah, war das, was sich im Herbst des Jahres in der DDR ereignete. Während sich das SED-Regime selber feierte und zum 40. Jubiläum der Staatsgründung 100.000 Freie Deutsche Jugendliche mit Fackeln Unter den Linden aufmarschieren ließ, demonstrierten andernorts immer mehr Menschen gegen Parteiwillkür und Unfreiheit. Hatte die SED zunächst noch erwogen, die Proteste in bewährter Manier und nach chinesischem Vorbild mit Gewalt niederzuschlagen, kapitulierte sie schließlich vor dem geballten Unmut der Bürgerinnen und Bürger und räumte ihre Machtpositionen. In diesem politischen Vakuum konstituierte sich am 7. Dezember 1989 ein Zentraler Runder

---

1 Bulletin, Nr. 51 v. 25.5.1989, S. 448, 450, 455.

Tisch, an dem 38 Personen Platz nahmen, je zur Hälfte aus alten und neuen Parteien oder Gruppen der Bürgerbewegung. Neben der Auflösung des Ministeriums für Staatssicherheit war es das wichtigste Anliegen dieses Gremiums, eine neue Verfassung für die DDR zu schreiben. Mit der alten von 1974, darüber bestand Einigkeit, sei kein Staat mehr zu machen.[2]

Dass die Verfassungsfrage so weit oben auf der politischen Agenda der postrevolutionären Wendezeit rangierte, erklärte sich weder von selber, noch hatten westdeutsche Berater darauf gedrängt. Ein »Verfassungsbewusstsein« der DDR-Bürger war weitgehend nicht-existent, bestätigte 1990 der »gewendete« Jurist Erich Fischer. Auch die 100.000 FDJler hatten sich in ihrem »Gelöbnis« am 7. Oktober nicht auf die Verfassung, sondern auf Vaterland, Heimat und Sozialismus bezogen.[3] Selbst wenn der Vorsitzende des Rats für staats- und rechtswissenschaftliche Forschungen in der DDR, Professor Wolfgang Weichelt, der Verfassung noch im September 1989 »ein hohes Maß an orientierendem und gestaltungsfähigem Potential« bescheinigte, wollten weder die Regierenden noch die Regierten aus diesem Reservoir schöpfen.[4]

---

2 S. dazu das Interview mit Wolfgang Ullmann, Ulrich Preuß und Rupert Scholz vom Mai 1990 (»Ist das Volk untergegangen?«, in: DER SPIEGEL 21/1990); Uwe Thaysen, Der Runde Tisch, Opladen 1990; Bernd Guggenberger u. Tine Stein (Hg.), Die Verfassungsdiskussion im Jahr der deutschen Einheit, München 1991, S. 350ff.
3 Berliner Zeitung v. 9.10.1989, S. 7.
4 Hans-Jürgen und Rosemarie Will, Die Verfassungsfrage in der DDR auf dem Weg zur deutschen Einheit, in: Kritische Vierteljahresschrift für Gesetzgebung und Rechtswissenschaft 73 (1990), S. 157–166, Zitat 158 (Weichelt); Erich Fischer, Verfassungsgeschichte der DDR 1990, in: Kritische Justiz 23 (1990), S. 413–424. Fischer war noch 1989, zusammen mit Werner Künzel, in dem von Weichelt geleiteten Institut für die Theorie des Staates und des Rechts der Akademie der Wissenschaften der DDR für die Publikation »Verfassungen deutscher Länder und Staaten« zuständig, die der Parteilinie eins zu eins folgte. Nach der Wende trat er der Ost-SPD bei und saß für sie in der Redaktionsgruppe des Verfassungsentwurfs beim Zentralen Runden Tisch.

Für den Runden Tisch dagegen war die Verfassung das Kernstück des staatlichen und gesellschaftlichen Umbaus. Entsprechende Energie und Eile legte er an den Tag. Innerhalb von knapp vier Monaten entstand, trotz zahlreicher kontroverser Punkte, ein kompletter Verfassungsentwurf, den man Anfang April 1990 der neugewählten Volkskammer zur Beratung übergab. Er enthielt soziale und kulturelle Grundrechte ebenso wie plebiszitäre Elemente, bekräftigte die Fristenlösung beim Schwangerschaftsabbruch und die Notwendigkeit des Umwelt- und Datenschutzes. Er entsprach somit den Erwartungen an eine zeitgemäße Verfassung, die aus den Defiziten der DDR gelernt hatte, aber auch bundesrepublikanische Erfahrungen berücksichtigte. Konzipiert war er als »neue Verfassung der DDR«, ohne einer eventuellen gesamtdeutschen Verfassung vorzugreifen. Damit wollte man, so der Bürgerrechtler Gerd Poppe, eine »gegenüber der durch das Grundgesetz für die Bundesrepublik gegebene gleichrangige und damit gleichberechtigte Ordnung schaffen«. Mit dieser Verfassung, sekundierte Ulrich Preuß, einer der westdeutschen Berater, könne die neue politische Führung der DDR »ihren Verhandlungspartnern aus eigenem Recht mit selbstbewußter Würde gegenübertreten«.[5]

Preuß rechnete damals noch mit einer Lebensdauer der DDR von weiteren zwei Jahren. Er war nicht der einzige. Auch Christa Wolf, die die Präambel formuliert hatte, war überrascht von der Geschwindigkeit, mit der der Vereinigungsprozess ablief. »Soviel Energie wie in diesem Jahr«, notierte sie am 27. September 1990, »ist in der deutschen Geschichte wohl noch nie an Un-

---

[5] Rosemarie Will, Der Verfassungsentwurf des Runden Tisches, in: Kerstin Brückweh (Hg.), Die Wiederbelebung eines »Nicht-Ereignisses«? Das Grundgesetz und die Verfassungsdebatten von 1989 bis 1994, Tübingen 2024, S. 53–88, Zitat 65 (Poppe); Ulrich K. Preuß, Auf der Suche nach der Zivilgesellschaft, in: FAZ v. 28.4.1990. S. auch seinen Werkstattbericht über die Verfassungsarbeit in: Dieter Grimm u. a. (Hg.), Gerüchte vom Recht, Baden-Baden 2015, S. 49–96, v. a. 74. Dazu aus DDR-Perspektive Will, Verfassungsentwurf, sowie Fischer, Verfassungsgeschichte, S. 415.

mögliches gewendet worden.«[6] Unmöglich war der Akt einer Verfassunggebung für einen Staat auf Abruf nicht nur aus Sicht der DDR-Bevölkerung, die sich dafür in den aufregenden Monaten nach dem Mauerfall ganz und gar nicht interessierte.[7] Auch die im März gewählte Volkskammer lehnte es mit Hinweis auf Zeitmangel ab, sich mit dem Entwurf des Runden Tisches zu befassen. Stattdessen beauftragte der neue Justizminister Anfang Mai eine Kommission, kurzfristig eine pragmatische Interims-Verfassung auszuarbeiten. Doch auch dieser Text schaffte es nicht bis ins Parlament.[8]

Angesichts des verwirrenden Schlingerkurses wechselten Autoren und Autorinnen der Verfassungsentwürfe die Spur und gründeten das »Kuratorium für einen demokratisch verfassten Bund deutscher Länder«. Unter dem Eindruck des atemberaubenden Tempos, in dem aus zwei Deutschländern eins wurde, wollte diese »gesamtdeutsche Bürgerinitiative« aus etwa 200 Mitgliedern eine »öffentliche Verfassungsdiskussion« anregen. Als Grundlage dienten das westdeutsche Grundgesetz und der Verfassungsentwurf des Runden Tisches. Die daraus entstehende und von einer verfassunggebenden Versammlung zu finalisierende neue gesamtdeutsche Verfassung sollte anschließend »von den Bürgerinnen und Bürgern durch Volksentscheid angenommen werden«.[9]

Nicht zuletzt dank seiner prominenten Mitglieder und Unterstützer stieß der Impuls des Kuratoriums auf ein breites, überwiegend wohlwollendes Medienecho. Auf drei Kongres-

---

6 Christa Wolf, Ein Tag im Jahr. 1960–2000, München 2003, S. 469.
7 Ilko-Sascha Kowalczuk, Deutschland braucht endlich eine Verfassung, in: Süddeutsche Zeitung v. 4.3.2020, S. 11.
8 Preuß bestätigte ebenso wie Fischer, dass der Entwurf vom 8.5.1990 die Zustimmung der westdeutschen Regierung (Bundeskanzler, Innenministerium) fand, aber von der DDR-Regierung, v.a. Staatssekretär Günther Krause, abgelehnt wurde (Grimm u.a., Gerüchte, S. 75f.; Fischer, Verfassungsgeschichte). Anders Will, Verfassungsentwurf, S. 87f.
9 https://www.bpb.de/themen/deutschlandarchiv/193078/das-kuratorium-fuer-einen-demokratisch-verfassten-bund-deutscher-laender-in-der-verfassungsdiskussion-der-wiedervereinigung/.

Die Verfassungsvision der gesamtdeutschen Bürgerinitiative, 1990

sen erarbeiteten insgesamt etwa 2.000 Teilnehmende zwischen September 1990 und Juni 1991 einen ambitionierten Verfassungsentwurf, den sie als Startschuss für eine umfänglichere

Debatte betrachteten.¹⁰ Doch auch dieser Entwurf scheiterte an den politischen Mehrheitsverhältnissen und an der rigoros ablehnenden Haltung der CDU/CSU. Aus deren Sicht gab es weder im Osten noch im Westen des seit dem 3. Oktober 1990 vereinigten Landes ein gesteigertes Bedürfnis, Verfassungsfragen anzugehen. Die Westdeutschen seien laut Meinungsumfragen mit dem Grundgesetz zufrieden und sprächen sich gegen eine Änderung aus. Die Ostdeutschen seien, auf Wunsch der Volkskammer, nach Artikel 23 GG dem Geltungsbereich des Grundgesetzes beigetreten und hätten es somit akzeptiert. Wäre ihnen an einer neuen Verfassung gelegen gewesen, hätten die gewählten Repräsentanten der DDR-Bevölkerung für den durch Artikel 146 GG bestimmten Weg optieren können, der die »Vollendung der Einheit und Freiheit Deutschlands« durch eine »in freier Entscheidung« beschlossene Verfassung vorsah. Das Argument führender Staatsrechtslehrer, Artikel 23 schließe Artikel 146 nicht aus, fand kaum Gehör.¹¹

Dass die Verfassungsdiskussion dennoch, wenn auch verspätet, in Gang kam, war dem Einigungsvertrag zu verdanken. Danach sollten sich Bundestag und Bundesrat innerhalb von zwei Jahren mit aufgelaufenen Fragen zur Änderung oder Ergänzung des Grundgesetzes befassen und auch die Möglichkeit einer Volksabstimmung erörtern. Die Oppositionsparteien unterstützten das, und selbst der frühere CDU-Innenminister und Verfassungsrichter Benda plädierte für eine Fortführung der Debatte. Sprachen viele seiner juristischen Kollegen eher abstrakt davon, dass eine plebiszitär beschlossene Verfassung deren »Legitimationskraft« erhöhe, strich Benda die emotionale Integrationsfunktion des von einer Volksabstimmung gekrön-

10 Bernd Guggenberger u.a. (Hg.), Eine Verfassung für Deutschland. Manifest – Text – Plädoyers, München 1991.
11 Grimm u.a., Gerüchte, S. 88. S. auch Dieter Sterzel, In neuer Verfassung? Zur Notwendigkeit eines konstitutionellen Gründungsaktes für das vereinte Deutschland, in: Kritische Justiz 23 (1990), S. 385–396. Zur Gegenposition s. Dieter Blumenwitz, Braucht Deutschland ein neues Grundgesetz?, in: Zeitschrift für Politik NF 39 (1992), S. 1–23.

ten Ost-West-Dialogs heraus. Nur so, prognostizierte er 1990 in der ZEIT, würden sich die Menschen mit dem Grundgesetz »innerlich verbunden fühlen«.[12]

Ob die 1991 eingerichtete Gemeinsame Verfassungskommission (GVK) diesen Dialog so offen und intensiv führte, wie es sich Benda und andere gewünscht hatten, ist fraglich. Ihre Mitglieder waren zu 83 Prozent Westdeutsche, die sich, ähnlich wie in der Enquete-Kommission der frühen 1970er Jahre, über die einzelnen Artikel des Grundgesetzes beugten und sie auf ihre Änderungsbedürftigkeit überprüften. Die Verfassungstexte des Runden Tisches oder des Kuratoriums spielten, wenn überhaupt, eine randständige Rolle. Für frischen Wind sorgten allenfalls die über 800.000 Bürgerbriefe, oft in kollektiver Form verfasst. Wie schon 1949 beim Parlamentarischen Rat stammten viele von Gewerkschaftern und Feministinnen, die mehr soziale und Frauenrechte forderten. Auch andere Themen, die der Entwurf des Kuratoriums großgeschrieben hatte, gerieten auf diesem Weg ins Blickfeld der Kommission: Kinderrechte, Umweltschutz und plebiszitäre Formen bürgerschaftlicher Teilhabe.[13]

Als die GVK nach über zweijähriger Arbeit ihren Bericht vorlegte, war von den zahlreichen Anregungen nicht viel übriggeblieben. Lediglich im Bereich der (relativ unverbindlichen) Staatsziele hatte man sich auf neue Vorgaben geeinigt: Artikel 3 Absatz 2 verpflichtete den Staat fortan, »die tatsächliche Durchsetzung der Gleichberechtigung von Frauen und Männern« zu fördern und »auf die Beseitigung bestehender Nachteile« hinzuwirken; Artikel 20 a legte ihn darauf fest, »in Verantwortung für die künftigen Generationen die natürlichen Lebensgrundlagen und die Tiere« zu schützen. Über Volksinitiativen, Volksbegeh-

---

12 Ernst Benda, Das letzte Wort dem Volke, in: DIE ZEIT v. 14.9.1990, S. 13.
13 Deutscher Bundestag, 12. Wahlperiode, Drucksache 12/6000 (Bericht der GVK), 5.11.1993, S. 13 u. 124–127. S. dazu Christoph Schönberger, Routinierte Berufspolitik im historischen Ausnahmemoment. Die Gemeinsame Verfassungskommission der frühen 1990er Jahre, in: Brückweh, Wiederbelebung, S. 95–111; Morina, Aufbrüche, S. 222 ff.

ren und Volksentscheide schwieg sich der Bericht beredt aus, und auch eine Volksabstimmung über das Grundgesetz wurde verworfen. Der ostdeutsche Theologe und Bürgerrechtler Wolfgang Ullmann, der mit Verweis auf die Bürgerproteste im Herbst 1989 engagiert dafür geworben hatte, kehrte der Kommission enttäuscht den Rücken.

Er warf ihr außerdem vor, den Austausch mit der Bevölkerung gescheut und das große öffentliche Interesse, das sich nicht zuletzt in den Bürgerbriefen spiegelte, weder genutzt noch bedient zu haben.[14] Nicht wenige teilten diese Kritik: Anstatt die Verfassungsdiskussion partizipativ zu gestalten, habe man sie in abgeschlossene Gremien verbannt. Die Chance, aus der Selbstwirksamkeitserfahrung von 1989 zu lernen und das Bedürfnis nach direkter Teilhabe zu berücksichtigen, sei ohne Not vertan worden. Stattdessen habe man den Ostdeutschen zu verstehen gegeben, ihr aus dem »positiven Erlebnis unmittelbarer Demokratie« in den Monaten vor dem Mauerfall erwachsenes Selbstbewusstsein werde in Zukunft nicht mehr gebraucht.[15]

Frustriert waren damals viele, im Osten wie im Westen. In Meinungsumfragen und Briefen, die Bürgerinnen und Bürger an Politiker schrieben, waren hohe Erwartungen deutlich geworden. Im Juni 1991 hatte eine knappe Mehrheit der Ostdeutschen dafür votiert, ein neues Grundgesetz zu erarbeiten und das Volk darüber abstimmen zu lassen. Von den Westdeutschen wünschten sich das beinahe jeder und jede Dritte, immerhin fast doppelt so viele wie im Jahr zuvor. Immer wieder meldeten sich Männer und Frauen »als Bürger« zu Wort und wollten an der Verfassungsdiskussion beteiligt werden. Die Voten variier-

---

14 Zu Ullmanns Einsatz für plebiszitäre Bestimmungen s. sein Interview im *SPIEGEL* v. 20.5.1990 sowie Wolfgang Ullmann, Freiheit für die deutschen Länder. Vom Grundgesetz zur gesamtdeutschen Verfassung, in: Rudolf Hickel u.a. (Hg.), Umverteilen, Köln 1993, S. 317–322 (hier auch die Kritik an der GVK, öffentliche Beratungen nicht zugelassen zu haben); s. auch Gertude Lübbe-Wolff, Demophobie. Muss man die direkte Demokratie fürchten?, Frankfurt 2023.
15 Morina, Aufbrüche, S. 228f. (Zitat Wolfgang Thierse).

ten nach Parteipräferenz, Alter und Bildungsgrad. Je jünger und gebildeter die Befragten waren, desto häufiger sprachen sie sich für eine neue Verfassung aus.[16]

Allerdings gab es in den Wendejahren nach 1989 besonders für Ostdeutsche sehr viel drängendere Themen als die Verfassung. Nur knapp zehn Prozent der Briefe und Postkarten an die GVK kamen aus den neuen Bundesländern, und längst nicht alle teilten Ullmanns Meinung, die Verfassungsfrage bleibe »bei weitem die wichtigste aller Fragen der deutschen Vereinigung«.[17] Was für die Bürgerbewegung gelten mochte, die die Friedliche Revolution angeführt hatte, spielte für die große Mehrheit der DDR-Bevölkerung, die sich dieser Revolution erst allmählich oder gar nicht angeschlossen hatte, keine Rolle. Bei den Volkskammerwahlen im März 1990 (mit einer Beteiligung von über 93 Prozent) stimmten weniger als drei Prozent der Wählerinnen und Wähler für das Bündnis 90 als Zusammenschluss verschiedener Bürgerrechtsgruppen.

Wenn es später hieß, die Absage an eine neue Verfassung samt Volksabstimmung habe Ostdeutsche »in eine Beobachterrolle gedrängt« und dem »System« dauerhaft entfremdet, täuscht das über die manifeste Interessenlage in der Wende- und Nachwendezeit hinweg.[18] Zwar wünschten sich 58 Prozent der Ostdeutschen 1991 ein neues Grundgesetz. Als sie fünf Jahre später

16 Ebd., S. 166f.; Matthias Jung, Wer will eine neue Verfassung, in: Politische Studien 2 (1991), S. 18–23, hier 20; Christopher Bandit u. Helena Gand, Stimmungen, Meinungen und Motivlagen der deutsch-deutschen Bevölkerung in der Verfassungsdiskussion im Jahr 1990, in: Brückweh, Wiederbelebung, S. 179–204, Zitat 189.
17 Morina, Aufbrüche, S. 172; Ullmann, Freiheit, S. 317.
18 Steffen Mau, Lütten Klein. Leben in der ostdeutschen Transformationsgesellschaft, 2. Aufl., Berlin 2021, S. 125, 146f. Ähnlich Kowalczuk, Deutschland; Dieckmann, Verfassungstrotz. 2010 wies Gerhard Rein, zwischen 1981 und 1989 DDR-Korrespondent des Süddeutschen Rundfunks, auf »Spätfolgen der Diskussion um die Verfassung« hin: Bis dato sei gerade unter den ehemaligen Bürgerbewegten im Umfeld der evangelischen Kirche die Diskussion »darüber nicht beendet, ob es nicht doch nach der Vereinigung der beiden deutschen Staaten so etwas wie eine Arbeit an einer gemeinsamen Verfassung« hätte geben sollen (Grimm u.a., Gerüchte, S. 86f.).

gefragt wurden, welche Faktoren die Einheit bislang belastet hätten, rangierte die Nichterfüllung dieses Wunsches jedoch an nachgeordneter Stelle. Sehr viel schärfer fiel die Kritik an ökonomischen Entscheidungen (Privatisierung der Ostbetriebe, geringere Löhne, kein Konkurrenzschutz der ostdeutschen Wirtschaft) und sozialen Verwerfungen aus (westdeutsche Dominanz in leitenden Positionen und unter Betriebseigentümern, Verzicht auf »soziale Errungenschaften der DDR«).[19]

Von daher ist fraglich, ob eine gemeinsam ausgehandelte und durch ein Referendum legitimierte Verfassung tatsächlich eine größere emotionale Verbundenheit mit und innerhalb der neualten Bundesrepublik bewirkt hätte. Konnte sie die massiven sozioökonomischen Belastungen ausgleichen? Wäre, so der Soziologe Steffen Mau, die »Beteiligungsillusion« ausreichend gewesen, den Vereinigungsprozess nicht als »kalten administrativen Akt« zu empfinden und stattdessen warme Gefühle für das neue Gemeinwesen zu entwickeln? Hätte die »eigene Mitwirkung und Zustimmung«, wie die Bürgerrechtlerin Ulrike Poppe meinte, »den Ostdeutschen psychologisch gut getan« und eine »verpflichtende Haltung erzeugt«?[20]

Es fällt auf, dass die Rede von der versäumten und missachteten Gründungssaga mit zunehmendem zeitlichem Abstand immer lauter wird. In dem Maße, wie sich die ökonomischen Transformationsprobleme verringern, haben symbolpolitische Anliegen Konjunktur. Rund um den 20. und 30. Jahrestag der Friedlichen Revolution häuften sich Appelle, das damals Verpasste nachzuholen, eine breite Verfassungsdebatte zu führen und das Volk abstimmen zu lassen. Möglicherweise schaffe dies eine »gesamtdeutsche Identität« und fördere, so der Bündnis-Grüne und DDR-Oppositionelle Werner Schulz, das »Gleich-

---

19 Elisabeth Noelle-Neumann u. Renate Köcher (Hg.), Allensbacher Jahrbuch der Demoskopie 1993–1997, München 1997, S. 558.
20 Mau, Lütten Klein, S. 146f.; Grimm u.a., Gerüchte, S. 91 (Poppe).

wertigkeitsgefühl« der Ostdeutschen.[21] Dass diese sich inzwischen als Bürger zweiter Klasse sahen, worin sie rechts- und linkspopulistische Parteien bestärkten, ließ einen, wenn auch verspäteten, »konstitutionellen Moment« als geboten erscheinen.

Solche Appelle kamen auch aus dem Westen der Republik.[22] Einerseits sorgte man sich hier um den »Verfassungspatriotismus« der Ostdeutschen. Obwohl sie immer seltener mit dem Grundgesetz fremdelten, blieben ihre Zustimmungswerte doch stets um zehn bis zwanzig Prozentpunkte hinter den westdeutschen zurück.[23] Andererseits stand der Verdacht im Raum, es könnte mit den positiv auf das Grundgesetz bezogenen Gefühlen auch in der »alten« Bundesrepublik nicht so weit her sein. Zwar war das Grundgesetz in politischen Konflikten nach wie vor der zentrale »Helfer«. Als die konservativ-liberale Regierung 1993 angesichts stark ansteigender Asylanträge das grundgesetzlich verbürgte Asylrecht einschränkte, erhob sich lauter Protest. Auf ebenso scharfe Kritik stieß 1998 die Grundgesetzänderung, die den sogenannten Großen Lauschangriff (in juristisch korrekter Sprache: akustische Wohnraumüberwachung) ermöglichte. Liberale und Linke sahen die von der Verfassung garantierte Unverletzlichkeit der Wohnung und der Privatsphäre bedroht. Das Bundesverfassungsgericht ordnete daraufhin strenge Prüf- und Kontrollmaßnahmen an, um sicherzustellen,

---

21 Werner Schulz, Die Einheit hätte eine neue deutsche Verfassung gebraucht, in: Welt am Sonntag v. 11.9.2019. In einem Interview vom 27.7.2024 mahnte der sächsische SPD-Landrat Dirk Neubauer erneut an, »es wäre an der Zeit zu überlegen, ob man eine gesamtdeutsche Verfassung schreibt. Ich weiß, das ist Symbolpolitik. Aber manchmal ist Symbolik wichtig. Das würde heißen: Wir haben verstanden, wir honorieren eure Transformationsleistung.« (https://www.faz.net/aktuell/wirtschaft/ostdeutschland-dirk-neubauer-ueber-hass-auf-politiker-und-energiewende-19881426.html).
22 Ute Scheub, Wiedervereinigung und AfD, in: taz v. 23.4.2024.
23 IfD Allensbach, 75 Jahre, Schaubild 6 u. 7. 2023 gaben 87 % der Westdeutschen, aber nur 69 % der Ostdeutschen an, Vertrauen ins Grundgesetz zu haben.

dass die Überwachung weder gegen die Menschenwürde verstieß noch den Kernbereich privater Lebensführung tangierte.

Hier setzte sich die bundesrepublikanische Tradition fort, das Handeln von Parlament und Regierung auf Verfassungskonformität abzuklopfen und dann, wenn ein Grundrecht verletzt schien, das Karlsruher Gericht anzurufen. Dass dessen Richter weiterhin nicht immer im Sinn der Beschwerdeführer urteilten, tat seiner Reputation keinen Abbruch. Selbst Entscheidungen, die breites Unverständnis und Widerspruch ernteten – wie 1995 im Fall des »Soldaten sind Mörder«-Urteils oder dem Kruzifix-Beschluss –, bescherten ihm keine anhaltenden Sympathieeinbußen. 2013 gaben 86 Prozent der von Allensbacher Demoskopen Befragten an, sehr oder ziemlich viel Vertrauen zum Bundesverfassungsgericht zu haben; höhere Vertrauenswerte erzielte mit 91 Prozent nur noch das Grundgesetz selber.[24]

Trotz dieser überwältigenden Zustimmung (die sich bis 2024 leicht abschwächte) blieben Zweifel, wie »warm« das Verhältnis zwischen Volk und Grundgesetz wirklich war. Eine Verfassungsdiskussion voller Leidenschaft und mit anschließender Volksabstimmung hätte hier Klarheit schaffen können. Dass beides nicht stattfand und der *constitutional moment*, so Dieter Grimm 2010 nüchtern-bedauernd, ein für alle Mal vorbei war, bereitete Phantomschmerzen.[25] Manche fühlten sich an 1949 erinnert, als der Parlamentarische Rat die Auflage der Besatzungsmächte, das Grundgesetz durch eine Volksabstimmung legitimieren zu lassen, beiseitegeschoben hatte. Dieser Fehler könnte jetzt, Jahrzehnte später, behoben werden, so dass auch die Westdeutschen endlich Gelegenheit bekämen, explizit Stel-

---

24 Roland Rechtsreport 2014, S. 48, 53 (hier das nach Entscheidungen aufgeschlüsselte Stimmungsbild, wonach nur 40 % das »Soldaten sind Mörder«-Urteil und 36 % das Kruzifix-Urteil für richtig hielten). Gegen das Kruzifix-Urteil gingen 256.000 Protestschreiben ein, sehr viel mehr als gegen alle Urteile zusammen, die das Gericht seit 1951 gefällt hatte (Heribert Prantl, Politik? Natürlich ist das Politik!, in: Stolleis, Herzkammern, S. 168–185, hier 172).
25 Grimm u.a., Gerüchte, S. 88.

lung zu ihrer Verfassung zu beziehen und sie sich gefühlsmäßig anzueignen. Man bemühte historische Vorbilder, in denen es angeblich gelungen war, eine solche emotionale Bindung zu erzeugen, und bemängelte einmal mehr, wie pathosarm und zurückgeblieben die Bunderepublik in ihrem Symbolverständnis sei.

Dass diese Beispiele entweder falsch oder nicht nachahmenswert waren, störte kaum. In den USA, dem Vorzeigeland eines *constitutional patriotism*, wurde die Verfassung von 1787 von den Parlamenten der Einzelstaaten ratifiziert; das Volk war nicht direkt beteiligt. Dennoch erwarb sie mit der Zeit die Aura eines geheiligten Symbols.[26] In Frankreich hatten Bürgerinnen und Bürger 1946 gleich dreimal über die neue Verfassung abgestimmt, doch konnte die finale Annahme mit einem Quorum von nur 36 Prozent wohl kaum als Maßstab demokratischer Partizipation und Verfassungsliebe dienen.[27]

Wie erklärt sich dann aber die Beharrlichkeit, mit der hierzulande ein Defizit positiver Verfassungsgefühle diagnostiziert und Abhilfe gefordert wird? In den letzten zwei Jahrzehnten und zu den mittlerweile im Fünf-Jahres-Takt gefeierten Jubiläen tönte der Ruf nach mehr Liebe immer lauter. 1999 notierte die *Frankfurter Allgemeine Zeitung* einen »angstvollen Unterton« bei der Frage nach den »Werte-Voraussetzungen der Verfassung« und riet zu mehr »Optimismus«.[28] 2003 durften Schriftsteller ihre Ansichten zu »Unser Grundgesetz. Meine Verfassung« äußern; sie fielen, besonders bei den westdeutsch

---

26 Heideking, Verfassung; Pauline Maier, Ratification. The People Debate the Constitution, 1787–1788, New York 2010; Thomas C. Grey, The Constitution as Scripture, in: Stanford Law Review 37 (1984), S. 1–25.
27 https://www.elysee.fr/de/franzoesisches-praesidialamt/die-verfassung-vom-27-oktober-1946.
28 FAZ v. 22.5.1999, S. 1 (»Verfassung für den Alltag«). Dass die Deutschen ein »eher nüchternes Verhältnis zu ihrer Verfassung« hatten und selten »von der stillen Glut eines Verfassungspatriotismus erfüllt« waren, fand die konservative Zeitung unbedenklich.

sozialisierten, überwiegend positiv bis euphorisch aus.[29] 2006 bat Bundestagspräsident Norbert Lammert 42 Autoren aus Politik, Kultur und Wirtschaft um eine Antwort auf die Frage, »was unsere Gesellschaft zusammenhält«: Verfassung, Patriotismus oder Leitkultur? Viele outeten sich als Verfassungspatrioten, nicht zufällig oft Bürger mit fremdländischen Namen. Lammert selber fand zwar, man könne und dürfe auf das Grundgesetz stolz sein. Trotzdem reichte ihm »der gut gemeinte Appell zum Verfassungspatriotismus nicht aus«, solange der sich auf einen kognitiven Akt der Identifikation beschränke. Auch Bundeskanzlerin Angela Merkel hielt Verfassungspatriotismus »als dauerhafte Alternative zu den tiefer liegenden Bindungskräften der Nation« für zu kurz gegriffen, zumal er nur »bestimmte Gruppen unserer Gesellschaft« erreiche.[30]

Um den Kreis der Verfassungsfreunde zu erweitern, druckte 2018 ein Medienunternehmer das Grundgesetz als prachtvolles Magazin auf edlem Papier mit einer Startauflage von 100.000 Exemplaren; ein Jahr später ging es bereits in die dritte Auflage. In einer Produktion des Berliner Maxim Gorki Theaters unterzog ein diverser Chor den Verfassungstext 2018/19 zunächst vor dem Brandenburger Tor und dann in Karlsruhe einem performativen »Stresstest«. In Karlsruhe wurde 2019 auch eine Fernsehsendung aufgezeichnet, in der das zahlreich versammelte Publikum den Präsidenten des Bundesverfassungsgerichts Andreas Voßkuhle zum Grundgesetz befragte. Da dieses Gesetz, wie immer wieder betont, nicht nur Rechtsexperten anging, erschien 2022 nach den vielen juristischen ein »literarischer Kommentar« mit Bemerkungen zum subjektiven Verständnis des Textes. Das Grundgesetz, titelte *DIE ZEIT* 2019, sei

---

29 Hempel-Soos, Unser Grundgesetz.
30 Norbert Lammert (Hg.), Verfassung, Patriotismus, Leitkultur. Was unsere Gesellschaft zusammenhält, Bonn 2006, v.a. S. 88f. (Navid Kermani), 98 (Hakki Keskin), 143 (Lammert), 175 (Merkel).

ARD-Primetime: Bürgerinnen und Bürger stellen dem Präsidenten des Bundesverfassungsgerichts ihre Fragen, 22. Mai 2019

»das liebste Buch der Deutschen« und werde »regelrecht verehrt«.³¹

Fünf Jahre später, zum 75. Jahrestag, rollte eine wahre Welle von Liebeserklärungen an, initiiert von Lokalpolitikern, Kultureinrichtungen und Demokratie-Bündnissen. Um Schülerinnen und Schüler zu motivieren, sich »schmunzelnd« mit dem Grundgesetz auseinanderzusetzen, veröffentlichte die baden-württembergische Landeszentrale für politische Bildung zwei Dutzend Karikaturen samt Arbeitsvorschläge für den schulischen Politikunterricht. Das Bonner Haus der Geschichte lud Jugendliche ein, einen Brief ans Grundgesetz zu schreiben und ihre persönliche Beziehung zur Verfassung auf Plakaten zu bebildern; ein Leistungskurs Sozialkunde stellte seine Liebeserklärungen direkt ins Netz.³² Viele Kommunen folgten, ähnlich wie 1974, der Anregung aus Berlin, Bürgerfeste zum 23. Mai zu

---

31 https://www.swrfernsehen.de/swr-extra/im-namen-des-volkes-deutschland-fragt-zum-grundgesetz-100.html; DIE ZEIT v. 2.5.2019, S. 6.
32 https://www.politikundunterricht.de/aktuell_21/aktuell_21_grundgesetz_karikaturen_bf.pdf; Quintin Copper, »Die Freiheit, ich zu sein«.

organisieren. In der alten und neuen Bundeshauptstadt wurde, mit tatkräftiger Unterstützung der Regierung, besonders ausgiebig gefeiert. Dem Bundespräsidenten war das ein großes demokratiepolitisches Anliegen. Schon 2019 hatte er mit Befriedigung vermerkt, dass das Interesse am Grundgesetz noch nie so breit gestreut war und die Grundrechte noch nie so oft zitiert wurden. Zugleich aber verband er die Erfolgsnachricht mit der Mahnung, »diesen Schatz« offensiver zu verteidigen. 2023, beim Jubiläumsakt in Herrenchiemsee, schob er die Warnung nach: »Unsere Verfassung verliert ihre Gültigkeit an dem Tag, an dem sie uns gleichgültig wird.«[33]

Ähnlich hatte es 2010 der Grünen-Politiker Robert Habeck formuliert, als er für einen linken Patriotismus vulgo Verfassungspatriotismus warb: »Desinteresse reicht, um das Allgemeinwohl auszuhöhlen.«[34] Dem konnte 2023 sogar die CDU/CSU zustimmen und schlug vor, »Verfassung und Patriotismus als verbindendes Band« mit einem »Bundesprogramm« zu stärken und den 23. Mai durch eine alljährliche Großveranstaltung aller Verfassungsorgane zum nationalen »Gedenktag« aufzuwerten. In der parlamentarischen Aussprache, keinem Höhepunkt der Debattenkultur, plädierte die SPD dafür, sich lieber »täglich für unser Grundgesetz einzusetzen«; Grüne wehrten sich gegen »Patriotismus als Dekret«, Linke warnten vor »Deutschtümelei«. Außer Linda Teuteberg von der FDP, die die Debatte lohnend und »eine emotionale Beziehung« zur Verfassung wichtig fand, stellte sich nur die AfD auf die Seite der Christdemokraten und sah in einem »Tag des Grundgesetzes« einen guten Anfang für mehr gefühlten und bezeugten Patriotismus. Als der Bundestag ein Jahr später noch einmal darüber diskutierte, schwang sich die rechtsextreme Partei sogar zur eigentlichen Hüterin

Haus der Geschichte feiert »75 Jahre Grundgesetz«, in: Museumsmagazin 4 (2023), S. 20–23.
33 Bulletin, Nr. 69-4 v. 24.5.2019, S. 2, 4; FAZ v. 11.8.2023, S. 2.
34 Robert Habeck, Patriotismus. Ein linkes Plädoyer, Gütersloh 2010, S. 35, 64.

Lichtinstallation 75 Jahre Grundgesetz, Münchner Rathaus im Mai 2024

der Verfassung auf: »Wir von der AfD sind Grundgesetz.« Während der Coronakrise hätten die übrigen Parteien »nahezu jedes Grundrecht suspendiert und mit Füßen getreten«; nur die AfD habe die Fahne für Meinungs- und Versammlungsfreiheit, freie Persönlichkeitsentfaltung und körperliche Unversehrtheit, »Stichwort ›Impfzwang‹«, hochgehalten. Was Patriotismus und »Verfassungsliebe« angehe, lasse sie sich von niemandem etwas vormachen.[35]

Worüber der Bundestag 2023/24 so heftig stritt, war nicht nur die Frage, wie man seine Verfassungsliebe zeigen sollte – symbolisch durch Fahnen und Gelöbnisse oder durch »Handarbeit«, mit der sich Bürgerinnen und Bürger für die Rechte von Minderheiten und zukünftigen Generationen einsetzten. Verhandelt wurde auch darüber, ob Verfassungsliebe und ein auf die Verfassung ausgerichteter Patriotismus überhaupt nachhaltige »Identifikationswirkungen« in der Bevölkerung zu erzeugen vermochten. Je stärker die Polarisierung und Fragmen-

---

35 Deutscher Bundestag, 20. Wahlperiode, 105. Sitzung v. 24. 5. 2023, S. 12724–12730; ebd., 169. Sitzung v. 16. 5. 2024, S. 21706.

tierung der Gesellschaft sichtbar und als Problem empfunden wurden, desto dringlicher suchte man nach dem, was Zusammenhalt versprach. Auf die Nation, die Angela Merkel 2006 ins Spiel gebracht hatte und auf die sich die AfD (»Aus Liebe zu Deutschland«) gern bezog, wollten viele aus Sorge vor Nationalismus und völkischen Verengungen nicht mehr setzen. Gerade auch mit Blick auf die wachsende Zahl von Menschen aus migrantischen Familien schien Verfassungspatriotismus als inklusives Projekt die bessere Alternative.[36]

Er passte auch aus anderen Gründen in die politische Kultur der Bundesrepublik. Zum einen erlaubte er, ja ermutigte sogar dazu, über die Verfassung zu streiten. Streit war, so die Verfassungsrichterin Susanne Baer, »lebendige Verfassungskultur« und hatte die Bundesrepublik von Anfang an begleitet.[37] In seinen Anlässen und Motiven spiegelten sich die Konflikte, die Staat und Gesellschaft seit 1949 bewegten und in Bewegung hielten. Dabei verteilten sich die Streitpunkte auffällig ungleichgewichtig. Von den bis 1989 vorgenommenen Verfassungsänderungen betrafen die allermeisten das Verhältnis zwischen Bund und Ländern, ohne dass die Bürgerinnen und Bürger davon groß Kenntnis nahmen.[38] Stattdessen interessierten sie sich, je länger, desto mehr, für ihre Grundrechte. Anfangs vornehmlich als Abwehrrechte gegen den Staat verstanden und genutzt, begriffen sie sie, im Einklang mit der Rechtsprechung des Bundesverfassungsgerichts, zunehmend als objektiv wirkende Normen, die auch das Verhältnis der Bürger untereinander regelten. Für den Schriftsteller Arnold Stadler war es 2003 »ein Glück«, dass es das Grundgesetz gab, denn es »schützt den Menschen, also auch mich, vor jenem ›Volk‹, das ich hier als Schimpfwort gebrau-

---

36 Ebd., S. 21708, 21710, 21717, 21719.
37 Susanne Baer, Über gute Vorsätze, in: Das Grundgesetz. Ein literarischer Kommentar, hg. v. Georg M. Oswald, München 2022, S. 15–20, Zitat 20.
38 Möllers, Grundgesetz, S. 84.

75 Jahre Grundgesetz, Karikatur von Karin Mihm, 2024

che« – weil es sich laut Umfragen eine starke Hand wünschte und Homosexuelle als »abstoßend und pervers« ausgrenzte.[39]

Bei solchen politischen und gesellschaftlichen Streitthemen positionierte die Verfassung Leitplanken, die den Rahmen dessen absteckten, was sagbar und machbar war. Das aber veränderte sich mit der Zeit. So klar die Grundrechte formuliert waren, so wandlungsfähig erwiesen sich ihre Deutung und Tragweite. Als der Parlamentarische Rat Ehe und Familie unter den besonderen Schutz der staatlichen Ordnung stellte, hatte er andere Lebensformen vor Augen als die Bürgerinnen und Bürger, die ein halbes Jahrhundert später dafür kämpften, auch die Lebensgemeinschaft gleichgeschlechtlicher Paare als Ehe anzuerkennen. In der hitzigen, erst 2017 entschiedenen Debatte über die »Ehe für alle« beriefen sich die einen auf das rechtliche Gleichheitsgebot des Grundgesetzes, während die anderen den Schutz von Ehe und Familie »originalistisch« auf heterosexuelle Paare be-

---

39   Ebd., S. 74; Arnold Stadler, Meine Verfassung ist gut, in: Hempel-Soos, Unser Grundgesetz, S. 119. S. dazu Jutta Limbach, Die Integrationskraft des Bundesverfassungsgerichts, in: Vorländer, Integration, S. 315–327, v. a. 316.

schränkt sehen wollten. Solche und ähnliche Konflikte wurden nicht nur vor dem Verfassungsgericht verhandelt, sondern auch in deutschen Wohnzimmern, in Chat-Foren, Fernsehsendungen und Leitartikeln der Qualitätspresse. Die Auseinandersetzung darüber, was die Verfassung ermöglichte oder untersagte, erforderte eine Kenntnis des Textes und dessen historisch-kritische Einordnung. Damit wurde das Grundgesetz auch im Bewusstsein vieler Bürgerinnen und Bürger zu einem »atmenden« Dokument, das für ihre Lebensführung Bedeutung besaß und deshalb Wertschätzung erfuhr.

Dass die Gesellschaft ihre Konflikte und Streitpunkte im Orbit des Grundgesetzes verhandelte, entsprach zum anderen dem bundesrepublikanischen Imperativ der Nüchternheit. Anders als im 19. und in der ersten Hälfte des 20. Jahrhunderts, anders auch als in der DDR gab der politische Stil der Bonner und später der Berliner Republik großen Gefühlen keine prominente Bühne: er scheute sie eher, als dass er sie suchte. Darin unterschied er sich bewusst vom Nationalsozialismus, der die Deutschen propagandistisch in einem hochgradig emotionalen Erregungszustand gehalten hatte; Karl Loewenstein sprach kurz nach Kriegsende von »Massen-Emotionalismus«.[40] Mit Nüchternheit ließen sich politische Kontroversen, an denen es schon dem Parlamentarischen Rat nicht gemangelt hatte, besser abschichten und Kompromisse finden. Obwohl der Bundestag seine emotionalen Momente hatte und Wahlkämpfe mit scharfer rhetorischer Munition geführt wurden, hielt die erste politische Generation der Bundesrepublik nicht viel von Emphase und »Gefühlsaufwallung«. Darin folgten ihr auch die Jüngeren, selbst wenn sich im linksalternativen Milieu der 1970er und 1980er Jahre zeitweilig andere Gefühls- und Verhaltenscodes entwickelten.

Mit ihrem Hang zur Nüchternheit setzte sich die Bundesrepublik nicht nur vom Dritten Reich ab, sondern auch von der DDR. Das SED-Regime pflegte keinerlei emotionale Zurück-

40 Loewenstein, Verfassungsrecht, S. 398.

haltung, weder in seinen hasserfüllten Invektiven gegen kapitalistische Imperialisten und militaristische Kriegstreiber noch in seiner liebevollen Umarmung des werktätigen Volkes und der Jugend. So hohl diese Liebesschwüre auch klingen mochten, so sehr sich viele DDR-Bürger über die emotionalen Superlative von der »unverbrüchlichen Freundschaft« (mit der UdSSR) oder dem »unzerstörbaren Vertrauen« (zur SED) mokierten, hinterließ die geballte emotionale Ansprache doch Spuren, die sich nach 1990 in den politischen Erwartungen der »neuen Bundesbürger« bemerkbar machten. Immer wieder gab es Klagen über die »kalte« bürokratische Praxis des Vereinigungsprozesses, über fehlende Anerkennung und Empathie. Im Gegenzug erinnerte man sich, je ferner die DDR rückte, desto lieber, an deren warme Gemeinschaftlichkeit und Solidarität.[41] Auch die unterkühlt-distanzierte Haltung, die Westdeutsche gegenüber der Nation und ihren Symbolen einnahmen (zumindest bis zum Sommermärchen von 2006), fanden Ostdeutsche befremdlich, nachdem sie sich 1989/90 so entschieden zu eben dieser Nation bekannt hatten: »Wir sind *ein* Volk!«

Viele Westdeutsche hielten es tatsächlich eher mit der Verfassung als mit der Nation. Auch wenn es, wie Ernst-Wolfgang Böckenförde 1995 festzustellen meinte, um Verfassungspatriotismus seit der Wiedervereinigung »stiller geworden« sei, fand er nach wie vor zahlreiche Fürsprecher. Für den Heidelberger Soziologen M. Rainer Lepsius war Verfassungspatriotismus dem Nationalgefühl eindeutig überlegen, da er sich auf eine institutionelle Ordnung richtete und nicht auf gefühlsmäßig unterlegte »Wertvorstellungen«. Er sah darin die Garantie, dass das Vertrauen in die Verfassung weder »ideell ›überlaufen‹« und mit übertriebenen emotionalen Erwartungen belastet noch »materiell ›unterlaufen‹« werden konnte.[42] Salomon Korn, Vize-

41 Frevert, Mächtige Gefühle, S. 159 ff., 285 ff.
42 Ernst-Wolfgang Böckenförde, Die Nation, in: FAZ v. 30.9.1995; M. Rainer Lepsius, Vertrauen zu Institutionen [1997], in: ders., Institutionalisierung politischen Handelns, Wiesbaden 2013, S. 55–64, v.a. 59 f.

präsident des Zentralrats der Juden in Deutschland, wandte sich 2006 entschieden gegen »Kampagnen kollektiver Emotionalisierung hin zu einer in Sachen Patriotismus ähnlich empfindenden Gemeinschaft«. Mündige Bürger sollten vielmehr einen »rationalen«, »berechenbaren, auf gesetzlicher Grundlage verankerten Umgang miteinander« pflegen.[43] Verfassungspatriotismus war aus dieser Sicht das höchste der Gefühle, das ein demokratisches Deutschland vertragen konnte.

---

43 Lammert, Verfassung, S. 116f. (Korn).

VIII. Verfassungspatriotismus: Das höchste der Gefühle

Aber war es überhaupt ein Gefühl? Darüber schieden und scheiden sich die Geister. Mit einer rein kognitiv-rational begründeten Zustimmung zu den Prinzipien und Wertvorstellungen des Grundgesetzes, wie sie Korn befürwortete, mochte sich nicht einmal Jürgen Habermas zufriedengeben. Damit »die moralischen Gehalte von Grundrechten in Gesinnungen Fuß fassen«, sei ihre emotionale Aneignung nötig.[1] Diese aber lasse sich nicht erzwingen. Das »Recht auf emotionale Gleichgültigkeit gegenüber der eigenen politischen Ordnung«, spitzte der Verfassungsrechtler Christoph Möllers zu, sei »nicht das unwichtigste Kennzeichen eines liberalen Staates«.[2] Von daher ist Vorsicht geboten, wenn Staat und Regierung, Bildungseinrichtungen oder Medien mehr oder weniger suggestiv »Liebeserklärungen« an das Grundgesetz abgeben oder einfordern. Als *DIE ZEIT* das Grundgesetz 2019 zum Lieblingsbuch der Deutschen kürte, kommentierte ein Leser lakonisch:

Jemand, für den ein Gesetzestext zur Lieblingslektüre zählt, muss schon sehr speziell sein. Vermutlich ist es der in staatstragenden Sonntagsreden so gern beschworene blutleere »Verfassungspatriot«. Das Grundgesetz hat wie die Verfassungen anderer Länder auch eine zentrale Bedeutung für die

---

1 Jürgen Habermas, Vorpolitische Grundlagen des demokratischen Rechtsstaates?, in: ders. u. Joseph Ratzinger, Dialektik der Säkularisierung. Über Vernunft und Religion, Freiburg 2005, S. 15–25, hier 25.
2 Möllers, Grundgesetz, S. 122. Möllers bestritt im Übrigen, dass es in der Bundesrepublik einen Verfassungspatriotismus gebe. Dagegen verweist Jan-Werner Müller (Verfassungspatriotismus, Berlin 2010, S. 77) auf eine »gemischte Gefühlslage«. S. auch Augsberg, Verfassungspatriotismus, sowie Voßkuhle, 75 Jahre.

jeweilige Rechtsordnung. Insoweit ist es möglicherweise das wichtigste Buch der Deutschen – aber auch deren liebstes?[3]

Dass gerade in letzter Zeit so viel Wert auf eine aktive und demonstrativ bezeugte Verfassungsliebe gelegt wird, folgt der verbreiteten Wahrnehmung, wonach sich die Gesellschaft zunehmend polarisiert, pluralisiert und in gegeneinander abgeschottete Milieus aufteilt. Der gemeinsame Bezug auf das Grundgesetz, so die Hoffnung, könne solchen zentrifugalen Tendenzen entgegenwirken. Wenn politische Institutionen von Parteien über die Regierung bis zum Parlament immer weniger Vertrauen genießen, bietet sich das Grundgesetz mit seinen nach wie vor sehr hohen Zustimmungswerten als allseits respektierte und geschätzte Vergemeinschaftungsplattform an.

Karl Loewenstein, der 1973 in Heidelberg starb, hat diese Entwicklung nicht mehr miterlebt. Ob er Sternbergers Konzept des Verfassungspatriotismus kannte, ist ungewiss. Seinerseits las Sternberger Loewensteins Texte aus den 1950er Jahren, zitierte sie aber nicht. Damals hatte der in die Emigration gezwungene Jurist und Politikwissenschaftler, dem die Verfassungskämpfe der Weimarer Zeit ebenso vertraut waren wie der fast schon sakrale Kult um die amerikanische Verfassung, eine Lanze für das »Verfassungsgefühl eines Volkes« gebrochen. Zwar seien die »kollektive Magie« und der »Zauber der Heiligkeit«, die die Verfassungsarbeit des späten 18. und 19. Jahrhunderts umgeben hätten, längst Geschichte. Auch verstand Loewenstein sehr gut, dass man mit der »erhitzten Emotionalität der Diktaturjahre« nach 1945 nichts mehr zu tun haben wollte. Dennoch deprimierte es ihn, wie »politisch müde, entzaubert und zynisch« die Gesellschaften des europäischen Westens geworden seien. In diesem Zusammenhang wies er auf die Bedeutung von Verfassungen »für die Integration der Gemeinschaft« hin, sofern auch

---

3 DIE ZEIT v. 16.5.2019, S. 18. Der Verfasser des Leserbriefs hieß Ernst-Peter Hoffmann.

der »Mann auf der Straße« ein positives Gefühl für sie entwickele. Das könne, wie in den USA, durch die »Langlebigkeit« einer konstitutionellen Ordnung geschehen, aber auch durch Jugendbildung, Symbolik und plebiszitäre Mitwirkung.[4]

Langlebig ist das Grundgesetz tatsächlich geworden, auch wenn es 1948/49 nicht danach aussah. Mit der Zeit haben sich Bürgerinnen und Bürger an das Provisorium gewöhnt und es nicht länger als solches betrachtet. Sie lernten, damit umzugehen und es für ihre Interessen zu nutzen. Sie verteidigten es, wenn sie meinten, es werde angegriffen und verletzt. Sie beriefen sich darauf und stritten für das, was ihnen daran wichtig war. Welche Rolle die schulische Bildung für diesen Prozess der Aneignung spielte, ist schwer zu bestimmen.[5] Dass junge Menschen die Schule mit einer Ausgabe des Grundgesetzes verließen, bürgte nicht dafür, dass sie sich mit seinem Inhalt und »Geist« vertraut machten. Selbst wenn sie später eine Beschäftigung im Öffentlichen Dienst aufnahmen und gelobten oder, im Fall von Beamten, sogar schworen, das Grundgesetz zu wahren, ist ungewiss, was genau sie damit verbanden. Gleichwohl war Rudi Dutschkes Phrase, im englischen Volk besitze »die Verfassung einen Platz im Herzen, im deutschen Volk im Bücherschrank vielleicht«, nassforsch und voreilig.[6] Nicht wenige Menschen hielten das ihnen überreichte Exemplar des Grundgesetzes in Ehren, selbst wenn sie nicht jeden Tag darin lasen.[7]

Als »Ersatzgott« aber haben sie die Verfassung wohl kaum wahrgenommen, dafür fehlte es an angemessenen Ritualen und

---

4 Loewenstein, Wesen, S. 57f.; ders., Verfassungsrecht, S. 390, 393f., 422, 432.
5 Kritisch dazu Fabian Michl, Verfassungsvermittlung, in: Jahrbuch des öffentlichen Rechts 71 (2023), S. 87–116.
6 Ulrich Chaussy, Rudi Dutschke. Die Biographie, München 2018, Zitat S. 494f. Der spätere SDS-Aktivist schrieb das 1961 in seiner Westberliner Abitur-Klausur.
7 So die Aussagen in Hempel-Soos, Unser Grundgesetz. Anekdotische Evidenzen aus dem Freundes- und Bekanntenkreis bestätigen dies.

Versinnbildlichungen.[8] Bei der symbolischen Erzeugung und Vermittlung von Verfassungsgefühlen wahrte die Bundesrepublik maximale Zurückhaltung. Ab und an gab die Bundespost Sonderbriefmarken heraus, und der Staat ließ Gedenkmünzen prägen. Mit der Berliner Installation »Grundgesetz 49« des israelischen Künstlers Dani Karavan zeigte das Parlament zwar symbolisch Flagge, blieb dabei jedoch dem Imperativ der Nüchternheit treu. In unmittelbarer Nähe des Reichstags ließ Karavan zwischen 1997 und 2003 meterhohe Glasstelen anbringen. In jede war, auf Augenhöhe der Betrachtenden, der Text eines der 19 Grundrechte eingelasert, die der Parlamentarische Rat 1949 verabschiedet hatte. Wer wollte, mochte darin eine transparente Form der biblischen Gesetzestafeln erkennen, die seit der Französischen Revolution wiederholt mit den Grundrechten der Verfassung in Verbindung gebracht worden waren. Wer solches Pathos scheute, hielt sich an Adenauers Bemerkung im Parlamentarischen Rat, man beschließe dort nicht »über die Zehn Gebote«, sondern über ein Staatsgrundgesetz, das »nur für eine Übergangszeit gelten soll«.[9]

Beanspruchten die Zehn Gebote göttliche Autorschaft und ewige Geltung, war das Grundgesetz, ob Provisorium oder nicht, eindeutig Menschenwerk und damit revisionsfähig. Lediglich Artikel 1 und 20 erhielten Ewigkeitswert zugesprochen, alle anderen konnten durch Zweidrittelmehrheiten in Bundestag und Bundesrat verändert werden.[10] Bislang geschah dies (Stich-

---

8 Hoeres, Repräsentation, S. 309, spricht vom Grundgesetz als »Ersatzgott der Deutschen«. Ähnlich monierte Dieter Simon 1990 die »quasireligiöse Aufwertung der Verfassung« (Zäsuren, S. 165). Einen Trend zur »Entzeitlichung« und »Verheiligung« des Grundgesetzes macht, m. E. nicht überzeugend oder gar flächendeckend, Marcus Payk aus (Verfassung in der Zeit. Zur Temporalität des Grundgesetzes, in: Merkur 78 (2024), S. 33–46).
9 Konrad Adenauer, Erinnerungen 1945–1953, Stuttgart 1965, S. 172. Zu Karavans Installation s. Fritz Jacobi u. a. (Hg.), Dani Karavan. Retrospektive, Berlin 2008, S. 344 f.
10 Artikel 1 erklärt die Menschenwürde für unantastbar und verpflichtet alle staatliche Gewalt, sie zu achten und zu schützen; Artikel 20 definiert die Bundesrepublik als demokratischen und sozialen Bundesstaat,

Verfassung transparent: *Grundgesetz 49*, Installation von Dani Karavan

tag März 2024) 67mal, wobei die meisten Änderungen unspektakulär waren und kaum öffentliches Aufsehen erregten.[11] Auch das verstärkte den Eindruck, man habe es mit einem Dokument zu tun, das gleichermaßen grundlegend und flexibel war und deshalb Anerkennung verdiente.

Glaubt man den Meinungsforschern, genießt das Grundgesetz nicht nur Anerkennung, sondern auch Vertrauen. Seit sie danach gefragt werden, behaupten das immer mehr Menschen, 2023 waren es 83 Prozent. Damit belegt das Grundgesetz im »Vertrauensranking« den Spitzenplatz, gefolgt vom Bundesverfassungsgericht.[12] Aber was heißt eigentlich Vertrauen?[13]

bestätigt das Prinzip der Volkssouveränität, bindet die Gesetzgebung an die Verfassung und Exekutive und Judikative an »Gesetz und Recht«. S. dazu Horst Dreier, Gilt das Grundgesetz ewig? Fünf Kapitel zum modernen Verfassungsstaat, München 2009.
11 https://www.bundestag.de/resource/blob/995980/dc7cf6b9b7a0b10c71f0870582847ed4/75-Jahre-Grundgesetz-Aenderungen-des-Grundgesetzes-seit-1949.pdf
12 IfD Allensbach, 75 Jahre, Schaubild 1 u. 2.
13 Ute Frevert, Vertrauensfragen. Eine Obsession der Moderne, München 2013, S. 209 ff.; kritisch zu den Vertrauensfragen der Meinungsforscher 141 ff. S. auch Voßkuhle, 75 Jahre.

Vertrauen setzt Konsistenz, Kontinuität und Verlässlichkeit voraus und gründet in der Erfahrung des Vertrauensgebers, dass er sich auf den Vertrauensnehmer, dessen Absichten und Handlungen verlassen könne. Insofern wäre der Begriff hier stimmig, denn die Bürgerinnen und Bürger kennen das Grundgesetz und wissen, dass es seit Langem gut funktioniert. Nichtsdestotrotz enthält die Frage nach dem Vertrauen ein logisches Missverständnis. Vertrauen richtet sich entweder (und zumeist) auf andere Menschen oder auf Institutionen, die verlässlich Regeln beachten. Das Grundgesetz aber generiert und bestimmt Regeln; ob sie befolgt werden, hängt in letzter Instanz von den Bürgerinnen und Bürgern selber ab. Damit zielt die Vertrauensfrage nicht auf die Verfassung, sondern auf den Souverän höchstpersönlich, auf die Zivilgesellschaft mindestens ebenso wie auf den Staat und seine Institutionen.

Wer dem Grundgesetz großes oder ziemlich großes Vertrauen schenkt, geht davon aus, dass nachgeordnete politische Organe sich an das halten, was das Grundgesetz will und vorschreibt. Doch die Vertrauenswerte für Parteien, Parlament, Regierung oder Bundesrat befinden sich seit Jahren im Sinkflug. Zeigen sich hier kognitive und emotionale Dissonanzen? Oder hat sich das Grundgesetz allmählich in einen *safe room* begeben, in dem es, abgeschottet von der sozialen und politischen Umwelt, ein einsames, weitgehend unbemerktes und unbefragtes Dasein fristet? Dazu würden Gefühle wie Respekt und Ehrfurcht passen.

Dass sogar Parteien weit links und weit rechts von der »Mitte« ihm, zumindest rhetorisch, Beifall spenden, spräche für die Abschottungsthese. Das unterscheidet die Bundesrepublik von der Weimarer Republik, als Kommunisten, Nationalsozialisten und Deutschnationale keinen Hehl aus ihrer Verachtung für die Verfassung machten. Dennoch tauchen zunehmend Zweifel auf, wie belastbar das Bekenntnis zum Grundgesetz in rechts- und linkspopulistischem Parteien tatsächlich ist. Deren Wählerinnen und Wähler zeigen jedenfalls deutlich weniger Bereit-

Konzert unter dem Motto #wirsindmehr, Chemnitz 2018

schaft, das Grundgesetz aktiv zu verteidigen.[14] Angesichts hoher AfD-Wahlerfolge, vor allem in den östlichen Bundesländern, wächst die Sorge um den Bestand demokratischer Institutionen. Das Grundgesetz gerät, so sehen es viele, mehr und mehr in Bedrängnis, der *safe room* scheint weniger sicher als gedacht. In dieser Situation wird die Verfassung selber zu einem schützenswerten Gut, für das sich Mitglieder der Zivilgesellschaft einzeln und in Gruppen beherzt einsetzen. Davon zeugen Transparente mit der Aufschrift »Grundgesetz ist geil« ebenso wie »Liebeserklärungen« an die Verfassung.

14 Hans Vorländer u.a., 75 Jahre Grundgesetz. Einstellungen zu Verfassung und Demokratie in Deutschland. MIDEM Studie 2024-2, Dresden 2024, S. 29. Während der Durchschnittswert bei 78 % liegt, beträgt er bei AfD-Wählern nur 48 %, bei Anhängern des BSW 58 %. In Ostdeutschland, wo AfD und BSW sehr erfolgreich sind, meinen denn auch nur 68 % der Befragten, das Grundgesetz habe sich bewährt – im Vergleich zu 87 % in Westdeutschland (14) (https://forum-midem.de/wp-content/uploads/2024/05/TUD_MIDEM_Grundgesetzstudie-2024.pdf).

Als investigative Journalisten im Januar 2024 über ein konspiratives Treffen von AfD-Politikern und anderen Rechtsradikalen in Potsdam berichteten und deren Pläne zur Schwächung der Demokratie offenlegten – neben der Bekämpfung öffentlich-rechtlicher Medien richteten sie sich vor allem auf die Diskreditierung des Verfassungsgerichts –, läuteten bei vielen die Alarmglocken. Seitdem demonstrierten landauf, landab über vier Millionen Menschen (Stichtag August 2024) parteiübergreifend gegen Rechtsextremismus und machten diese zivilgesellschaftlichen Kundgebungen zur größten Protestbewegung der deutschen Geschichte nach 1945. Viele, die nie zuvor an einer Demonstration teilgenommen hatten, fühlten sich durch den rechtsradikalen »Geheimplan gegen Deutschland« herausgefordert, Position zu beziehen. In einer repräsentativen Bevölkerungsumfrage erklärte im Februar 2024 knapp die Hälfte der Männer und Frauen, sie wollten das Grundgesetz »voll und ganz« gegen verfassungsfeindliche Bestrebungen verteidigen, ein weiteres Drittel stimmte »eher« zu, und nur fünf Prozent lehnten das kategorisch ab.[15]

Auch dies lässt sich als Volksabstimmung über das Grundgesetz und als performative Bekräftigung positiver Verfassungsgefühle lesen. Selbst wenn sich der Parlamentarische Rat seinerzeit gegen plebiszitäre Mitwirkungsrechte entschieden hatte, erhoben Bürgerinnen und Bürger in einem als politisch bedrohlich empfundenen Moment unaufgefordert ihre Stimme und zeigten denjenigen, die die Verfassung verachteten, eine rote Karte. Dass solche »Volkserhebungen«, im doppelten Wortsinn, nicht auf Dauer und Verfassungsgefühle nicht ständig unter Beweis gestellt werden können, folgt aus der Logik des politischen Prozesses. Umso wichtiger ist es, die institutionellen Bestandsgarantien von Verfassung und Verfassungsgericht zu stärken. Denn ohne sie haben auch Gefühle keine Chance, weder in leidenschaftlicher noch in wohltemperierter Form.

15 Ebd.

Anhang:
Vorsätze und Präambeln deutscher Staatsgrundgesetze

Carlo Schmid gab im Parlamentarischen Rat 1948 zu Protokoll, man mache »eine Verfassung nicht für Staatsrechtler, und eine Präambel im besonderen macht man für das Volk«. Für Theodor Heuss war die Präambel kein »abgekürzter politischer Leitartikel zur Tageslage«, sondern musste »auch eine gewisse Magie« haben. Anton Pfeiffer von der CSU schwebte »eine Kombination des Gefühlsmäßigen mit dem Übergang ins Staatsrechtliche« vor. 2022 bezeichnete die Verfassungsrichterin Susanne Baer Präambeln als Vorsätze, »juristisch nicht verbindlich, und doch nicht ohne Wert. Sie versuchen, politisch, sozial und kulturell zu benennen, wo *wir* jetzt wieder stehen«.[1]

1848/49
Die deutsche verfassunggebende Nationalversammlung hat beschlossen und verkündigt als Reichsverfassung

1867
Seine Majestät der König von Preußen, Seine Majestät der König von Sachsen, Seine Königliche Hoheit der Großherzog von Mecklenburg-Schwerin, Seine Königliche Hoheit der Großherzog von Sachsen-Weimar-Eisenach, Seine Königliche Hoheit der Großherzog von Mecklenburg-Strelitz, Seine Königliche Hoheit der Großherzog von Oldenburg, Seine Hoheit der Herzog von Braunschweig und Lüneburg, Seine Hoheit der Herzog von Sachsen-Meiningen und Hildburghausen, Seine Hoheit

---

[1] Parlamentarischer Rat, Bd. 5/1, S. 183 (Heuss), 283 (Pfeiffer und Schmid); Baer, Vorsätze, S. 16.

der Herzog zu Sachsen-Altenburg, Seine Hoheit der Herzog zu Sachsen-Koburg und Gotha, Seine Hoheit der Herzog von Anhalt, Seine Durchlaucht der Fürst zu Schwarzburg-Rudolstadt, Seine Durchlaucht der Fürst zu Schwarzburg-Sondershausen, Seine Durchlaucht der Fürst zu Waldeck und Pyrmont, Ihre Durchlaucht die Fürstin Reuß älterer Linie, Seine Durchlaucht der Fürst Reuß jüngerer Linie, Seine Durchlaucht der Fürst von Schaumburg-Lippe, Seine Durchlaucht der Fürst zur Lippe, der Senat der freien und Hansestadt Lübeck, der Senat der freien Hansestadt Bremen, der Senat der freien und Hansestadt Hamburg, jeder für den gesammten Umfang ihres Staatsgebietes, und Seine Königliche Hoheit der Großherzog von Hessen und bei Rhein, für die nördlich vom Main belegenen Theile des Großherzogthums Hessen,

schließen einen ewigen Bund zum Schutze des Bundesgebietes und des innerhalb desselben gültigen Rechtes, sowie zur Pflege der Wohlfahrt des Deutschen Volkes. Dieser Bund wird den Namen des Norddeutschen führen und wird nachstehende Verfassung haben.

1871
Wir Wilhelm, von Gottes Gnaden Deutscher Kaiser, König von Preußen etc. verordnen hiermit im Namen des Deutschen Reichs, nach erfolgter Zustimmung des Bundesrathes und des Reichstages, was folgt:

§ 1 An die Stelle der zwischen dem Norddeutschen Bunde und den Großherzogthümern Baden und Hessen vereinbarten Verfassung des Deutschen Bundes (Bundesgesetzblatt vom Jahre 1870. S. 627 ff.), sowie der mit den Königreichen Bayern und Württemberg über den Beitritt zu dieser Verfassung geschlossenen Verträge vom 23. und 25. November 1870. (Bundesgesetzblatt vom Jahre 1871. S. 9 ff. und vom Jahre 1870. S. 654 ff.) tritt die beigefügte Verfassungs-Urkunde für das Deutsche Reich.

1919
Das Deutsche Volk, einig in seinen Stämmen und von dem Willen beseelt, sein Reich in Freiheit und Gerechtigkeit zu erneuen und zu festigen, dem inneren und dem äußeren Frieden zu dienen und den gesellschaftlichen Fortschritt zu fördern, hat sich diese Verfassung gegeben.

1949 (West)
Im Bewußtsein seiner Verantwortung vor Gott und den Menschen,
   von dem Willen beseelt, seine nationale und staatliche Einheit zu wahren und als gleichberechtigtes Glied in einem vereinten Europa dem Frieden der Welt zu dienen, hat das Deutsche Volk
   in den Ländern Baden, Bayern, Bremen, Hamburg, Hessen, Niedersachsen, Nordrhein-Westfalen, Rheinland-Pfalz, Schleswig-Holstein, Württemberg-Baden und Württemberg-Hohenzollern,
   um dem staatlichen Leben für eine Übergangszeit eine neue Ordnung zu geben,
   kraft seiner verfassungsgebenden Gewalt dieses Grundgesetz der Bundesrepublik Deutschland beschlossen.
   Es hat auch für jene Deutschen gehandelt, deren mitzuwirken versagt war.
   Das gesamte Deutsche Volk bleibt aufgefordert, in freier Selbstbestimmung die Einheit und Freiheit Deutschlands zu vollenden.

1949 (Ost)
Von dem Willen erfüllt, die Freiheit und die Rechte des Menschen zu verbürgen, das Gemeinschafts- und Wirtschaftsleben in sozialer Gerechtigkeit zu gestalten, dem gesellschaftlichen Fortschritt zu dienen, die Freundschaft mit allen Völkern zu fördern und den Frieden zu sichern, hat sich das deutsche Volk diese Verfassung gegeben.

1968 (Ost)
Getragen von der Verantwortung, der ganzen deutschen Nation den Weg in eine Zukunft des Friedens und des Sozialismus zu weisen,

in Ansehung der geschichtlichen Tatsache, daß der Imperialismus unter Führung der USA im Einvernehmen mit Kreisen des westdeutschen Monopolkapitals Deutschland gespalten hat, um Westdeutschland zu einer Basis des Imperialismus und des Kampfes gegen den Sozialismus aufzubauen, was den Lebensinteressen der Nation widerspricht,

hat sich das Volk der Deutschen Demokratischen Republik,

fest gegründet auf den Errungenschaften der antifaschistisch-demokratischen und der sozialistischen Umwälzung der gesellschaftlichen Ordnung,

einig in seinen werktätigen Klassen und Schichten das Werk der Verfassung vom 7. Oktober 1949 in ihrem Geiste weiterführend,

und von dem Willen erfüllt, den Weg des Friedens, der sozialen Gerechtigkeit, der Demokratie, des Sozialismus und der Völkerfreundschaft in freier Entscheidung unbeirrt weiterzugehen,

diese sozialistische Verfassung gegeben.

1974 (Ost)
In Fortsetzung der revolutionären Traditionen der deutschen Arbeiterklasse und gestützt auf die Befreiung vom Faschismus hat das Volk der Deutschen Demokratischen Republik in Übereinstimmung mit den Prozessen der geschichtlichen Entwicklung unserer Epoche sein Recht auf sozial-ökonomische, staatliche und nationale Selbstbestimmung verwirklicht und gestaltet die entwickelte sozialistische Gesellschaft.

Erfüllt von dem Willen, seine Geschicke frei zu bestimmen, unbeirrt auch weiter den Weg des Sozialismus und Kommunismus, des Friedens, der Demokratie und Völkerfreundschaft zu gehen, hat sich das Volk der Deutschen Demokratischen Republik diese sozialistische Verfassung gegeben.

Verfassungsentwurf des Runden Tisches für die DDR 1990
Ausgehend von den humanistischen Traditionen, zu welchen die besten Frauen und Männer aller Schichten unseres Volkes beigetragen haben,
   eingedenk der Verantwortung aller Deutschen für ihre Geschichte und deren Folgen,
   gewillt, als friedliche, gleichberechtigte Partner in der Gemeinschaft der Völker zu leben, am Einigungsprozeß Europas beteiligt, in dessen Verlauf auch das deutsche Volk seine staatliche Einheit schaffen wird,
   überzeugt, daß die Möglichkeit zu selbstbestimmtem verantwortlichen Handeln höchste Freiheit ist,
   gründend auf der revolutionären Erneuerung,
   entschlossen, ein demokratisches und solidarisches Gemeinwesen zu entwickeln, das
   Würde und Freiheit des einzelnen sichert,
   gleiches Recht für alle gewährleistet,
   die Gleichstellung der Geschlechter verbürgt
   und unsere natürliche Umwelt schützt,
   geben sich die Bürgerinnen und Bürger der Deutschen Demokratischen Republik diese Verfassung.

Grundgesetz 1990
Im Bewußtsein seiner Verantwortung vor Gott und den Menschen, von dem Willen beseelt, als gleichberechtigtes Glied in einem vereinten Europa dem Frieden der Welt zu dienen, hat sich das Deutsche Volk kraft seiner verfassungsgebenden Gewalt dieses Grundgesetz gegeben.
Die Deutschen in den Ländern Baden-Württemberg, Bayern, Berlin, Brandenburg, Bremen, Hamburg, Hessen, Mecklenburg-Vorpommern, Niedersachsen, Nordrhein-Westfalen, Rheinland-Pfalz, Saarland, Sachsen, Sachsen-Anhalt, Schleswig-Holstein und Thüringen haben in freier Selbstbestimmung die Einheit und Freiheit Deutschlands vollendet. Damit gilt dieses Grundgesetz für das gesamte Deutsche Volk.

Quellen:

1848/49: Reichs-Gesetz-Blatt, Nr. 16, 28. April 1849

1867: Die Verfassung des Norddeutschen Bundes, erläutert mit Hilfe und unter vollständiger Mittheilung ihrer Entstehungsgeschichte von E. Hiersemenzel, Bd. 1, Berlin 1867, S. 1f.

1871: Verfassung des Deutschen Reichs. Gesetz vom 16. April 1871, Nördlingen 1871, S. 1

1919: Reichs-Gesetzblatt, Jg. 1919, Nr. 152 v. 14. August 1919, Nr. 6982 v. 11. August 1919

1949 (West): Bundesgesetzblatt, Jg. 1949, Nr. 1 v. 23. Mai 1949

1949 (Ost): Gesetzblatt der Deutschen Demokratischen Republik, Jg. 1949, Nr. 1 v. 8. Oktober 1949

1968 (Ost): Gesetzblatt der Deutschen Demokratischen Republik, Jg. 1968, T. 1, Nr. 8

1974 (Ost): Gesetzblatt der Deutschen Demokratischen Republik, Jg. 1974, T. 1, Nr. 47

Verfassungsentwurf des Runden Tisches für die DDR 1990: Neues Deutschland, 18.4.1990, S. 7

Grundgesetz 1990: https://www.gesetze-im-internet.de/gg/pr_ambel.html

Dank

Ohne Beatrice de Graaf, Historikerin an der Universität Utrecht, gäbe es dieses Buch nicht. Sie hat mich nach meinem dortigen Vortrag über »Contested Constitutions« im Januar 2024 ermuntert, weiter über Verfassungsgefühle nachzudenken. Ich bin ihrem Rat mit zunehmender Begeisterung und Entdeckungsfreude gefolgt. Der 75. Jahrestag des Grundgesetzes bot Gelegenheit, Verfassungsgefühle in actu zu beobachten. Aber ich erinnerte auch meine eigene Anhänglichkeit an das broschierte Exemplar, das die Schule mir 1971 nach dem Abitur mitgab. Es hat mich seitdem durch zahlreiche Umzüge begleitet.

Unangenehme Gefühle verbinde ich mit dem Gelöbnis, das ich 1972, anlässlich meines ersten Dienstvertrags als studentische Hilfskraft an der Universität Münster, auf das Grundgesetz ablegte. Dass ich mich damit nicht nur verpflichtete, es zu »wahren« (was immer das bedeutete), sondern auch ausdrücklich zu erklären hatte, die »Grundsätze der freiheitlichen demokratischen Grundordnung im Sinne des Grundgesetzes« zu bejahen und die Verfassungsordnung des Staates nicht anzugreifen, schien mir für jemanden, der ein paar Monate lang für den Professor Aufsätze kopierte und Bücher aus der Bibliothek holte, irgendwie unangemessen. Außerdem sprach ich die Formel nicht fehlerfrei nach, was der Professor mit hochgezogenen Augenbrauen zur Kenntnis nahm und wofür ich mich damals unglaublich schämte.

Verfassungsgefühle gehen in solchen persönlichen Erfahrungen und Erlebnissen aus den letzten 50 Jahren nicht auf. Dafür, dass die Suche nach ihnen in früheren Zeiten, unter anderen Bedingungen und bei verschiedenen Menschen so interessantes Material zutage gefördert hat, danke ich Kerstin Singer. Sie hat mich, wie schon in den vergangenen Jahren am Berliner Max-Planck-Institut für Bildungsforschung, mit Phantasie, Sorgfalt und Nachdruck bei der Recherche und Redaktion des Textes unterstützt. Uli Schreiterer war, wie immer, der erste Leser und in seinem Urteil ebenso scharf wie hilfreich.

Gewidmet ist das Buch unserem ältesten Enkel Benjamin. Er hat mich gefragt, was Verfassungen sind und warum man Gefühle für sie haben soll. So viel Neugier muss belohnt werden!

Abbildungsverzeichnis

S. 25: Wikimedia; S. 31: Manfred Treml, Verfassungsgeschichte visuell. Der bayerische Frühkonstitutionalismus in Dokumenten, Bildern und Realien, in: Blätter für deutsche Landesgeschichte 151 (2015), S. 29–80, hier 52; S. 43: Satyrische Zeitbilder No. 28 bei B.S. Berendsohn in Hamburg; S. 51: Wikimedia; S. 55: Kladderadatsch 23.11.1851, Nr. 47; S. 59: Kladderadatsch 4.12.1862, Nr. 57; S. 66–67: Münchener Punsch 19.8.1860, S. 268f.; S. 79: Berlinische Nachrichten von Staats- und gelehrten Sachen 15.4.1871, S. 1; S. 82: Wikimedia; S. 84: akg-images; S. 97: Archiv der Sozialen Demokratie, Bonn/Paul Brand, Schwarzburg; S. 103: Edwin Redslob, Die staatlichen Feiern der Reichsregierung, in: Gebrauchsgrafik 2 (1925), S. 51–60, hier 54; S. 107: Edwin Redslob, Die staatlichen Feiern der Reichsregierung, in: Gebrauchsgrafik 2 (1925), S. 51–60, hier 51; S. 111: Jens Nydahl, Das Berliner Schulwesen, Berlin 1928, S. 175; S. 117: Gedenkstätte Deutscher Widerstand, Schaudepot Reichsbanner Schwarz-Rot-Gold, RB 157; S. 127: Münzkabinett, Staatliche Museen zu Berlin/Lutz-Jürgen Lübke; S. 135: Badische Neueste Nachrichten 23.11.1946, S. 1; S. 138: Protokoll des 1. Deutschen Volkskongresses für Einheit und gerechten Frieden am 6. und 7. Dezember 1947 in der Deutschen Staatsoper, Berlin, hg. im Auftrag des Ständigen Ausschusses des Deutschen Volkskongresses, Berlin 1948 (Frontispiz); S. 139: Die Lehren der Märzrevolution, hg. im Auftrag des Sekretariats des Deutschen Volkskongresses, Berlin 1948 (Cover); S. 141: Bayerisches Hauptstaatsarchiv (Nachlass Pfeiffer 173); S. 143: Stiftung Haus der Geschichte/Bestand Erna Wagner-Hehmke; S. 147: Der Spiegel 26.2.1949, S. 3; S. 151: BArch, Plak 100-006-009/0. Ang.; S. 155: akg-images/picture-alliance/dpa; S. 167: Hans Edgar Jahn, Für und wider den Wehrbeitrag, Köln 1957, S. 228 (Flugblatt) und S. 261 (Aufkleber); S. 171: akg-images/ddrbildarchiv.de; S. 173: Neues Deutschland 7.4.1968, S. 8; S. 175: BArch, MfS BV Berlin Abt. XX Nr. 5249, Bd. 2, Bl. 112–115; S. 181: bpk/Abisag Tüllmann; S. 183: Rolf M. Herklotz, Westoverledingen; S. 193: Stadtarchiv Bielefeld, Bestand 400,9/Plakate, Nr. 941; S. 203: akg-images/picture alliance/Klaus Rose; S. 205: Stiftung Haus der Geschichte/Ursula Vortanz/Gerd Schlauch (Plakat »Darauf sind wir stolz!«/1992/01/656); S. 211: BArch; Plak 102-064-028/0. Ang.; S. 221: SWR Media Services/SWR-Extra: »Im Namen des Volkes – Deutschland fragt zum Grundgesetz« 22.5.2019 (Zugriff: 18.9.2024); S. 223: dpa/picture alliance; S. 225: Karin Mihm, Düsseldorf; S. 233: dpa/picture alliance; S. 235: dpa/picture alliance.